职场礼仪培训全书

吕艳芝　徐克茹　冯楠◎主编

视频版

扫一扫，获取礼仪规范视频

中国纺织出版社有限公司

内 容 提 要

本书系统地介绍了职场礼仪的规范及标准，帮助职场人士提升职场形象，规范职业行为，并与领导、同事及交往对象建立良好的工作关系，从而取得事业的成功。本书共分三辑，分别从展示专业度的职场形象礼仪、获得职场支持的言谈礼仪、收获职场价值的交往礼仪三个方面，阐述了助力职场人士事业发展的礼仪规范。全书图文并茂，并在相应位置配以相关的视频资料，便于读者更好地、更准确地掌握职场礼仪细节。

本书可作为各机关、企事业单位各层面工作人员的培训教材，更可对初涉职场的人士以及没有系统学习过职场礼仪的职业人士提供帮助，还可作为职业类院校的学习教材。

图书在版编目（CIP）数据

职场礼仪培训全书：视频版 / 吕艳芝，徐克茹，冯楠主编 . -- 北京：中国纺织出版社有限公司，2021. 9（2025.7重印）

ISBN 978-7-5180-8679-5

Ⅰ．①职… Ⅱ．①吕… ②徐… ③冯… Ⅲ．①礼仪—高等职业教育—教材 Ⅳ．① C912.12

中国版本图书馆 CIP 数据核字（2021）第 131685 号

策划编辑：于磊岚　　　　　特约编辑：王福振
责任校对：楼旭红　　　　　责任印制：储志伟

中国纺织出版社有限公司出版发行
地址：北京市朝阳区百子湾东里A407号楼　邮政编码：100124
销售电话：010—67004422　传真：010—87155801
http://www.c-textilep.com
中国纺织出版社天猫旗舰店
官方微博 http://weibo.com/2119887771
北京虎彩文化传播有限公司印刷　各地新华书店经销
2021年9月第1版　2025年7月第5次印刷
开本：710×1000　1/16　印张：17
字数：258千字　定价：58.00元

编 委 会

前言

各位读者朋友：大家好！

华夏文明源远流长，是世界上最古老的文明之一，也是世界上屈指可数的原生文明之一。我们骄傲地咏诵着唐诗宋词，我们自豪地歌颂着伏羲女娲，这些文化融入我们的血脉，浩浩荡荡，川流不息，绵延了五千多年。从周代开始，以礼乐为制度、以礼治国便成为华夏大地的普适性规则。走进新时代，我们的礼仪文明历经磨难而历久弥新。大国外交运筹帷幄，我们把人类命运共同体写进联合国宪章；推进全球治理体系变革，我们为世界提供中国方案，贡献中国力量，发出中国声音。

对于每一个中华儿女，我们在这个百年未有之大变局中，需要不断学习，不断提高自己，以适应新时代提供的机遇和挑战。习近平总书记说："文化是一个国家、一个民族的灵魂。文化自信是更基础、更广泛、更深厚的自信。"传承中华优秀传统文化，必须做好礼仪文化的传承。

职场礼仪，不仅是职场人士的必备知识，还是我们坚定文化自信的途径之一。对于每一个职场人士来说，职场礼仪体现了个人修养和为人处世的态度，反映一个团队、一个组织、一个单位的文化和管理水平，是个人职场核心竞争力，更是集体文化软实力的体现。所以，礼仪素养不仅对个人有益，对团队、对集体也很重要。

2020年，我再次收到中国纺织出版社有限公司于磊岚编辑的邀约，带领三阶成师团队编写《职场礼仪培训全书（视频版）》。这本书系统地介绍了职场礼仪的理念、规范及标准，帮助职场人士提升职场形象、规范职业行为，与领导、同事及其他工作交往对象建立良好的工作关系，从而取得事业的成功。我们努力将这本书打造成一本融媒体教材，为重要知识点精心录制了视频。在信息技术带来阅读习惯变革的今天，"视频＋图片＋文字"的模式更能使礼仪知识生动化、立体化，更能使学习礼仪知识的过程多一些趣味性、直观性，更符合礼仪教学注重实践、注重知行合一的规律。

本书共十一章，分别从展示专业度的职场形象礼仪、获得职场支持的言谈礼仪、收获职场价值的交往礼仪三个方面，阐述了助力职场人士事业发展的礼仪细节。本书可作为各机关、企事业单位各层面工作人员的培训教材，更可为初涉职场的人士以及没有系统学习过职场礼仪的职业人士提供帮助，还可作为职业类院校的学习教材。

2008年，我作为北京奥运颁奖礼仪标准的起草人，和老师们一起完成了北京奥运颁奖及场馆服务礼仪培训任务。在以后的三阶成师礼仪师资培训项目中，团队的老师们把奥运颁奖礼仪、澳门政府行政官员政务礼仪等内容再现到课堂，目的是让更多的学员从这些课程中吸取营养，为传播中华礼仪尽一份绵薄之力，将礼仪教育培训做到做不动时为止。

本书编写的过程中，作为主编，徐克茹老师、冯楠老师对这一书籍从定位到指导，从修改书稿到统稿等方面做了大量工作。作为副主编，赵维娜老师从协调、撰写到参与视频录制及拍摄插图，全力以赴参与其中。作为副主编，陆薪宇老师、王金老师在工作之余，投入了大量精力。林莉、罗辉、邱梓荣、王雨虹、金文利、罗佳丽、杨利华、李亚方、张维田、周微、李锦艺、万伟参与了本书的编写。

感谢中国纺织出版社有限公司的于磊岚老师多年来的信任及指导。

感谢摄影师赵伟宁先生、摄像师刘娜女士，以及参与视频、插图拍摄的安新磊先生。

真诚地感谢各位！

荀子云："人无礼则不生，事无礼则不成，国无礼则不宁。"让我们通过学习提升自己的职场形象，提高自己的面试成功率，掌握规范的职场交往礼仪，为自己的职业生涯助力。"问渠那得清如许，为有源头活水来。"我们将继续秉承"笃学、审慎"的治学之道，在继承中发展、创新。职场礼仪覆盖面广，沧海拾贝，如有不周之处，敬请读者朋友们指正。

吕艳芝

2021 年 5 月

目录

第一辑　展示专业度的职场形象礼仪

第一章　规范的职场服饰 / 2

第二章　规范的职场仪容 / 31

第三章　规范的职场仪态 / 59

第二辑　获得职场支持的言谈礼仪

第四章　职场交往中的言谈形象 / 94

第三辑　收获职场价值的交往礼仪

PART 1

第一辑
展示专业度的职场形象礼仪

第一章　规范的职场服饰

> 7 秒钟就决定了第一印象，永远没有第二次机会给对方留下第一印象。
>
> ——罗伯特·庞德

职业人士在职场中的外在形象，主要包括服饰、仪容和仪态三个方面。在职场交往中，当交往对象并不了解我们的专业能力及内在修养时，我们的服饰、仪容和仪态，便是对方判断我们内在素质的依据。

第一节　职场第一印象的价值

在与人交往时，第一印象的产生往往最直接，也最迅速。职场中，第一印象对人际交往的影响甚至超过了75%的因素，从某种意义上讲，第一印象决定了职场中人际交往的成败。心理学家通过实验得出"73855定律"，其内容是我们对一个人形成的第一印象，其中7%是通过他的言语，38%是通过他的声音，而其余的55%则全部来自他的外表，如服饰、肢体语言、表情等。从"73855定律"可以看出，外表是决定我们在他人心中印象好坏的重要依据。

美国总统林肯也曾因为相貌，拒绝了朋友推荐的一位优秀人才。当朋友责怪林肯以貌取人，批评林肯"任何人都无法为自己的天生脸孔负责"时，林肯说："一个人过了四十岁，就应该为自己的脸孔负责。"虽然林肯以貌取人有失妥当，但也从另一个侧面反映出我们在职场上绝不能忽视第一印象的重要作用。因此，想要在职场中立足，必须要通过提高自身修养来完善职业形象，为将来的成功打下基础，铺平道路。

一、第一印象决定他人对自己的态度

职场人际交往需要遵循社会心理学的"首因效应"，"首因效应"又称"第一印象效应"。心理学研究表明，与一个人初次会面时所形成的第一印象至关重要。这种印象一旦形成，就能在对方的头脑中占据主导地位，并持续很长时间。正因如此，当我们善于顺应这一效应时，就会帮助自己在职场中达到事半功倍的结果。相反，如果我们忽视这一效应，就会产生负面结果。由我们的着装、肢体动作等形成的第一印象，会影响我们在职场中的成败。

例如，在职场面试中，面试官会在较短时间内决定面试者的去留。面试官大多经验丰富，有着较高的辨识人才的能力。在面试者走进房间并落座的过程中，其穿着打扮、言行举止等会在面试官脑海中留下印象，面试官会自然地将这些外在形象与以往的经验联系起来，继而将这样的形象与某类人联系起来，形成对面试者的第一印象，瞬间对面试者做出判断。因此，面试者留给面试官的第一印象往往起着决定性作用。

由此可见，职场中得体的穿着、端庄的坐姿、温和的眼神及面带微笑，都会给我们加分。与客户交往也是一样，顺应"首因效应"，给客户留下好的第一印象，会让对方看到我们认真、重视的态度，从而对我们产生好感，继而也对我们认真和重视起来，这也是促成后续良好合作关系的第一步。

二、第一印象影响他人对自己专业水平的判断

在职场中，第一印象不仅会影响他人对我们的态度，还会影响他人对我们专业水平的判断。比如，当银行职员为客户办理业务，或与客户进行商务洽谈的时候，客户会不由自主地通过银行职员形象的严谨程度，判断这家银行的管理水平及员工个人的专业水平。试想，一个连扣子都扣不好的银行员工，怎么可能在业务上连一分钱的差错都不出呢？第一印象已然成为一项重要的职场竞争力，是影响我们职业生涯的重要因素。

三、第一印象影响与他人的后续交往

莉莉刚大学毕业，在一家报社就职。由于初入职场经验不足，她见到

周围的同事时从不主动打招呼，而是赶紧将头扭向一旁。当有同事主动和她打招呼时，她也躲躲闪闪，有时候还假作没听见。她的衣着也我行我素，保持着学生时期的打扮，给人的感觉是她好像看不惯任何人。莉莉虽然长相甜美，却从来没有笑容，一副冷冰冰的模样。渐渐地，大家都对她敬而远之。加之她工作也不太努力，同事们都不愿与她合作。由于莉莉给大家的第一印象比较差，最终的结果是，莉莉没有通过试用期考核。

其实，在职场，很多"蘑菇族"都会像莉莉一样，不知不觉中就给同事留下了不好的第一印象，这种印象会一直影响与他人后续的交往。

第一印象是职场交往的基石。给他人留下好的第一印象，会给未来的事业发展奠定基础。留给他人良好的第一印象，是职场"蘑菇族"迅速转变角色的第一关。好的第一印象能够展示出一个人的素养、见识和内在素质。对于初入职场的人来说，要更加关注自己留给他人的第一印象，切不可因无意中的"失小节"而让自己绊倒于职场。

四、事半功倍的做事方法从塑造良好的职业形象开始

良好的职业形象既能展示出一个人的修养，也能反映出这个人的做事方法与风格。在职场交往中，客户甚至会通过一位工作人员的职业形象来判断其所在企业的文明程度、管理风格和道德水准。因此，良好的职业形象是我们塑造良好企业形象的重要起点，也是我们赢得客户与公众赞誉的重要方面。职场中，塑造良好的职业形象意义重大，不仅能够体现员工本人注重细节的做事风格，更是一个企业绝佳的推广名片。良好的形象让事业更容易成功，这是事半功倍的做事方法。

良好形象所构成的第一印象，具有重要的价值。第一印象不仅影响着他人对我们的态度与看法，更会影响他人对我们专业水平的判断与评价，甚至决定我们与他人后续交往的深度。因此，我们应当关注自己带给他人的第一印象，这是走向事业成功的第一步。

第二节 女士正装五要素

　　女士的职场服饰不同于社交与休闲的场合，在职场中，我们需要将女性的特征淡化。在职场，穿着美丽并不是最重要的，重要的是着装是否与自己的职场角色相适宜，是否能充分展现人格特质，是否能赢得他人的信赖与肯定，这才是女士职场服饰的意义。

　　女士正装，是指适合职业女性在正式场合穿着的职业装。正装，既表现出对他人的尊重，也展现出女士向上、干练的职业形象，还可以从侧面反映出着装者专业、严谨的内在素养。说到正装，很多人就会想到西服套装。然而，并非所有的西服套装都属于女士正装。判断女士正装需要从款式、面料、颜色、图案、配饰这五个要素进行考量。

一、女士正装的款式

　　女士正装的款式为单排扣或双排扣的西装套裙，有大方、简洁的特点。上衣扣子多为两粒扣或三粒扣。穿着女士正装时，要将所有扣子全部扣上。我们看到图片上（图1-1）展示的是一套女士正装，它给人一种正式、严谨、专业、庄重的感觉。西服上衣要求合身，具体说来，就是裙腰与上衣腰部之间，应当有半个拳头的宽松度。衣长要适宜，不能太长，也不能太短。以抬起手臂时，不能露出裙腰为准；当垂手臂时，衣长不要超过后臀线。肩宽要适度，不能太宽也不能太窄。肩部要求简洁无装饰。女士正装袖子应为长袖，且袖子的长度不能超过大拇指根部。此外，女士正装款式上还应注意以下几个方面。

　　1.女士正装的领型

　　女士正装的领型以平驳领（图1-2）、戗驳领（图1-3）较为常见，还有较为优雅的青果领（图1-4）。

◎ 图1-1

◎ 图1-2　　　　　　　　◎ 图1-3　　　　　　　　◎ 图1-4

2. 女士正装的内搭衬衫

女士正装的内搭衬衫，和男士正装衬衫款式要求一致。应避免出现蕾丝花边、褶皱边等女性化的设计。穿着女士正装的内搭衬衫时，第一粒扣子也要扣好。衬衫袖子的长度要求在抬手臂时应长于西服袖口 1 ～ 2cm。

3. 女士正装的裙子

女士正装的裙子款式为西服裙型，裙长最短不超过膝盖上沿以上 5cm，最长不超过膝盖下沿以下 5cm。

二、女士正装的面料

女士正装的面料最好是 100% 的纯羊毛面料，羊毛含量很高的混纺面料次之。纯羊毛面料具有耐穿、吸水性好、透气性好等特点，穿在身上舒适感强。羊毛与涤纶混纺的面料集中了羊毛的垂感、舒适与涤纶的结实、耐穿的优点，也可以作为正装的面料选择。正装内搭的衬衫，最好选择透气且较为挺括的机织棉质面料。

三、女士正装的颜色

著名的服装品牌设计师皮尔·卡丹曾讲，他在制作服装时最注重颜色，因为颜色是最刺激人们视觉神经的。色彩，不仅具有不同的风格、属性，还可以通过各种搭配组合给人们带来不同的心理感受，甚至能够影响人的情绪。让我们想象一下，当看到大红色和金黄色时，会不会联想到炙热的火焰呢？当看到火红的果实时，会不会有成熟、甜蜜的感觉呢？如果看到淡淡的黄色或蓝色时，我们会不会感受到清爽干净、明快轻松呢？

在职场中，女士正装的用色是有具体要求的，一般为深蓝色、深灰色和黑色。女士衬衫的颜色以白色最为正式。除了白色以外，也可以考虑米色、浅灰色、浅蓝色。

四、女士正装的图案

女士正装通常无图案，如果选择图案，也仅仅是不明显的暗细条纹图案。女士正装的内搭衬衫，同样要求无图案。

五、女士正装的配饰

1.首饰

在职场中，女士佩戴饰品不要过多，数量不能超过三款。与正装相搭配的饰品要小巧，要同质、同色、同款，简洁大方，避免选择超大、超闪或豪华、夸张及发出响声或妨碍工作的首饰。

2.袜子

女士正装所搭配的袜子应当选择单色、弹力好、无花纹的肤色丝袜。穿着时，丝袜不可以出现任何褶皱或脱丝、破洞等现象，且不允许露出袜口。由于丝袜容易破损，所以，职场女士应当在手提包中放一双备用。

3.鞋

与女士正装相配的鞋子应选择黑色制式皮鞋（图1-5），无带无装饰，鞋跟的高度要求为3～5cm，可选择羊皮或牛皮、非漆皮的材质。特别需要注意的是，应当经常保持鞋面清洁光亮，鞋跟完好无损，不洁、破损的鞋子会让我们的职业形象大打折扣。

4.手表

在职场中，与正装搭配的手表，造型要简洁，表带皮质为首选（图1-6）。

◎ 图1-5

◎ 图1-6

5. 眼镜

穿着正装时，眼镜颜色要求与皮肤及服装的颜色相协调，镜框大小适宜，镜框材质以金属材质为首选。在正式的职业场合中不能佩戴彩色的隐形眼镜。

6. 皮包

与正装相配的皮包，应选择简约、大气、质地好的皮包。不能有过多装饰，皮面不宜过亮，颜色以黑色最为适用，皮包的大小以可以盛放 A4 纸大小的文件及笔记本电脑为佳。

通过以上内容，我们懂得了选择女士正装时，需要掌握的五要素，即款式、面料、颜色、图案、配饰五个方面的要求。在职场中，我们只要遵循女士正装五要素的规范，运用这些规范进行得体的职场着装与搭配，就能塑造自信、智慧的职场女性形象。

第三节　女士商务休闲装的选择

在第二节中，我们学习了女士正装的五要素，了解了女士正装的规范及正装与职场的关系。但是，在大多数的日常工作中，我们并不需要穿隆重、严肃的正装，但也不能穿有损职业形象的休闲装。所以，本节我们将分享的是在日常工作中穿着最多的服饰类型，它的正式程度介于正装和休闲装之间，也就是女士的商务休闲装。

一、女士商务休闲装的品级

女士商务休闲装的界定标准为，以正装的款式、面料、颜色、图案、配饰五个点为基准，当出现一个非正装元素就是一品级商务休闲装（图1-7）；若出现两个非正装元素就是二品级商务休闲装（图1-8）；出现三个非正装元素就是三品级商务休闲装，出现四个及以上非正装元素就是纯休闲装。

图1-8中展示的是一套女士二品级商务休闲装，这套服装在正装的基础上，首选是白色衬衫换成了黑色内搭，形成了配饰上的变化；第二是白色西服上衣的出现，取代了正装的颜色。我们发现二品级商务休闲装给人以可靠、信任、精干、亲切的感觉。

◎ 图1-7 　　　　　◎ 图1-8

二、女士商务休闲装的特点

1. 款式

女士商务休闲装以剪裁讲究的套装为主，可以是裙装或裤装。穿裤装时，裤子的长度要长及鞋面（图1-9）。可以是上身和下身自由搭配，也可以用西服上衣与西服款连衣裙、短裙等相搭配。

女士商务休闲装在衣袖上可以略有变化，袖长可略短，但不能短于七分袖，长袖比短袖更正式。女士商务休闲装的领型可以是平易近人的青果领，还可以是无领的款式。无领套裙具有多样性，比如，香奈儿的小圆领西装便是一个经典的设计。再如，V领的无领外套比较适合圆脸的人，方领比较适合尖脸的人，一字领比较适合长脸的人，圆领比较适合方脸的人。

◎ 图1-9

2. 颜色

女士商务休闲装的色彩选择更趋于明亮丰富，可用茶色、米色、驼色、棕色、靛青色、蓝色、洋红色等，可有一定的灵活性和变化。

3.面料

商务休闲装还是应该选择质地挺括的面料，比如，可选择纯毛、混纺、人造纤维面料等。

◎图1-10

4.图案

女士商务休闲装的图案，可选择条纹（图1-10）、格子、圆点等规则的几何图案，不宜选择过分夸张、花哨的图案。

5.配饰

商务休闲装的内搭可选有领或无领的衬衫，高领套头衫。可穿着肤色、灰色、黑色透明丝袜。

以船型皮鞋为代表的真皮皮鞋是搭配商务休闲装的最佳之选。这种皮鞋不仅穿起来舒服，也很有质感。另外，真皮皮鞋透气、吸汗，可以令脚部保持干爽。搭配商务休闲装时，皮鞋可穿有暗纹的，颜色可选择棕色、藏蓝色、驼色或骨色等颜色。在选择皮鞋时，应注意不要选择细高跟、平底鞋、坡跟鞋等具有时尚感及休闲风格的鞋。

女士商务休闲装可以搭配丝巾（图1-11）、胸针（图1-12）、耳环（图1-13）等饰品。搭配适当的饰品，视觉上会给人很有层次及舒服的感觉。应注意的是选择的配饰需要有稳重与利落感。在职场中，女士的饰品以不超过三件为宜，数量过多会比较凌乱。选择饰品，其风格也要一致，做到同质同色。另外，饰品的选择应当与自己的身份相称。如果不是身处时尚珠宝行业，过于昂贵、耀眼的饰品会对自己的专业形象产生负面影响。

  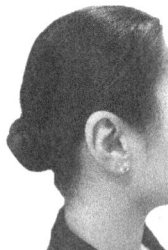

◎图1-11　　　　　　◎图1-12　　　　　　◎图1-13

三、女士商务休闲装的禁忌

上文中我们了解了女士商务休闲装的款式、颜色、面料、图案还有配饰。比起正装，我们发现，商务休闲装可选择的范围会大一些，即便如此，也不能触犯以下几个禁忌。

（1）不要选择过于休闲的款式，如沙滩装、运动背心；也不要选择过于时尚的款式，如泡泡肩西服、鱼嘴鞋等。

（2）不要选择质地柔软的面料，如雪纺、蕾丝、针织等面料。

（3）不要选择过于鲜艳的色彩，如芭比粉、荧光黄等色彩。

（4）不要选择过于时尚或稚嫩的图案，如虎斑图案、豹纹图案、卡通图案等。

（5）不要选择过于夸张、华丽的饰品，更不可选择影响工作的饰品。

职场中的女性，应注重穿衣的品位，要给人成熟、端庄、典雅感，避免太过性感或古板。穿着端庄更容易给他人留下深刻与持久的好印象。

小刘是一家私企的营销总监，她的业绩一向很好，公司经理很看重她，经常让她代表公司去参加一些交流会。有一次，小刘上身穿着大印花短袖，下身穿着一件闪亮的短裙。她希望以此吸引大家的注意力，给大家留下深刻的印象，结果却没人主动接近她，这让她感到很尴尬。

其实，在这样的场合中，小刘应该穿符合自己身份的服装。很多业界人士都认为套裙才是职场女性的首选，因为这样穿能充分显示出自己对别人的尊重，同时也能衬托出自己的优雅与气质，而小刘忽略了这一点。

从这个案例可以看出，服饰会对我们的职场人际交往产生重要影响。职场女士应将自己的穿着与岗位特点结合起来。衣着在表达一个人素养的同时，也反映了她对工作的态度。小刘的做法还会影响公司的形象，这是不可取的。职场女士要根据自己的身份进行服饰搭配。

在现代职场中，服饰就像是一封职场介绍信，呈现着我们在职场中的各种信息，甚至能够主宰我们的前途。有鉴于此，我们必须了解日常工作中涉及的商务休闲装，恰当选择不同品级的商务休闲装，打造得体、专业的形象。

第四节　男士正装五要素

形象设计大师乔恩·莫利说："那些穿着不合身的化纤西服、陈旧的衬衣和戴色彩艳丽领带的人，没有机会走到公司高层。"

男士的服饰是否符合礼仪规范，这是职场人士不可忽略的因素。

男士正装给人以正式、严谨、庄重、专业、负责、稳定、值得信赖的感觉（图 1-14）。男士正装的规范，也需要从款式、面料、颜色、图案、配饰五个方面来要求。

一、男士正装的款式

男士正装为两件套或三件套的西服套装。正装的衣长应不超过后臀线，垂手臂时袖长应盖住腕骨，不超过大拇指根部。正装西裤要求裤线清晰笔直，裤长应盖过脚踝。

◎ 图1-14

西服上衣左胸部的衣袋只可放装饰性手帕，为了使西服穿起来更为美观，西服上衣和裤子的其他口袋不宜放置导致西服变形的物品，否则会影响整体的美观。

刚买来的西服如果袖口上有商标，应当将商标拆除后再穿。

此外，男士正装款式上还应注意以下方面。

1. 男士正装的领型

男士正装的领型，有平驳领和戗驳领两种。西服领的领围要适宜，标准是要紧贴衬衫的领子；也不要过小，过小则会影响穿着的舒适感。

2. 男士正装的扣子

男士西装的扣子有单排扣和双排扣之分。双排扣西服的扣子应全部扣上，单排扣西服通常讲究"扣上不扣下"的原则。单排扣西服常见的有两粒扣和三粒扣，这两种西服纽扣的正确扣法是，最下面的一个纽扣不要扣上。三粒扣的西服，要系上面的两粒或只扣中间一粒扣子。非正式场合都不扣也可以，但要注意把衣角扯平。落座时，可将单排扣的西装纽扣解开，双排扣的则不要解开。

3. 男士正装的内搭衬衫

与男士正装相配的衬衫颜色以白色、浅蓝色、浅米色、浅灰色的单一色彩为主。其中白色、无图案的衬衫最为正式。穿西服时衬衫的领子要高出西装领子 1～2cm（图 1-15），衬衫袖口常见圆筒式和法式两种款式。法式袖口会用袖链或袖扣连接，圆筒式袖口由一粒或者两粒扣子扣上。一般情况下，在穿西服并垂手臂时，法式衬衫袖子要超过西服袖子 1～2cm。在屈肘时圆筒式衬衫袖口应露出西装袖口外 1～2cm，袖口纽扣不露出；而法式衬衫的袖扣应全部露出。衬衫下摆要束进裤腰里，并系好衬衫所有的扣子。

◎ 图1-15

二、男士正装的面料

男士正装的面料以 100% 纯羊毛面料为首选，羊毛含量较高的混纺面料次之。男士正装搭配的衬衫，应选择透气且较为挺括的机织棉质面料。

三、男士正装的颜色

现代职场中，深蓝色和深灰色是男士正装的色彩规范。纯黑色的西服在西方通常用于婚礼、葬礼、晚宴等隆重的社交场合。

四、男士正装的图案

男士正装为无图案或者有不明显的暗、细条纹图案。

五、男士正装的配饰

1.领带

领带彰显男士的风格，表达男士的品位。领带的面料以100%真丝面料为宜，色彩应与西装相协调，常用颜色为蓝色、灰色、暗红色（图1-16）。与正装搭配的领带可选单色或小型几何花纹。

◎ 图1-16

纯黑色领带（黑色无花纹）只用于参加仪式感较强的场合。领带系好后，在站立时其尖端应该落在腰带扣范围内。穿正装时，不能搭配毛衣或毛背心，可以搭配同色、同质、同款式系列的西装马夹，领带应当放在马甲里面。

2.袜

与男士正装相配的袜子不要选择化纤的，这类袜子透气性差，应当选择纯棉或毛、棉混纺的袜子，其颜色与正装的色彩相近为宜。因此，深蓝色、深灰色、黑色的袜子是与正装搭配时的首选（图1-17）。不能选择白色或色彩鲜艳的袜子，这样会给人不庄重的感觉。

男士正装的袜筒应当足够长，并且具有较好的弹力，以落座时小腿皮肤不外露为宜，穿西服时小腿皮肤外露是有失形象的。

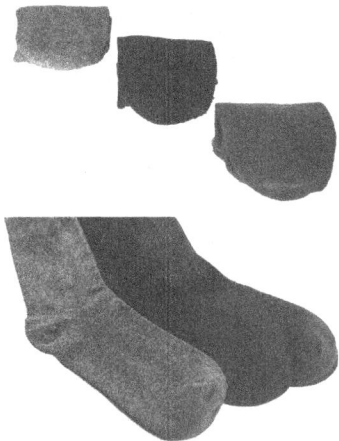

◎ 图1-17

3. 腰带

职场男士的皮带与着装密切相关，皮带的颜色应与皮鞋、公文包的颜色保持一致。与正装搭配的腰带应为板式腰带扣，且腰带扣上不带有明显标志。腰带的长度以系好后富余 2～3 寸为宜，腰带的宽度为 2.5～3.5cm。太窄的皮带有失阳刚之气，太宽的皮带则只适用于休闲场合。

4. 皮包

职场男士要选择皮质公文包，不能使用软布包、双肩包、旅行包等。

5. 皮鞋

与男士正装相配的鞋为系带的黑色制式皮鞋（图 1-18）。

6. 手表

◎ 图1-18

手表作为一种象征社会地位和品位的配饰，越来越被职场人士所重视。与正装搭配的手表，款式要简单、庄重、典雅，黑色、深棕色的皮质表带为佳，表盘直径在 3.6～3.8cm 为宜。

随着人际交往的日渐频繁，男士对职场中的服饰越来越重视了。穿着规范的正装出席重要的职场活动，能够恰如其分地表达出男士的基本素养和严谨认真的工作作风。

第五节　男士商务休闲装的选择

我们分享了男士正装的五要素，在正式、重要的场合，职场男士要穿正装。在日常工作中，男士还可以选择商务休闲装。男士商务休闲装分为三个品级。

一、男士商务休闲装的品级

男士商务休闲装的品级界定标准，是以正装的款式、颜色、面料、图案、配饰五个方面为基准，当出现一个非正装元素时，就是一品级商务休闲装；出现两个非正装元素，就是二品级商务休闲装；出现三个非正装元素，就是三品级商务休闲装；出现四个及以上非正装元素就是纯休闲装。

男士的一品级商务休闲装与正装相比，是有一个元素为非正装特点。图中这套一品级商务休闲装（图1-19），是在正装的基础上去掉了领带，也就是说，只是在配饰这一个元素上出现了变化，故为一品级商务休闲装。如果在正装的基础上，将西服颜色换成了浅灰色，其他元素都没有变，那么这套服装也是一品级商务休闲装。男士的一品级商务休装相对二品级和三品级来说比较正式，又比正装略显休闲，传递着精干、亲和、可靠、信任、友好、放松的形象。

◎ 图1-19

二、男士商务休闲装的特点

1. 款式

男士商务休闲装的款式，可以是单件西装外套与裤装的自由组合，长裤以西裤款式为主，也可以是纯棉卡其裤，但不可以穿宽松裤、萝卜裤等。

2. 颜色

男士商务休闲装宜选择不张扬的色彩，可选择不同深度、纯度的中性色，如黑色、灰色、蓝色、土色等。

3. 面料

男士商务休闲装的面料种类，相对于正装的选择具有多样性，可进行不同面料之间的搭配。

4. 图案

男士商务休闲装可以有格子图案、竖条纹图案、人字图案等规整、素雅的图案。

5. 配饰

（1）衬衫。衬衫的面料以棉及混纺为主，图案可有简洁雅致的印花、格子；领型可有立领、翼领或异色领，色彩可用浅蓝色、浅黄色、浅灰色等。

（2）领带。商务休闲装的领带颜色选择范围较广。银灰色、蓝色或蓝白相间的斜条纹领带，以及砖红色、海蓝色、褐色都是不错的选择。

（3）腰带。商务休闲装常搭配针式腰带扣，腰带扣与手表颜色一致为佳，腰带颜色与皮鞋颜色一致为佳。

（4）皮鞋。可以选择非系带皮鞋、帆船鞋等，鞋子与裤子的颜色要协调。

（5）皮包。其色彩可选择与皮鞋、腰带的颜色一致。包的款式应简洁大方，见棱见角的长方形公文包比较适合男士。

（6）手表。可以选择黑色、棕色皮质表带的手表，也可以选择金属表带的机械表或石英表。

三、男士商务休闲装禁忌

1. 款式

不要选择过于休闲或过于时尚的款式，如运动式外套、休闲裤、萝卜裤、吊裆裤、背心、运动鞋、凉鞋、拖鞋、戏剧人物装等。

2. 面料

不要选择质地柔软的面料，如针织面料、丝绸面料。

3. 颜色

不要选择过于鲜艳的颜色，如鲜红、明黄、荧光绿、荧光黄等。

4. 图案

不要选择过于时尚或过于休闲的图案，如豹纹图案、卡通图案、骷髅图案等。

5. 配饰

不要选择过于夸张的配饰，如具有运动感的手表和造型前卫的眼镜等。

得体、规范的商务休闲装，在方便日常工作的同时，也会使交往对象感受到我们的严谨和亲切。

第六节　根据自身特点选择适宜款式

职场中，服装款式的变化不大，但仍有一些细节上的差异，我们在选购时，可以根据自己的体貌特征做到扬长避短，达到最佳效果。那么，我们如何根据自身的特点选择服装的款式呢？

一、符合女士体型的服装款式

1. 女士体型的两大类型

（1）直型。接近于直筒的身材类型。直型的优点是臀部较窄，缺点是腰围较粗。直型身材比较适合穿着合身的裤装，这样会使身材有修长感。直筒裤、裙摆内收的窄裙，都可以表现出窄臀的优势。直型身材的女士最好避免用宽皮带，这样会显露出腰粗的缺憾。个子高、腿又长的直型身材女士，可将腰带系在胯部。

（2）曲型。曲线玲珑的身材类型，其优点是腰细，缺点是臀部较大且大腿较粗。腰下打褶的直筒裤，或上衣略遮掩臀部的服装，比较适合曲型身材的职场女士。下摆较宽的裙子如 A 字裙、百褶裙等也很适合曲型身材女士穿着。若选择窄裙，宜穿直筒形的 H 形裙子，不宜穿下摆内缩的裙子。束腰的时装套裙能很好地体现曲型身材女士的线条美。

（3）直曲型。这是一种介于两者之间的理想体型，腰部很适宜但臀部又不会太宽，不论裤装还是裙装都可驾驭。

2. 根据体型选择西服款式

女士西服款式常见的有两类，长度在腰下 10 ~ 15cm，能盖住小腹位置的称为短款；而可以盖住臀部的称为长款。短款西服和长款西服在穿着搭配上有不同的效果，职场女性应根据自己的体型来选择不同的款式。

（1）短款西服。这种西服使人看起来显高，也显得年轻有活力，职场女士穿此款西服，再搭配裙子会比较适宜。如果小腹较为突出，则不宜选择此类露出小腹的短款西服。

（2）长款西服。此类西服可以盖住臀部，因此，在搭配长裤时，没有身材比例的限制，多数女士都可以选择，但搭配裙子则显得有些年龄感，而且看起来会矮，这种穿法比较适合身材高挑的女士。个子矮的女士在穿长款西服时，最好搭配长度在膝盖以上 3 ~ 5cm 范围内的裙子，这样既不显得腿短，也不会因裙子过短而有损形象。

二、根据身体部位特点选择服装

除了身材体型的差别，还要根据局部的特点来选择服装。比如，脖子较粗且稍短的人不宜穿高领，而适宜选择较低的领型，这样做可以在视觉上产生增长脖子的效果。相反，脖子过长的人应选择有领的服装，如衬衫领或中式领。

肩膀稍窄或稍斜者：可选择有垫肩的服装，以将肩部略微加强与修饰。

肩膀过宽者要避免穿着一字领及各种大型领，如大翻领或荷叶领等。

胸部较大者要避免穿着过紧的上衣，款式应力求简单，胸前不宜有装饰，高腰的服装也会使胸部更加凸显，最好避免。

胸部较小者可适当选择上衣胸部有装饰性的蕾丝、蝴蝶结、小贴袋等式样的服装。

上臂较粗者适合选择七分袖款式的服装，使手臂略显修长。

三、职场男士身高与服装款式

相对于职场女士，男士的职业装款式变化更小一些。下面我们主要通过男士的身高来进行职业装的款式选择。

1. 矮小身材的男士

应穿着精纺毛料西服，适合的西服长度至后臀线，袖子不能太长，腰线与纽扣位置略为提高，西服后面无开衩，口袋无边饰，修身西服比宽松西服显高。衬衫可选条纹或以素色为主，以选择统一颜色、款式的套装为宜。

2. 高大身材的男士

这种身材适合穿着双排扣西服。应避免穿窄条纹西服，领驳口位置略为降低，避免有垫肩、无开衩或翻领。衬衫适合选择格纹，领带更适合条纹图案。

四、根据场合选择服装款式

穿着风格是人内在素质的外在形式，一个人的素质往往会由选择的服装呈现出来。在职场中，为了达到最佳的职场形象，应注意选择符合自己职业身份及职场角色的服装款式并考虑场合的需求。

所谓场合是指由一定的时间、地点、人员等构成的某种环境。职场人士在选择服装款式的时候，要清楚所选服装在什么时间、什么地点、见什么人的时候穿。把握好这一原则，就能产生自然和谐的美感。

张晶毕业于美术学院，平时喜欢比较个性的装扮，尤其喜欢烫长卷发、佩戴量感大的首饰，穿着的服装款式也较为时尚、夸张。洞洞裤、卡通图案、潮牌服饰都是她的最爱。

毕业后，她供职于一家学术书籍出版社，负责美术编辑工作，这里的员工大多是专业人士，她因为这种装扮很快就被同事孤立了起来。有个同事曾经善意提醒她，结果她以"不得干涉个人自由"为由顶了回去。同事们向领导反映，说作者来出版社商谈出版事宜的时候，张晶的形象总是让作者对出版社产生负面的感觉。最后，张晶失去了这份工作。

初入职场时，我们也许不熟悉职场应有的服饰风格与款式，认为规范的职场装扮令自己不开心甚至感觉压抑。这种想法暴露出更深层的问题：我们可能没有做好进入职场的准备，或者还不具备做这份工作所需要的基本素质。比如，如果不是在时尚行业工作，我们就要注意不要穿着太过花哨、夸张、个性款式的服装，否则就会与工作场合不协调。

总之，我们应当根据自己的体型选择服装款式，还要让穿着与自己的身份、职业相符，与所处场合相符。不仅要让自己"好看"，还要让自己"得体"。

第七节　职场服饰的色彩选择

生活中，经常会听到这样的说法："看您的穿着，应该是位职场女性。"职场女性通常选择的服装颜色多是深蓝色、深灰色、黑色等较为深沉的色彩，这些色彩会给人带来专业、严谨、权威之感。任何服饰都是有色彩的，但哪些色彩适合职场中的你，哪些色彩相互搭配起来更和谐，这就需要我们清楚服饰色彩的概念及职场中色彩搭配的规律。

一、关于色彩的基本知识

1.三原色

三原色是指红色、黄色与蓝色，世间的一切颜色均由三原色调和变化而成。

2.三间色

当三原色中任意两种颜色相加，便会产生第三种色彩，比如，红色加黄色便是橙色，红色加蓝色便是紫色，黄色加蓝色又会成为绿色。橙色、蓝色、绿色合称为三间色。

3.1000万=6=3

在色彩的世界中有一个神秘而有趣的等式：1000万=6=3，为什么这三个数是相等的呢？ 1000 万指的是世间的色彩有 1000 万种，这 1000 万种颜色是由三原色与三间色这 6 种颜色相互调合而来，当我们将三原色以各种不同比例调配，就会产生上千万种新的色彩。

4. 暖色系、冷色系

世间的千万种色彩，可以分为暖色系和冷色系两大色系。色彩中包含黄色的称为暖色系，色彩中包含蓝色的称为冷色系。当红色中加入黄色时，这种偏黄的红色（如橙色）属于红色调中的暖色系；而当红色中加入蓝色时，这种偏蓝的红色（如紫色）属于红色调中的冷色系。同理，黄绿色属于绿色调中的暖色系，而蓝绿色则属于绿色调中的冷色系。

5. 了解适合自己的色系

我们可以通过实物检测的方法来了解自己属于什么色系。女士可用口红来测试，比如，使用橙红色口红较好看的人属于暖色系，使用玫粉色口红较好看的人是冷色系。男士可以用白 T 恤来检测，准备一件纯白衬衫和一件乳白衬衫，穿纯白好看的人属于冷色系，穿乳白好看的人属于暖色系。

冷暖色特征如下（表 1-1）：

表 1-1

项目	暖色人	冷色人
肤色	偏黄	纯白、粉红、偏青
发色	带咖啡色	接近纯黑
五官	眉与眼珠都带咖啡色	眉较黑，眼球较深

二、职场服装色彩搭配方法

1. 单色搭配

单色搭配是指全身上下仅有一种颜色，且必须选择适合自己的色彩。在职场中，色彩不宜鲜艳，比如，大红、大绿看起来会相当刺眼。此外，同色的服饰色彩，力求完全相同，不可有色差。

2. 中性色搭配

两种不同的素色服装搭配是最常见的配色法，建议大家选购一些中性色的基本款。中性色有不同的深浅差别，如黑色、深灰色等属于深色；灰色、卡其色、白色、浅灰色、乳白色、驼色等属于浅色。中性色很容易与其他较鲜艳的色彩搭配，只要注意两者深浅差距略大，就不容易出错。

3. 配饰与服装的搭配

配饰与服装色彩的搭配方式一般分为两种。一种是上半身配饰的颜色与下半身衣服同色，如丝巾、胸花的色彩与裙子或裤子的色彩相同；另一种是鞋子与上衣色彩相同。配饰的搭配，可以经常变化，所谓"一衣多穿"，就是由配饰的变化达到整体造型改变的效果。

4. 同色配饰搭配

比如，鞋子与包同色，会加强配饰的装饰效果。比如，一套黑色服装，可使用较鲜艳的颜色，且是相同颜色的鞋和包进行整体搭配。

5. 色彩的语言

在职场中，我们可以利用色彩来替自己发声并表达情感，见表1-2中的颜色与对应的语言。

表1-2

颜色	语言
红色	权力、强势、野心、坚定
深蓝色	管理、责任、信赖
浅蓝色	创意、和平、自由
橙色	亲和、干练、组织
粉色	温柔、和善、体贴
咖啡色	稳重、可靠、安全、放松
紫色	神秘、高贵
灰色	庄严、稳重、正式

这一节，我们共同探讨了职场服饰的色彩。在色彩斑斓的世界中，尽管我们并没有意识到颜色的特殊意义，但这些颜色一直都在影响着我们。色彩在他人对我们的第一印象中往往占据着很大的比重，对我们职场形象的塑造起着重要的作用。

第八节　选择适宜的服饰图案

常见的服饰图案包括花、碎花、条纹、格子、文字等。这些丰富的图案为服饰赋予了更多的表达，每一种图案的喻义不同，带给他人的感觉也不同。因此，图案对职场服饰的选择与搭配具有重要作用。

一、服饰的图案

1. 花草图案

花草图案来自大自然，让人感受到浪漫唯美、柔和清新。其中，小花型带给人清新、甜美之感，适合量感比较小的人穿着（量感小：面部轮廓较小，体型也相对纤细）；大花型彰显女士的优雅成熟，适合量感比较大的女士（量感大：五官比较立体，体型较为丰满）。

2. 波点图案

在现代时装发展的 100 多年中，波点的流行时起时落，却从未退出过历史舞台。这种简单纹路已经成为一种永不过时的图案。波点给人带来复古、欢快、优雅感。小波点更多地呈现出一种欢快和俏皮的韵味，中型波点能体现女性的优雅，大波点可以呈现女士的时尚和魅力。

3. 几何图案

由点、线、面组成的几何图案给人端庄优雅、大方得体的感觉，这种服饰图案适合成熟稳重、知性大方、颇具内涵的女性。不同的服饰图案具有不同的特点，大图显成熟，小图显年轻，直线图显干练，曲线图显浪漫。

二、服饰图案搭配技巧

常见的图案搭配技巧有两种：无图配有图法及图案呼应对比法。

1. 无图配有图法

在职场服饰搭配中，用有花的服饰搭配纯色的服饰，这种常见的搭配方法叫无图配有图。比如，素色的上衣配有格子或花色的裙装，便属于无图配有图的搭配技巧。这一搭配技巧通常遵循"上花下不花，内花外不花"

的原则，就是如果上衣有图案，下裤（裙）就争取不要有图案（图1-20），套裙、套裤除外。如果外衣有图案，内衣就争取不要有图案，以免给人繁杂、零乱感。

2. 图案呼应对比法

在职场服饰搭配中，若上下装分别采用相同图案，并以上装图案面积小、下装图案面积大进行搭配的方法，叫图案呼应对比法。这种搭配方法，在上下图案呼应的同时产生面积的对比。比如，将花纹图案的裙子，搭配一件同种花纹的丝巾或胸花。

图案呼应对比法还有另外一种应用，就是服装图案和环境图案一致，由此产生呼应；服装上小面积的图案和周围环境大面积的图案产生对比，让人在视觉上产生和谐之感。比如，我们参加一场宴会，若服装图案与房间布置的图案一致时。再比如，服装图案上有你企业的 LOGO 与标志性图案时，这都属于图案的呼应对比搭配技巧。

◎ 图1-20

三、职场图案选择的禁忌

服饰图案，无论男女都不要选择过于时尚的图。如豹纹、斑马纹等图案。过于时尚与性感的图案会降低专业度。也不要选择过于休闲的图案，如卡通图案，会给人一种不够稳重的印象。更不能选择宠物、人物、文字、花卉的图案，这些图案均与职场性质不和谐，是职场图案选择的禁忌。

男士皮带的选择，要注意平整光滑，不要有明显的图案、花纹。

袜子不可选择鲜艳的彩色、花格图案及白袜子或浅色袜子。男士的整体服饰搭配也不宜有过多的装饰图案。

在职场中，女士首饰不可带有字母、人物、动物等图案，所佩戴饰物的材质、风格应该一致。女士袜子也应选择无图案、无装饰，弹力好的肤色丝袜。

为了更好地塑造职业形象，我们应当慎重选择职场服饰的图案。

第九节 选择适宜的服饰面料

曾经有人这样说过："当你走进某个房间，即使房间里的人并不认识你，但通过你的外表服饰，他们可以做出三个推断：关于你的经济状况、你的受教育程度及你的可信任程度。"据调查，世界上有 500 家金融企业的经理人认为外表是成功的关键，有 3500 名律师认为服饰已经影响了他们的收入。服饰作为一种符号，在人际交往中越来越受到人们的关注。其中，服装的面料不仅可以诠释服装的风格和特征，还影响着服装的色彩、款式等呈现的效果。

一、面料的种类及特性

面料。以动物、植物的纤维（如棉、真丝、羊毛和亚麻）织成的是天然面料，由涤纶、锦纶、腈纶、氨纶等人工合成的称为合成面料。天然纤维与合成纤维混合织成的面料称为混纺面料。

1. 棉布

棉布是以棉花为原料织成的面料，优点是轻松保暖、柔和贴身，吸湿性、透气性好，穿着非常舒适。缺点是易缩、易皱、易起球，不挺括。棉布经过光泽处理后，则称为丝光棉，既保留了纯棉柔软、舒适和透气的天然优点，还具有光滑、光泽等优势，比较适合用来制作衬衫。

2. 呢绒

呢绒又叫毛料，它是各类羊毛、羊绒织成的织物的泛称。优点是具有防皱耐磨、手感柔软、高雅挺括、富有弹性、保暖性强等特点，这一面料通常适用于制作西装、大衣等正规、高档的职业服装。其缺点是洗涤较为困难。

3. 丝绸

丝绸是以蚕丝为原料纺织而成的各种丝织物的统称。具有轻薄、滑爽、色彩绚丽、富有光泽、高贵典雅、穿着舒适等优点，其缺点是易生褶皱、容易吸身、不够结实并且褪色较快。因此，相对于职场服装来说，真丝面料更适合用于制作社交场合的服装。

4. 化纤

化纤是化学纤维的简称。它是利用天然的或以人工合成的高聚物为原料，经化学和机械方法加工制造而成的纤维，通常分为再生纤维与合成纤维两类。常见的化纤面料有涤纶、腈纶、氨纶、锦纶。其优点是品种多样、色彩鲜艳、各具特色。缺点是耐热性、吸湿性、透气性较差，遇热容易变形，容易产生静电。它虽可用以制作各类服装，但总体档次不高。

5. 混纺

混纺是将天然纤维与化学纤维按照一定的比例混合纺织而成的织物。其优点是既吸收了棉、麻、丝、毛和化纤各自的优点，又尽可能地避免了它们各自的缺点，很受职场人士的喜爱。

二、职场服饰面料的选择方法

在正装及商务休闲装讲解中，我们简要提及了面料的问题。下面，我们将面料这一知识点进行详细分析。

1. 正装面料的选择方法

正装作为职业人士在商务场合的必备服装，应尽量选择高档面料，以100% 纯羊毛面料为首选，羊毛含量很高的混纺面料次之。毛料具有挺括、富有弹性等优点，能够衬托职场人士严谨、权威、专业、负责、稳重、信赖、认真的形象。

2. 商务休闲装面料的选择

商务休闲装宜选择毛、棉、混纺、人造纤维面料等。精良的品质及挺括的效果是面料选择的基本要求，这样的面料制作的服装能够塑造精干、亲和、可靠的形象。

3. 衬衫面料的选择

职场中，衬衫的选择应以棉为主要成分。纯棉的面料，吸湿性和抗热性较好，穿着较为舒服，但易起皱。也可选择丝光棉面料，比较光滑且有光泽，是男士衬衫的首选面料，这种舒适自然的面料会较好地展示职场人士亲和、追求自然的形象。

4. 领带面料的选择

在选择领带时，要选用丝绸面料，因为丝绸光泽度好、垂度佳、复原力强，又不易变形。随着新产品的出现，羊毛＋真丝或者 50% 真丝 +50% 涤丝的面料，也成为领带面料的选择。

5. 配饰材质的选择

职场人士的服饰中皮鞋、皮带、公文包一般以牛皮或羊皮的材质为首选，切忌选择漆皮材质，过于炫目时尚会降低职场人士的专业度。

三、职场面料的选择禁忌

（1）无论正装还是商务休闲装，都不能选择质地柔软的面料。如雪纺、针织等面料。

（2）衬衫不要选择麻质面料，它比棉更易皱，有时穿起来会带来皮肤不适，而且过于休闲。同时，还不可选择丝绸面料的衬衫，因其光泽太明显，过于华丽，不适合职场人士。

（3）领带不可选择人造纤维面料，因为它比较僵硬、复原力差。亚麻、丝麻、粗毛呢等针织领带过于休闲，也不宜选择。

日常生活中，我们在挑选服装面料时，通常从其舒适度、美观度等角度进行选择。但在选择职场服饰面料时，除了要注意舒适度与美观度，还要注意是否能够展现职业人士的专业度。

第十节　职场饰品的选择及佩戴

饰品是对服装起到装饰作用的物品，通常用各种金属材料或宝石、玉石、皮革、丝绸等材料制成，与服装适宜搭配，能起到很好的装饰效果。

一、选择职场饰品的原则

无论男士还是女士，工作场合佩戴的饰品都应以简洁、精致为佳，其造型、款式、颜色不宜太复杂。

1. 数量不宜过多

佩戴饰品数量以少为佳，有时可以一件饰品都不佩戴。若同时佩戴多种饰品，其上限一般为三件，即不应当在总量上超过三种。除耳环以外，佩戴的同款饰品以不超过一件为宜。

2. 色彩保持一致

若同时佩戴两件或两件以上的饰品时，应该使其主色调保持一致。饰品色彩过多过杂，会让人眼花缭乱。

3. 质地选择同类

首饰的质地要相同，这样会使总体搭配更为协调。另外要注意的是，高档奢华的饰物，尤其是珠宝首饰，多适用于隆重的社交场合，日常工作不戴为好。

◎ 图1-21

4. 饰品与服饰协调搭配

饰品的佩戴是整体形象的重要部分。选择饰品时，要兼顾服装的款式、面料、色彩、图案的特点，并努力使之协调搭配，在风格上与服装保持一致（图1-21）。

5. 注意扬长避短

无论是职场上还是生活中，饰品的选择与佩戴应与自己的身材特点相协调，达到扬长避短的佩戴效果。在选择饰品的款型时，应重点避短，适当扬长。例如，脖子短粗的人不要佩戴时尚的珍珠项链，脖子细长而手腕粗壮的人可以多佩戴项链而放弃手链。

二、职场中女士常用的饰品

1. 首饰

职场女士一般可戴小巧的耳钉、素圈婚戒、简洁精致的胸针，项链最好是素链，或是带有纤巧吊坠的金属项链。

2. 丝巾

丝巾也是职业女性的常备之物，它的材质、款式、花式繁多，应选择适合自己的肤色及服装的丝巾。在众多面料中，真丝面料的丝巾打出的结比较柔顺，质地也有很好的飘逸感。

3. 手提包

在职场中，女士的常用物品，如手机、化妆用具、钥匙、钱包等都要放在手提包内。应当选择质地优良的

◎ 丝巾的打法

皮包，避免关键时刻因包带断裂或拉链坏掉等突发情况而造成不必要的尴尬。手提包颜色及款式应简洁、实用，能与大部分职业装搭配。因此，一个品质较好的黑色皮质手提包，是职场女士必不可少的重要配饰。

4. 笔

职业女士应当常备一支质量较好的笔，免去需要时到处借笔的麻烦与尴尬。

5. 丝袜

丝袜是女士服装的重要配件，搭配得当可以起到很好的美化效果，搭配不好则会毁坏整体的形象。职场中女士要穿与皮肤颜色接近的袜子，不能穿彩色袜子，这样会显得幼稚、花哨。条纹、网格等丝袜也会破坏专业感。

颜色较深的袜子会产生收缩感，使双腿显得较细，但是也要与服装颜色的重量感相协调。职场女士可选择的丝袜颜色通常有肉色、透明灰色和透明黑色。略带图案和不透明的丝袜可以在搭配休闲装时选择。

三、职场中男士常用的饰品

1. 手表

手表是职场男士的重要饰品，其颜色、款式应该与自己的服装及场合相匹配。职场男士佩戴的手表，直径以 36～38mm 为佳，不宜过大或过小。手表表带以黑色、棕色，光面皮质表带最为经典。日常工作中，选用皮质表带或金属表带均可。

2. 腰带

职场男士的腰带，其颜色应该与皮鞋、公文包一致，以黑色为首选。腰带上不要挂手机、钥匙等任何他物。不要在公共场合整理腰带，以免带来不雅的形象。

3. 袜子

在职场中，男士袜子的颜色选择要与裤子的颜色一致或略深于裤子的颜色，绝不能浅于裤子的颜色。还要使袜腰在落座时不露出腿部皮肤。

4. 包

职场中，男士公文包的选择应该是质地优良、做工精细的公文包或手提包，以黑色为最佳。

5. 笔

职场中，男士应当随身携带一支优质钢笔，放在西装上衣的内侧袋中。

另外，公文包或手提包至少还应该备一支笔，以备不时之需。

6. 首饰

一般来说，除了眼镜等实用性的配饰以外，男士最多只可佩戴一枚素圈婚戒。

各种适宜的饰品，对服装的整体美均起着画龙点睛的作用。无论是男士还是女士，都要根据自己从事的行业和环境来选择工作中的配饰。我们还需要了解具体企业的着装规则及具体规定，在不触及企业与行业禁忌的情况下，结合职场着装的原则与规范，恰当选择和运用饰品，这样做，会让我们的职业形象变得更有品位。

第二章 规范的职场仪容

君子之修身也，内正其心，外正其容。

——欧阳修

第一节 仪容修饰体现职业精神

仪容即容貌，由发式、面容及人体所有未被服饰遮掩的肌肤所构成，是个人形象的基本要素之一。仪容修饰是通过适宜的容貌修饰使人变得得体、美好。在人际交往中，仪容会引起交往对象的特别关注，并会影响交往对象对我们的整体评价。因此，仪容修饰就显得非常重要，它可以反映出一个人的精神状态和礼仪素养，是人们交往中的"第一形象"。任何人都可以通过化妆修饰等手段，使形象得以美化。

一、戴安娜的"美容革命"

每个人都需要对容颜进行适当的整理和修饰，即使是天生丽质的人，也很难百分之百完美。戴安娜在初入王室时，形象略显稚气，脸颊总是红扑扑的，带着点儿"婴儿肥"，鼻子和颧骨还过于突出。但人们逐渐发现她越来越美、越来越迷人，原因就在于她在诸多王宫美容师的点拨下进行了一场"美容革命"。她用薄粉底来遮掩发红的脸色，再配上色调柔和的桃色、珊瑚色胭脂。又在颧骨下面打暗影，使颧骨显得不那么突出，脸型也不显得太大。后来，她又听取著名化妆师的建议，在脸上薄施桃褐色的腮红，衬出美丽的双颊，再用蓝色眼线液和蓝色眼影，衬出一双鲜明夺目如蓝宝石一般的眼睛。

戴安娜之所以越来越美，是因为掌握了恰到好处的修饰方法。

即便如戴安娜王妃，也不可能完美无缺。适当的修饰可以弥补瑕疵，使自身形象更趋完美。

二、仪容修饰与塑造职业形象的关系

1. 仪容与自信

美国形象设计大师鲍尔说："成功人士的外表反映了他的风格，而优雅来自内在，它是一种自信，它能够通过你的外表、举止、微笑表现出来。"良好的仪容能够使自己在生活和工作中获得自信。自信对于一个人来说是至关重要的，有了它，我们才能快乐地生活、勇敢地追求自己的梦想。如果没有良好的仪容修饰作为基础，自信就会打折扣。若你穿着睡衣、不修边幅地上街，和化着精致的妆容、梳着整齐的头发、西装笔挺地上街绝对是两种心情。前者，会选择低着头沿着最不起眼的墙边快步行走，希望不要碰到认识的人；后者，会抬头挺胸地走在醒目的地方，甚至希望碰到认识的人，让他们也感受到自己自信的风采。毋庸置疑，良好的仪容可以在很大程度上加强一个人的自信。

那么，良好的仪容为什么会提升自信呢？主要有两个原因：一是通过仪容修饰，能够获得一种形象优势，当人占据优势的时候，就会自信起来；二是由于良好仪容，他人会乐于与我们主动交谈、接触，增强与我们交往的意愿，这会增强我们的自我存在感，进而加深我们的自信。

良好的仪容更容易得到别人的赞美，这些赞美无形中使我们累积自信的能量，为我们创造出许多脱颖而出的成功机会。

2. 仪容与专业度

我们常听到这样的一种说法："你是干什么的就得像干什么的样子。"著名主持人杨澜也曾经说过："没有人有义务透过你邋遢的外表去发现你内在的美好。"

仪容修饰能够反映一个人的工作能力、工作态度及综合素质，良好的仪容能够给人专业、上进的印象。因为对自己面容的注重，从一定程度上代表了对自己职业的认同和热爱，也体现出人的审美层级和性格情趣，同时也反映着人们的物质、文化、生活水平和精神面貌。因此，一个人因对自己仪容的疏忽或者漠不关心而使自己的仪容令人反感甚至厌恶时，很有可能会被认定为一个不拘小节、缺乏认真严谨的专业素养的人。

3.仪容与可信赖度

生活中，每个人都喜欢和仪容整洁的人交往，而不愿意与一个仪容不整的人近距离接触。当我们在公共场所碰到邋遢的人，多会采取回避的态度，甚至会躲得远远的。如果这位邋遢的人是自己认识的人，实在无法回避，就会远远地点点头、打个招呼了事。相反，对那些注重仪容修饰、光彩照人的人，我们就非常乐意与之交往，不仅不会回避，还有可能不由自主地接近他们，希望自己和他们的关系能进一步发展，这就是良好的仪容所带来的效果。

1960年，尼克松和肯尼迪竞选美国总统，尼克松带病参选，又拒绝电视顾问为他设计的形象补救措施。结果，观众在电视屏幕上看到的是两眼深陷、面色苍白的尼克松。相反，肯尼迪听从形象专家的建议，进行了精心的仪容修饰，以意气风发的形象出现在屏幕上。这是美国历史上第一次总统电视竞选，选民们除了注意双方政见，也在被他们的一举一动和仪表风度所影响。最终肯尼迪赢得了大选。大选之后的调研结果显示，选民对形象的好恶也从一定程度上影响了选票的投向，可见仪容显示出来的可信赖感对事业的成功具有举足轻重的作用。

良好的仪容会给人朝气蓬勃、精神饱满的印象，根据仪容可以判定一个人是否对生活和工作充满激情。仪容修饰会影响一个人的自信度及在他人眼里的专业度与可信赖度。通常情况下，一个对自己仪容用心的人，在工作中也总能用心工作；一个对自己仪容都不在意的人，对工作也可能会马虎了事。爱美之心人皆有之，良好的仪容既能表示对他人的尊重，又能体现自尊自爱。因此，每个人都应该注重自己的仪容修饰，打理好自己的仪容形象，让它为我们的事业成功添砖加瓦。

第二节 女士化妆的原则

化妆是指运用美容用品或美容手段来修饰自身仪容，美化自我形象。化妆，能改善女士容貌在"形""色""质"方面天生的弱点，以表现出女士在职场上的独特气质，增添美感和魅力。化妆可以让女士在职场中显得容光焕发、充满活力，同时也是对职场交往对象表示礼貌和尊重的一种方式。职业女性应着淡妆上岗，一般以端庄、自然、表里如一为宜，并应遵循以下四个原则。

一、淡雅自然

化妆的最高境界即是自然。最高明的化妆术，往往是虽刻意雕琢但又不露痕迹，给人赏心悦目的美感。化妆还要与职业、身份、场合相匹配。职业女性的面部修饰既要讲究美观，更要合乎常情，还应符合其工作性质及岗位要求。职场中的化妆要塑造淡雅清秀、健康自然的容颜，"清水出芙蓉，天然去雕饰"的朴实无华之美更容易令交往对象所接受。

化妆的要点是略施粉黛、淡扫蛾眉、轻点红唇、自然大方、素净雅致。比如，脸上的脂粉不能过厚、过白，这样容易给人一种戴上假面具的感觉。又如，工作场合选用的化妆品或香水的味道不能过于浓烈，否则容易引起他人的反感。

二、简洁适度

简洁适度可以从两个层面来理解：一是化妆程序简洁。繁复的化妆流程会占用过多的时间，且不能达到淡雅自然的效果，职业女性日常工作一般要选择生活简易妆，化妆流程只需要包括打粉底、定妆、描眉、涂口红、涂胭脂（若面色红润，涂胭脂可以省略）五个步骤就能完成。若需要参加社交活动（宴会、庆祝活动等），可以在生活简易妆的基础上做简单修饰，增加眼妆即可。二是指化妆品、化妆工具要简单及实用。市面上的化妆品及化妆工具种类繁多，在选择时也应该遵循简洁适度的原则，根据化妆的目标及个人自身条件进行有针对性的选择，切莫因为名人推荐或是商品促销就买回去一堆不适合自己或者根本用不上的化妆品或化妆工具。

三、扬长避短

化妆的目的是通过化妆来遮掩美中不足的部分，使其不太引人注意。巧妙地弥补缺陷，让他人的注意力集中在自己五官的优点上，使自己看上去光彩照人、精神焕发，从而在人际交往中更为自尊、自信、自爱。要使化妆达到美的效果，就要把握面部个性特征，在正确的审美观指导下进行化妆操作。首先，必须了解自己容貌各部位的特点，孰优孰劣要做到心中有数；其次，需要在正确认识自身条件的基础上，进行化妆技巧、方法的合理选择，重点是弥补不足，即避短藏拙，才能正确、有效地化妆，达到扬长避短的效果。

我们可以通过化妆来调整五官的比例，让五官看起来更和谐。比如，眼睛太小的人不适合化太浓的粗眉，而应该将眉毛修剪整齐，用眉笔稍微带过即可，眉毛细了眼睛就显得大了。双眼间距太窄，我们化眼妆时就应该着重眼尾部分，从视觉上拉宽双眼间距。反之，双眼间距过宽，我们就可以加深鼻侧影，并在眼头处加深眼影，这样就能产生纵向分割的效果，让两只眼睛之间的距离显得不那么远。其他部位的修饰同样应符合扬长避短的原则，比如，嘴大的人就不适合化过红的唇妆，鼻子塌的人不适合化明显的鼻影，而应着重其他部分的妆容，让别人忽略不完美的鼻形。

四、庄重协调

职场女性在化妆时，尤其要与个体自身的性别、年龄、容貌、肤色、身材、体型、个性、气质及职业身份等相适宜、相协调。仪容修饰程度及修饰技巧，均应把握分寸，不能盲目追求时尚，忌讳花里胡哨、轻浮怪诞。重点应做到四个协调。

1. 妆面的协调

不能片面追求某一局部的奇特变化，不可把脸当作调色盘，不能给人以突然截断的感觉。假如一个人的眼影与周围皮肤之间没有中间色调的过渡色，就会显得夸张、生硬和怪诞。化妆各部位之间色彩的搭配要协调，浓淡要相宜，整体设计应和谐一致。

2. 身份的协调

职业女性化妆时要考虑到自身年龄、职业特点、岗位、身份等因素来选择化妆品及化妆技巧。一些社会上流行的时尚化妆方式，诸如金粉妆、日晒妆、印花妆及烟熏妆等，均不太适宜在职场中采用。

3. 整体的协调

化妆时还必须注意妆容与肤色、发型、服装、饰物的协调，力求取得完美的整体效果。

4. 场合的协调

化妆需要"应景"，不同的环境、不同的场合往往有不同的气氛，这就需要妆容与其相协调、相适应。只有当化妆与环境相统一，人与环境才能相容，才能相得益彰，个人的良好形象才能最充分地体现出来。我们强调职业女性在工作岗位上应当化淡妆，目的在于不过分地突出职业女性的性别特征，不过分引人注目。如果一位职业女性在职场中妆容过于浓艳，容易给人留下轻浮之感。浓妆只有在晚间的社交场合才更适合使用。

化妆是为了美化自己，是为了表达对他人的重视与尊重。但是，化妆并不是单纯的涂脂抹粉，更不是把自己打扮得花枝招展，而是一定要考虑自己的身份以及所处的环境，遵循化妆的淡雅自然、简洁适度、扬长避短、庄重协调原则，并恰当运用化妆的技巧，才能使我们的妆容得体，让我们的职业形象锦上添花。

第三节　职业妆容的化妆步骤

化妆并不是简单地将化妆品涂抹在面部，除了遵循化妆的原则之外，我们还需要采取合乎规范的步骤和适宜职场性质的技巧，才能在工作中起到恰到好处的美化效果。为了表达对交往对象的尊重及对场合的重视，女士在职场中应当化生活简易妆，若出席一些较为隆重的场合或参加社交活动，如新闻发布会、宴会等，应当化日妆。我们一起来分享这两种妆容的化妆步骤。

一、化妆前的准备

1. 洁面
化妆前必须用适合自己皮肤类型的洁面乳及正确的手法彻底清洁面部皮肤，油脂分泌较多的鼻翼两侧及额头等处更要仔细清洗，这是化好妆的基础。

2. 护肤
涂抹适量能改善并保护、滋润皮肤的护肤品，如化妆水（爽肤水）、其他营养霜、乳液等。如果时间允许的话可以在化妆前敷一片具有护肤功效的面膜，面膜的使用不能太频繁，要视皮肤状态选择适合肤质的面膜，每周用一到三次为宜。做好补水等护肤工作，可以让皮肤以更好的状态进入化妆程序，妆容会更加自然。

3. 防晒
适量涂抹适合自己肤质的防晒霜。紫外线对肌肤的伤害是极大的，容易造成黑色素沉着及加速肌肤的老化。因此，应把防晒作为护肤之后进行的重要步骤。

二、生活简易妆

1. 打粉底

打粉底是为了均匀肤色，而非刻意增白，因此要选择与自己肤色接近的颜色（图2-1），并注意面部与脖子衔接处的颜色过渡自然，避免出现"面具脸"。在自然光下找出一种接近自己肤色的、较薄的液状粉底，或是干湿两用粉底，用手指将粉底涂抹在面部并轻轻推匀，使粉底与皮肤贴合。粉底用量需适宜，达到轻盈的效果。

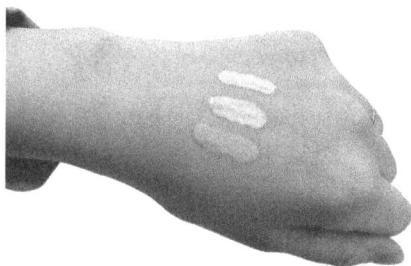

◎ 图2-1

轻薄的气垫霜及 BB 霜也是生活简易妆不错的选择。

2. 定妆

打完粉底后应用粉扑蘸取适量干粉定妆，干粉可以吸收粉底中多余的油分，让底妆看起来更加清爽通透，还可以让妆容更加持久。但是，干粉不要扑得过厚，皮肤黑的人尤其要注意。

3. 画眉

眉毛是五官的点睛之笔，精致的眉形能让人看起来更加精神。生活简易妆一般用眉剪、眉刷和眉笔来修饰眉毛，剪去杂乱的眉毛之后，用眉刷从眉头至眉尾顺着眉毛生长方向刷，然后用眉笔轻轻描画出理想的眉形，不必刻意修饰。眉毛的颜色可以与发色协调一致或者略浅于发色。

4. 打腮红

腮红可以使面颊更加红润，显示出健康与活力。若皮肤红润，可以省略此步骤。打腮红的位置是在对着镜子微笑时，颧骨旁边凹下去的部分。用大号粉刷轻扫腮红，颜色清淡，呈现自然红晕，不要有边缘感。腮红的颜色应与整体的彩妆色调相协调。

5. 涂口红

先涂抹润唇膏滋润双唇，再按嘴唇轮廓涂抹口红，在职场中，注意口红的颜色选择不要太红、太艳。

◎ 职场妆容

三、日妆

1.打粉底

首先将适合自己肤色的粉底液置于手背上并晕开，之后点在面部，用化妆海绵顺着皮肤纹理慢慢晕开；再用稍白一些的粉底提亮鼻梁、下眼睑、下巴等需要凸起的位置，让面部立体感更强，突出轮廓。在打粉底时要注意：一是选用的粉底颜色最好与自身肤色相近，反差过大容易看起来失真；二是要借助化妆海绵，做到取用适量、涂抹均匀；三是注意脖颈部位，不能使面部与颈部"泾渭分明"。

2.定妆

定妆的目的与生活简易妆中所述相同，特别要注意扑粉时要均匀轻柔，使肤质看起来细腻通透。

3.画眉

职业女性在画眉时，需要注意四点：一是先进行修眉，以专用的眉夹或眉剪修除杂乱无序的眉毛；二是描画出整个眉形轮廓，注意兼顾自身的年龄与脸型；三是在画眉时，要用棕褐色或烟灰色眉笔（或眉粉）逐根对眉毛进行细描，忌讳一画而过；四是画眉之后应使眉形具有立体之感，且和谐、流畅，所以在描眉时通常都要在具体手法上注意上虚下实，两头淡而自然，中间浓而不紧密，眉头不高于眉尾。

4.施眼影

施眼影可以强化面部的立体感，并使女性的双眼显得更为明亮传神。但是，绝对不要出现大面积的烟熏渲染，即使是想让眼睛看起来更大、更有神，也要尽可能地缩小眼影面积，避免过于鲜艳的色彩和闪烁的质地。大地色系时尚又充满气场，是不错的选择。施眼影时，越向上颜色越淡，并逐渐消失。因此，涂的时候先要在眼睑部位打上一层浅色的眼影，然后缩小面积涂上一层略深一点的眼影，最后，在贴近睫毛根部的位置涂上更深一点的眼影。

5.画眼线

眼线可以让我们的眼睛生动而有神。画上眼线时，眼睛往下看，用手指上提眼睑，将眼线笔紧贴睫毛的根部描画上眼线，内眼角较细，外眼角较粗，并向外延伸。下笔要均匀、流畅，眼尾的描画过渡应自然，不能将眼线拉得过长。下眼线可省略，如果需描画也必须浅淡，一般从内眼角向外至 1/3 或 1/2 部位开始向眼尾描画。

6. 刷睫毛

刷睫毛膏之前，用睫毛夹分别在睫毛的根、中、梢部位夹翘睫毛，使睫毛以自然的弧度向上弯曲。刷上睫毛时眼睛向下看，刷下睫毛时眼睛应向上看。以 Z 字形从睫毛根部向上涂刷，可以反复刷几遍，使睫毛更显浓密，但要注意自然。

7. 扫腮红

腮红的色彩选择不宜太红，颜色与眼影、唇膏相协调。对于脸型偏长的女生，采用横扫的手法，可以起到缩短脸型的视觉效果。

8. 涂口红

涂口红之前要先涂上一层润唇膏，起到护唇防裂的作用，避免起皮，更宜上妆。涂口红时有三个步骤：一要描好唇线。先以唇线笔描好唇线，确定好理想的唇形，描唇形时，嘴唇应自然放松张开，先描上唇，后描下唇；应从左右两侧分别沿着唇部的轮廓线向中间画；上唇嘴角要描细，下唇嘴角则要略去。二要涂好口红。以唇线笔描好唇形后，才能涂口红。避免选用鲜艳古怪的颜色。涂口红时，应从两侧涂向中间，并要均匀而又不超出画定的唇形。三要仔细检查。涂口红后，要用纸巾吸去多余的口红，并细心检查一下牙齿上有无口红的痕迹。

职业女性在职场中常会使用到生活简易妆及日妆，其步骤并非一成不变，有时可以根据个人特点、工作环境及具体场合而酌情选择或调整某些化妆的步骤。化妆需要有一定技巧，所谓熟能生巧，只有不断学习与反复练习，才能使我们的妆容达到最高境界——自然美。

第四节　粉底与口红的选择

好的底妆能让面部肌肤呈现细腻、自然、健康的光泽，让妆容清爽，还能让后续妆容更加精致、持久。唇妆则是整个妆容的点睛之笔，可以改变整个妆容的效果。因此，粉底与口红的选择对于职场妆容来说就显得尤其重要。

一、选择粉底的技巧

1.不同肤色类型选择粉底的技巧

底妆的作用是均匀肤色与提亮肤色，让面部肌肤看起来干净清爽。不能一味追求美白而选择比肤色白很多的粉底，否则容易给人"挂了一层霜"的感觉。因此，我们在选粉底之前，首先要清楚自己肤色的深浅及色调。如何辨别自己的色调呢，最简单的一个方式就是看自己的血管颜色。如果手腕血管呈紫色、蓝色，戴银色饰品更好看就是冷色调；如果手腕血管呈青色、绿色，戴金色饰品好看就是暖色调；如果介于两者之间，戴金色、银色饰品都好看，就属于中性色调。

冷色调的皮肤较适合粉调、蓝调、紫调的粉底；暖色调的则比较适合黄调或绿调的粉底，中性色调的皮肤可选择自然色粉底。另外，如果想要调整皮肤的颜色，那么表皮泛血丝的可选用绿色粉底调和；肤色蜡黄的可选用紫色粉底调和；若肤色苍白，可选用粉红色粉底增添血色；若皮肤暗沉无光，则可以选用比肤色浅一度的米色、自然色粉底提亮。一般来说，可先选定色调，然后再根据肤色的深浅来选择相应的粉底色号。

选粉底时，需要通过试色来确定粉底的色号。试色的位置最好选脸部与颈部交界处，这样更容易看出色差。和自己面部肤色最相近的颜色就是最适合你的颜色。由于商场灯光可能导致颜色失真，出现色差，因此，试色地点最好在中午前后在自然光照射的环境下，这样才更容易看清粉底与面部皮肤的颜色是否一致，达到自然地融为一体的效果。

2.不同肤质类型选择粉底的技巧

选择粉底时，除了要考虑自己肤色的色调及深浅以外，还要考虑自己的肤质。皮肤通常分为五种类型，分别是中性皮肤、干性皮肤、油性皮肤、混合性皮肤、敏感性皮肤。不同的肤质有不同的特征，在选粉底时要根据每种皮肤的特质来选择不同类型的粉底。

（1）中性皮肤。中性皮肤是比较健康的一种皮肤类型，肤质细腻光滑，油分及水分均衡，无毛孔粗大现象，很少长痤疮。因此，中性皮肤的人可以选择轻薄、清透、水油平衡的粉底。

（2）干性皮肤。干性皮肤表面几乎不泛油光，肤质细腻，容易干燥缺水、脱皮，很少长粉刺痤疮，眼角及嘴角容易长细纹。这种皮肤类型在使用粉底时容易出现卡粉、浮粉脱皮等现象。因此，在选择粉底时，应注意选择滋润度高的粉底。

（3）油性皮肤。油性皮肤的人皮脂腺会分泌过多油脂，使脸上泛油光，并且毛孔粗大，容易长痤疮。这种皮肤类型的人，底妆最容易出现的问题就是泛油脱妆。因此，油性肌肤应该使用控油效果好的粉底，或者粉质含量较多的粉底液。同时，恰当地使用干粉，吸附面部多余油脂，产生定妆的效果。

（4）混合性皮肤。混合性皮肤的特征就是脸部不同区域有不同性状，通常T区皮肤会比较油腻，而脸颊及眼周的皮肤会比较干燥。因此，我们可以在不同区域使用不同的粉底。如在容易泛油脱妆的T区，可以使用质地较为轻薄的粉底，这样不容易出现浮粉现象；在较为干燥的区域可以使用质地比较滋润的粉底，这样不容易卡粉。需要注意的是，两种粉底的颜色应当一致。当然，同时具有控油和补水保湿双重功效的混合性皮肤专用粉底，也是很好的选择。另外，我们还可以考虑使用两用粉饼。两用粉饼是具有可以干擦和湿抹两种用途的粉饼，针对较为干燥的区域，可以蘸点水进行湿抹；针对油性较大的区域，可以用粉饼直接干擦。此外，还可以适当地交错使用。

（5）敏感性皮肤。敏感性皮肤容易过敏发红，产生小丘疹等，是特别需要呵护的皮肤类型。在选择粉底时，应尽量选择配方温和，不含有金属、酒精等成分的粉底。市面上也有专门针对敏感性皮肤设计的粉底。选用护肤品时，应先在耳后、手腕内侧等位置试用，确定无过敏现象后再进行使用。

二、选择口红的技巧

1. 不同肤色类型选择口红的技巧

冷色调肤色的人，使用冷色调的口红会更有协调感。紫色调、玫红色调的口红均会让肤色显得更加白皙。冷色调肤色的人，如果本身肤色较浅，就可以使用明亮度较高的冷调口红，这样会显得自然、年轻；本身肤色较深的人，可以使用较深的玫紫色调口红，能使肤色显白，给人留下稳重、优雅的感觉。假如你本身的唇色为暗紫色，则可以使用暖色系口红，调和过深的唇色。

暖色调肤色的人，可以选择偏暖色系的口红，如珊瑚色、南瓜色等，这样会与肤色产生协调的美感。暖色调肤色中的浅肤色，更适合使用浅淡明亮的暖色系口红，肤色深的，则更适合使用深色口红。

2. 不同服饰颜色搭配口红的技巧

口红的颜色与服饰颜色搭配适宜才能产生全身协调的美感。因此，选择口红时还应考虑服饰的色彩。

穿着单色服装时，与之相配的口红可以是点缀色，也可以是协调色。如穿着粉色套装时选择粉色系的口红；穿着黑色服装时选择大红色或深红色口红，会显得气场十足；选择朱红色口红，会显得很迷人；若选择玫瑰红或紫红色口红，会给人以妩媚的感觉。穿着白色衣服时，配以亮橘色、橙色口红，会给人青春活力的感觉，让人眼前一亮。当身上服饰的色彩在两种或两种以上时，可以根据占服装面积较大的色彩及主色调来选择口红。

口红在与服装的冷暖色调搭配时，其色调也应保持一致。暖色调服装搭配暖色调口红，冷色调服装搭配冷色调口红。如玫瑰红、粉红、紫色等冷色调的口红，与蓝色、紫色服装搭配会更加协调。

女士化妆时，底妆是基础，唇妆是点缀。好的底妆能为后续妆容打下良好的基础，口红的颜色则会影响整个妆容的效果。让我们通过不同的肤色类型、不同的肤质类型及不同的服饰色彩来选择粉底与口红，让我们在职场中更得体、更优秀。

第五节　何时补妆

一天下午，刘先生到一家企业洽谈业务，接待他的是一位年轻且打扮时尚的前台工作人员。这位工作人员服务工作做得很好，可是仔细一看，发现她满脸泛油光，局部浮粉严重，显得十分邋遢。

上茶时，刘先生又突然看到她涂的指甲油缺了一块，他的第一反应就是会不会掉到他的茶水里面了。

会谈结束后，刘先生经过前台，看到这位工作人员正对着前台后面的反光玻璃墙面修饰妆容，丝毫没有发现客人要离开了。

自此以后，刘先生再也没有去过那家企业。

职场女性要养成经常自查妆容的好习惯，发现脱妆后应及时补妆，残妆示人不仅会破坏自己的整体形象，也会给人留下做事马马虎虎的印象。职场人士应当处处维护自身形象，这是无可厚非的，但这并不意味着可以随时、随地、随意为自己修饰妆容，我们还必须了解何时需要补妆，以及补妆的技巧和禁忌。

一、何时补妆

对于职场女性来说，通常在一段忙碌的工作之后，早上完美的妆容就会暗沉、脱妆，什么时候需要补妆呢？一般在用餐过后、午休过后都需要进行补妆。参加重要活动，出场之前的补妆也可以让自己更加自信从容。同时，补妆的频率也要考虑自身的皮肤特点。

油性皮肤的妆容更容易脱妆和花妆。因此，油性皮肤的女性补妆的频率可以更大一些，一般每2个小时补一次妆比较合适，若是在干燥的空调环境中，每3～4小时补一次妆即可。混合性皮肤的T字区很容易脱妆和花妆，脸颊区不易脱妆，因此，需根据T字区的出油情况进行补妆，通常每3～4个小时补一次妆即可。干性皮肤常常会肌肤干燥、易浮粉、不服帖，从而导致脱妆，通常情况下每天补妆1～2次即可，下午三点左右是肌肤最容易缺水的时段，因此，补妆时可以先进行补水。

二、补妆技巧

补妆是维持精致妆容的重要环节，也是职场女性必备的技能。补妆不是单纯地往脸上添加化妆品，也需要掌握一定的步骤和技巧。职场女性可以根据自身皮肤特点，以及具体情况选择适宜的补妆方法。

1. 底妆

油性皮肤的女士脱妆时通常都是满脸油光的，因此应首先用面纸或干净的海绵按压脸部，吸收脸上多余的油脂和浮粉，把已经斑驳的底妆先推匀，再用底妆产品轻轻按压脸庞进行补妆。最后在脱妆比较严重的T区及眼周等部位使用控油蜜粉进行轻压定妆。若补妆前不吸油，一味地用粉饼往脸上压，粉霜跟油脂混在一块，容易产生结块现象，会让我们的底妆变得比较厚重。

混合性皮肤的女士在T区及毛孔相对粗大的位置脱妆会比较严重，而两边脸颊一般不太容易脱妆，因此，补妆时也应该分区处理。修补底妆时，可以先用加了保湿喷雾的化妆棉轻轻按压脸部，清理一下底妆；然后用干湿两用粉底补妆，最后在 T 区轻拍蜜粉控油定妆。

干性皮肤的女士脱妆后，脸上会有粉底液不服帖、浮粉、卡粉等现象，有时还会伴随脱皮、细纹的出现。在肌肤极为干燥的区域，如出现皱纹的眼角、嘴角，可以用指尖蘸取适量保湿乳液盖在皱纹明显部位轻拍，滋润皮肤，然后用含有保湿成分的粉底液补妆。可以先用面部保湿喷雾浸湿化妆海绵，再用化妆海绵来蘸取粉底以轻按的方式涂在需要补妆的部位，这样可以让底妆更加服帖自然，之后再抹上一层锁水保湿的蜜粉即可。补妆后还可以用定妆喷雾轻轻喷洒面部，使我们的妆容更加清透自然。

2.眉妆

眉妆只需先用浅色眉笔重新勾画眉毛的轮廓，然后轻轻填充颜色，再用眉刷刷匀即可。

3.眼妆

有些女士的眼妆容易晕染，眼线及睫毛膏一旦花妆就会成熊猫眼。这时应先用小棉棒蘸取一点护肤乳液清理脱落的睫毛膏、眼线液等污垢，因眼周皮肤比较脆弱，所以动作一定要轻柔，不然容易搓伤眼周肌肤。然后，用小棉棒蘸取适量粉底补妆，再用蜜粉定妆之后，重新画上眼线和睫毛膏即可。

4.腮妆

按照正常打腮红的方式直接进行补妆处理。

5.唇妆

先用纸巾或湿巾擦掉残留的颜色，然后涂上润唇膏滋润嘴唇，再用纸巾去掉多余油脂，重新涂抹口红。

三、补妆的禁忌

职场女性需要养成经常自查，并及时补妆的好习惯，但也要注意补妆的禁忌。在办公室里、餐桌上、公共交通工具上等公众场合当众补妆是有失礼貌的。自我修饰属于个人隐私，当众补妆是没有修养的表现，既不尊重自己，也会妨碍他人，其性质好比当众换衣服一般。

补妆应当跟化妆一样遵循修饰避人的原则，若当着领导、长辈的面补妆是失敬于人的行为；当着同性的面补妆，会被认为是在炫耀或轻视对方；

当着晚辈的面补妆更是有失身份，自毁风度；在工作场合补妆，会被认为工作能力欠缺、对工作热情不够；当着不熟悉的异性补妆，会被认为在有意引起异性的注意。因此，补妆要在化妆间或洗手间完成，若实在没有条件，也应当尽量避人。

另外还要注意，根据自己的皮肤状态及实际情况进行补妆，频频补妆不但会影响工作效率，还会给他人留下不安心工作的负面印象。当然，当众梳理头发、频繁照镜子也是职场交往中不恰当、不合适的。

女士化妆是对自己形象的重视，也是对他人的尊重，补妆也应是化妆的一部分，是化妆的延续动作，补妆的重要性及难度都不亚于化妆。因此，职场女性在日常生活工作中，不仅要掌握补妆的技巧，还要注意补妆的禁忌，保持自己形象的整体性，这样才能给人留下长久的好印象。

第六节　男士的仪容修饰

英国有句谚语："当你和别人打交道时，他注意你的面部是很正常的。"由此可见，个人的仪容会引起他人特别的关注，并会影响到对方对自己的整体印象。随着生活水平的提高和男士形象意识的觉醒，仪容修饰不再只是女士的专利，当今社会的男士们也越来越注重自己的形象了。男士的仪容修饰主要包括洗发、洁面、剃须及脸部皮肤的简单护理。

一、男士仪容修饰的原则

职场男士仪容修饰的原则是：干净清爽、庄重文雅、富有朝气，使人感觉整洁、有品位。男士注意仪容修饰能给自己带来自信，但同时应该遵循仪容修饰的原则，才能展示出职场人士蓬勃向上的精神风貌，提高职场中人际交往的能力。

二、男士仪容修饰的具体内容

1.洗发

男士头发发质一般比女士更硬一些，更容易油腻起头屑，因此要常洗头发，特别是夏天出汗较多，更要及时清洗，以保持头发的清洁，避免头屑满天飞。在和他人交谈时，把头皮屑展现给他人，是有失体面的。有些男士喜欢使用摩丝等美发定型用品来造型，也要记得及时清洗，头发上的残留摩丝发胶等会让头发看起来邋遢，令人不适。男士的洗发产品可选择男士专用的洗发水，有控油去屑效果更佳。同时要注意，避免使用香味浓郁的美发、洗护用品。

2. 洁面

同女士的皮肤相比，男士的皮肤相对粗糙、毛孔大，同时分泌的汗液和油脂更多，易藏污纳垢、堵塞毛孔，从而容易引起面疱、粉刺、黑头等皮肤问题，影响美观。因此，男士要养成早晚洁面的习惯。早上醒来，脸部产生了不少的汗液和油脂，早上的洁面可以让面部清爽，使人精神焕发；晚上的洁面可以清洁掉脸部沉积的灰尘、污垢。洁面时，许多人喜欢用热水，认为可以洗得更加干净，其实温度过高的水会烫到皮肤，给脸部皮肤造成伤害，加剧面部皮肤的干燥，因此洁面时最好使用温水，可以保护脸部皮肤，且清洁效果更好。

洁面时要根据自己的肤质特点选择合适的洁面产品。油性皮肤的男士应当选择控油效果好的洗面清洁产品，干性皮肤及敏感性皮肤的男士应当选择温和的清洁产品。洁面时，取适量洁面产品于掌心，轻轻搓揉起泡，将泡沫涂于脸颊、前额、下巴及鼻翼两侧，然后按照由内向外的方式轻轻打圈按摩，再用温水将泡沫洗净，彻底清除污垢，最后用干净的毛巾或洁面巾将水擦干。

另外，男士洁面时不要漏掉眼角、耳窝、耳后及脖子等细节处的卫生。

3. 修面

男士的胡须长得快，部分男士的胡须还特别浓密，需要每天刮胡修面。若要参加重要活动，可以在临行前再一次修面。修面后的男士看起来更加整洁利落、容光焕发，更容易获得他人好感。男士应选择合适的剃须工具并掌握正确的修面方式。

目前市面上有两种类型的剃须工具，电动剃须刀和手动剃须刀。电动剃须刀更加方便快捷，一般不会刮破皮肤；而使用手动剃须刀程序稍复杂，但剃须更加干净彻底，还能在剃须过程中把脸上多余的油脂和角质刮掉，不像电动剃须刀需要反复摩擦皮肤，给皮肤带来大量刺激。但手动剃须刀的刀片十分锋利，因此，使用手动剃须刀需要十分小心并掌握技巧，不然容易刮破皮肤。

男士剃须前一定要先清洁自己的皮肤，因为男士面部和胡须很容易聚集空气中的灰尘和污垢，滋生细菌，若在剃须前没有注意清洁，就很容易刺激皮肤，并造成皮肤感染。洗脸后，先用热毛巾敷一下胡须四周，使毛孔打开，软化胡须，胡须越软，剃须时就越容易刮干净。然后用剃须刷在胡须处涂上剃须膏，这样有效清洁皮肤的同时，能够让泡沫深入每个毛孔里面，降低皮肤对金属刀片的敏感度。剃须时，应紧绷皮肤，帮助刀片更顺滑地从皮肤滑过，防止刮破皮肤。剃须后，再用热毛巾将泡沫擦干净，温水洗净即可。最后抹上须后水、保湿霜等产品，具有滋润保湿、杀菌消炎等作用。

4.润肤

男士在洁面、修面之后，应及时使用适宜的护肤品，否则会刺激皮肤分泌更多油脂。因为皮肤在清洁后没有油脂保护，水分更容易蒸发，从而刺激皮肤分泌出大量油脂以保存水分。因此，洁面或修面后拍上爽肤水或须后水，能瞬间收细毛孔，收敛皮脂分泌。经常长暗疮面疱的男士，可使用含有杀菌或吸油成分的爽肤水。爽肤水或须后水能够收敛毛孔，但皮肤可能还是处于比较干燥的状态，需要继续使用男士面乳进行滋养，从而有效滋润皮肤和补充皮肤流失的水分。油性皮肤的男士应选择质地轻盈、清爽保湿的面乳，从而保证面乳能够迅速被皮肤吸收，不油腻；干性皮肤及中性皮肤的男士可以选择更加滋润的面乳。

5.指甲

部分男士喜欢留长大拇指及小指的指甲，并当作工具使用，这是非常不卫生且有损个人形象的行为，容易引起他人反感。细节上的修饰更能反映出一个人真实的素养。因此，职场男士应保持指甲干净，指甲缝中不能留有污垢，定期修剪指甲。

当今社会，职场男士面临更多的压力和挑战，需要在各种竞争中努力地亮出自己、营销自己。试问，一个形象邋遢、看上去精神颓废的人，给人的可信度会有多少呢？而一个永远干净利落、朝气蓬勃的男士则会拥有更多的力量和机会迈入成功的大门。

第七节　规范的职场发型

某企业总经理刘先生要接受电视媒体的采访，为此，刘先生特意向专业形象顾问咨询，并按顾问的建议换了一个较为儒雅而精神的发型，且修剪了以前的大鬓角。改换发型之后的刘先生在电视台亮相时，形象焕然一新，显得精明强干、稳健自信，给观众留下了良好的印象。

任何事都是从"头"开始的，发型对个人的整体形象起着重要作用，是仪表修饰中的重要内容。发型要与个人的身高、气质、职业和场合相协调，职场中的发型以整洁利落、庄重大方为佳。其具体规范要求包括头发的清洁与保养、头发的长度、头发颜色及发型四个方面。

一、头发的清洁与保养

职场人士要坚持勤洗头发，保持头发的干净、清爽、无头屑、无异味，否则的话，就算其他仪容修饰做得再好，也会破坏整体形象，给人邋遢、不修边幅的感觉。不当的洗头方式容易导致脱发、头发越洗越油，或干枯毛糙等问题。如何正确洗头呢？首先，我们要选择适合自己头皮和发质的洗发水，洗头时水温控制在 35 ～ 40℃左右为宜。太凉不易清洁头皮污垢和油脂，太热容易伤害头皮。其次，头发比较长的女士洗头时最好用两遍洗发水，第一遍用少量洗发水来清洁发丝及头皮上的尘土污垢，第二遍洗发水则主要用来深层清洁头皮。这样做能够让头皮和发丝都保持干净清爽。为防止头发缠结，让头发更加柔顺光泽，可以适量使用护发产品，之后用清水彻底洗净。再次，洗头时要避免用指甲抓搓头皮，这样容易划伤头皮引起感染，继而诱发脂溢性皮炎。正确的方式是用指腹轻揉头发和头皮，这样更有利于头皮及头发的健康。最后，经常使用电吹风是导致头发干燥分叉的重要原因，因此在不着急睡觉或没有其他事情的情况下，建议用干毛巾擦拭多余的水分，注意不要用毛巾用力搓揉头发，让头发保持自然风干，这样有利于头发吸收营养。如不能避免使用电吹风，为了降低对头皮及头发的损伤，应将吹风机距离头发 20cm 以上。在头发还未干的情况下，尽量不去梳理，否则容易造成发丝打结掉落。

二、头发的长度规范

1. 男士头发长度规范

职场男士头发的长度通常应遵循"三不过"原则，即前发不过眉，侧发不过耳，后发不过领（图2-2）。超过这个标准的长度容易给人留下拖沓的印象。为达到这个标准，男士应当经常理发，一般情况下 6 ～ 8 周需要理发一次，若头发长得快，4 ～ 6 周就该理发了。

2. 女士的头发长度规范

小丽拥有一头顺滑秀丽的长发，这经常让小

◎ 图2-2

丽引以为傲，上班时也经常披发。有一次公司接待几位重要的客人，小丽在给客人上茶时，在弯腰的一瞬间，头发一下滑到手上，客人瞟了一眼茶杯，皱起了眉，茶水一口没喝。

在工作场合，女士的头发长度规范应该是前发不遮眉，后发不过肩。长发过肩者应当扎马尾或者选择盘发、包发等，切忌在工作场合披发。披肩长发能显示女士的秀美，但在工作中往往不大合适。留披肩长发的女士在工作中应注意把头发盘起，避免影响工作。

三、头发的颜色规范

阿英通过了某公关公司的面试，为了体现时髦活力，她在上班的前一天特意去将头发染成了紫红的。第二天上班时，领导把她叫到办公室，问她为何把头发染成了紫红色。阿英充满自信地说："这样能体现青春活力，这正是公关人员所需要的气质。"领导听了脸色一沉，并要求她下班后立刻恢复头发的颜色，阿英一脸茫然地走出了办公室。

◎ 职场盘发

职场人士的发型要符合庄重大方的要求，给人稳重可靠的印象，因此头发的颜色应为黑色或相近色，男士一般不染彩发，部分女士因肤色的原因，为了显得气色更好，可以选择深棕色、黑褐色等较为自然的彩发色。

四、发型的选择

发型的选择应根据年龄、职业、个人风格、场合的不同，选择适宜的发型。

1. 发型与年龄

首先发型要与年龄相符，年长者要求端庄、稳重。年轻者则要求干净利索、整洁大方。

2. 发型与气质

开朗活泼的人可偏于新颖俏丽的发型，轮廓不要太刻板、生硬；文静、内向性格的人可选择秀丽、淡雅柔美的发型，这样更符合自身气质。

3. 发型与场合

发型要与场合协调。在社交场合，如穿着礼服时，长发女士可选择盘发束发，以显得隆重、高雅，也可以选择波浪卷发，散发女人味；男士可以选择大背头，成熟而有魅力，气场十足。在休闲场合，则可根据自身脸型及体型选择更多适合自己的发型，关于这一点我们会在下一小节中详细讲述。

4. 发型与职业

一般职场人士的发型要庄重大方，不能追求过于时尚夸张的发型，更不能标新立异。职场男士常见发型有偏分短发等，留光头或留长发容易被认为具有叛逆性，要避免选择，但从事与艺术有关的工作则容易被接受。时尚白领女性的发型要求干练、知性、简洁，若社会活动较多，可以留长发，以便能经常变换发型。戴工作帽的职业人士的发型要简洁，以中短发为宜；教师及机关单位的工作人员要体现庄重、传统的风格；文艺工作者的发型可适当选择时尚与前卫的类型。

一位资深的形象设计师曾说："在一个人身上，正常情况下最引人注意的地方，往往首先是他对自己头发所进行的修饰。"发型本身并无美丑之分，但是整洁大方的发型会给人神清气爽的感觉。因此，每一位重视个人形象和公司形象的职场人士，都应该做好头发的清洁、修饰，并且选择符合职业形象的发型。

第八节　根据脸型选择发型

"发式是人的第二面孔。"由此可见发型对于个人形象塑造的重要性。头发的造型是仪容美的重要组成部分，恰当的发型会使人容光焕发，风度翩翩。发型的设计只有与你的风度、气质、脸型相一致、相协调，才能产生和谐之美。接下来我们来看看如何根据脸型选择合适的发型。

一、如何判断自己的脸型

脸型是指人的面部轮廓，要判断自己属于什么样的脸型，首先我们要弄清楚四个数值，即额头宽度、颧骨宽度、下颌宽度及脸的长度。我们可以将自己的所有头发撩起，露出全部的发际线，然后，正面看着镜子里面的自己，或者用手机拍一张正面头像照，传到电脑上，再用画图工具描画出脸部轮廓，然后测量这四个数值。所谓额头宽度是指额头两侧发际线位置的距离；颧骨宽度是指左右颧骨最高点之间的距离，也是我们两颊的最宽点；下颌宽度是指两边颌骨的距离。脸长是指从上额发际线到下巴尖的垂直长度。清楚了这几个数值之后，我们就可以对照这四个数值的大小关系和脸型分类来判断自己的脸型了。

1.长形脸型

若脸型比较瘦长，额头、颧骨、下颌的宽度基本相同，且长度明显大于宽度，则为长脸型。

2.菱形脸型

菱形脸的特点是额头宽度与下颌宽度均小于颧骨宽度。

3.瓜子脸型

瓜子脸的特点是额头宽度与颧骨宽度基本一致，且宽度略大于下颌宽度，脸宽约是脸长的三分之二。

4.方形脸型

方脸型的特点是额头、颧骨及下颌的宽度基本相同，四四方方的感觉。

5.圆形脸型

圆形脸的特点是脸的宽度和长度基本一致，比较圆润丰满，骨骼不明显，无明显棱角感。

6. 三角形脸型

三角形脸也称梨形脸，这种脸型的特点是额头相对较窄，脸的最宽处在下颌部分，呈现出上面小、下面大的正三角形。

7. 心形脸型

心形脸的特点是额头宽、下颌窄、下巴尖。

二、如何根据脸型选择发型

1. 适宜于长形脸的发型

长形脸的人显得理性，沉稳而充满智慧，也容易显得老气，给人孤傲的印象。所以选择发型时，应尽量缓和这种感觉。可以选择适宜的刘海，把额头遮住些，同时要让头顶部的头发尽量压实，这样能从视觉上缩减脸部长度，平衡曲线。女士可以选择用蓬松卷曲的头发来增加脸部的宽度，男士要避免两侧头发短于刘海，不然会让脸型显得更长，可以加厚侧发以削弱长度感。

2. 适宜菱形脸的发型

菱形脸，容易给人不够温柔，清高之感，亲和力较弱，如果修饰得当则能表现出自己独特的骨感和时尚的一面，给人留下深刻的印象。因此在选择发型时，可适当弱化过于突出的棱角感，增加柔和感。可以利用发量及刘海或头发层次来弱化颧骨宽度，增加上部发量来平衡中间宽、上下窄的结构。同时，可以在耳朵后面保留一些头发来模糊骨骼轮廓。女士可以利用波浪卷发来增加温柔感。不建议将头发剪得过短，最好避免选择服帖、顺直的发型。

3. 适宜瓜子脸的发型

瓜子脸又称"鹅蛋脸"，给人以清秀、端正、典雅之感，是传统审美眼光中女性的最佳脸型，基本上可以选择各种发型。

4. 适宜方形脸的发型

方形脸也称"国字脸"，脸部线条过于刚直，所以容易给人带来生硬的感觉。方形脸的女士可以选择波浪式的发型。柔软浪漫的卷发可以中和脸部的生硬感，使脸部线条看上去较为柔和。对男士来说，方形脸是最理想的脸型，颌骨和下巴能带来完美的比例和清晰的整体轮廓，因此方形脸的男士看起来更有阳刚之气。可选择利落的短发，偏分的发型，渐变长度的侧面能带来层次感。不宜选择过长、中分等过于厚重的发型。

5. 适宜圆形脸的发型

圆形脸有点像婴儿一样，所以也称"娃娃脸"，显得比较活泼、可爱，很有亲和力，但也容易给人幼稚、不够稳重的感觉。圆形脸的下巴没有明显的线条和角度，可以增加一点棱角到发型中，也可以选择带有蓬松感的发型，可将头顶的头发梳高，让脸两侧头发的长度超过下巴，这些都有助于拉长脸部的视觉长度，掩饰脸颊的宽圆感。另外可以采用不对称发型，以削弱"圆"的感觉，注意要避免选择过厚过长的刘海，这会让脸型看起来更加的短。

6. 适宜三角形脸的发型

三角形脸的特征上面窄下面宽，能给人亲切温和、不拘小节的感觉，同时也显得脸比较宽，缺少柔美感，所以选择发型时应平衡上下宽度。最好的平衡术就是保证一定体积的头发，增加两侧头发的发量和长度。可以用波浪形卷发增加上半部分的分量感，也可用头发掩饰较为丰满的下半部分脸。避免头发过短，发量稀薄，与额头过于贴服。也不宜将额发往上梳，以免暴露额头窄小的缺陷。

7. 适宜心形脸的发型

心形脸又称"倒三角形脸"，与三角形脸相反，上面宽下面窄，散发出妩媚气质，但也容易给人留下柔弱、单薄的印象。可以选择掩饰上半部分，增宽下半部分的发型，超短发或短卷发都比较适合。

脸型是天生的，不同的脸型通常各具特点，每一种不同的脸型都有相对适合的发型。当我们准确判断脸型之后，就可以针对具体的脸型选择适合自己的发型。通过发型来修饰自己的脸型，以达到扬长避短的效果，有利于打造良好的职业形象。

第九节　根据体型选择发型

生活中，人们常常运用服饰来呈现或是弥补自身体型的不足，但我们常常会忽视发型与体型之间的比例与美化的关系。比如，一位坐在镜子前的女士，漂亮时尚的发型配上姣美的脸庞，显得明艳动人；而当她站起身时，我们会遗憾地发现，这位女士的头发由于蓬松而使发型轮廓增大，使得她娇小的身材与过大的头部极不和谐，这就是因为头型与身材的比例不当而出现的问题。人有高矮胖瘦之别，头发也有短、中、长之分，人的头部与身高的比例，会因时代、民族、审美习惯等多方面因素的不同而产生不同的比例标准。比如，在古希腊时期，以身长为八个头高为美，俗称"九头身"。而在我国，一般身长在七个至七个半头高为比较理想的身材，也就是说身体长度与头部长度的比例应该是 7 ：1 或者 7.5 ：1，然而现实生活中并不是所有人都这样标准。因此，在选择发型时，应该从自身的整体比例出发，选择与体型协调的发式，以不同的发型边线轮廓来修饰身材的不足，以达到和谐美的效果。

一、矮小体型发型的选择

身材矮小的人，选择发型时应着重考虑如何从视觉上拉长身高，为避免显得身材更加矮小，不适合留长发，因为长发会破坏身体比例的协调；也不适合把头发弄得过于蓬松。总体上来说，这种体型的女性更适合短发的造型，或者根据身材的胖瘦、职业特点及个人气质，选择适合自己的中长发型，并且要在发型的秀气、精致上下功夫，避免头发粗犷、蓬松，否则会使头部与整个身体的比例失调，容易造成头大身小的感觉。若留长发，则应扎高马尾或是通过梳成发髻、盘发来增加视觉的高度，尽可能地使重心上移，人便显得挺拔一些。

二、高瘦体型发型的选择

高瘦身材是比较理想的身材，但过瘦容易给人以单薄、缺乏丰满感的印象，因此在选择发型时，要尽量弥补这些不足。这种体型的人适合留长发，不适合扎高马尾、盘发或梳成发髻，也不宜将头发剪得太短、太薄，这样会显得人更加单薄。一般来说，让头发至下巴与锁骨之间的长度是较为合适的，同时尽量使头发显得厚实、有分量。

体型高瘦的人，一般脸型也是瘦长的，可选择横向发展、两侧蓬松的发型，如选择柔和的大波浪卷发来增加丰满感。但要避免将头发梳得紧贴头皮，或将头发弄得过分蓬松，否则看起来会有头重脚轻的感觉。发型顶部线条要避免选择金字塔轮廓，这样会将身体衬托得更加瘦长，应采取椭圆轮廓或平直轮廓。

三、矮胖体型发型的选择

身材矮胖的人在发型的选择上要让整体发势向上，尽可能让头发向上发展，露出脖颈从而增加身体的视觉高度，尽量弥补自身的缺点。可以选择有层次的短发或前额翻翘式等发型，避免选择大波浪或长直发，这样会造成更加压抑的感觉。发型最好简洁且与头型相吻合，两鬓的头发要服帖，头发要避免过于蓬松或过宽。后发际线应修剪得略尖，发型后部边线轮廓可采用 V 字形，从而增强立体效果。矮胖者一般看起来健康、结实，因此可以选择运动式的发型来营造一种有朝气的健康美。

四、高大体型发型的选择

高大的体型能给人一种力量感，但对于女性来说少了一些苗条、纤细的美感。为适当减弱这种高大感，此类体型的女士在发型的选择上，应以大方、简洁为好，减少大而粗壮的印象。身材高大的人一般不适合留短发，因为这样会显得更加高大，应根据身材的胖瘦、职业特点及个人气质等，选择适合自己的长发或中长发，如直长发、大波浪卷发，中短发式也可酌情运用，总体原则是简洁、明快，线条流畅，切忌发型花样繁复。

五、溜肩体型发型的选择

溜肩型身材指的是人体的肩部与颈部的角度较大，严重者会显得脖子很长，头部很大，发型设计时要弥补这一不足。因此，要在肩颈部周围形成丰盈的发量，不宜留短发。

六、其他体型发型的选择

选择发型还要考虑颈部的特点。颈部长的人在发型方面有更多的选择，可以轻松驾驭稍长的、波浪大的发型，但在选择短发发型时要注意将后侧的头发稍微留长一些，避免颈部过于单调，还可以通过佩戴项链、丝巾等饰品或是选择立领的服装使视线向中心收缩，压缩颈部的视觉长度，看起来会更符合身体比例，弥补颈部的空旷感。

颈部短的人不太适合长发发型，这样会显得脖子更短。可使发型稍向上隆起，用舒卷或大波浪弥补，要把两侧头发向后梳，把后面的头发梳得完整一些，让颈部暴露出来，使颈部显得更长一些。颈部短的人还可以通过选择 V 领或无领衣服，使视线自颈部上下流动，这样可拉长颈部的视觉长度。

头型较大的人不适合烫发，蓬松的头发会显得头部更大，尽量让头发服帖，最好选择中长或长的直发，也可以剪出层次，刘海不宜梳得太高，最好能盖住一部分前额，看起来显得小一些；头型小的人，头发最好能蓬松一些，比如烫成蓬松的大花，这样可使头型看起来更加丰盈一些，但头发不宜留得过长。

体型决定了一个人的本质形象，而发型只是起到修饰作用。考虑整体协调，体型与发型的完美结合才能产生真正的美感，也就是说要根据我们的身型、长相来选择适合自己的发型。

人无完人，每个人对于自己的体型、长相或多或少都存有遗憾，选择适合自己的发型可以适当弥补这种遗憾。与此同时，我们要学着认识自己、接纳自己，若想成为一位大方得体、举止从容的人，需要我们保持清醒的头脑，职场发型的选择不能盲目跟风流行，也不能只顾个人喜好，而应理性选择适合自己的，要习惯在喜欢和合适之间做出选择。

第十节　仪容修饰的其他细节

仪容修饰涵盖了很多琐碎的细节，但这些细节是不容小觑的。所谓"千里之堤毁于蚁穴"，我们不能因小失大。因此，我们在重视面部修饰和发型选择的同时，手部的卫生与保养、指甲的清洁与修饰、口腔卫生与牙齿修护、体毛与体味等也是不可忽略的。

一、手部的卫生与保养

古希腊哲学家赫拉克利特曾说："手是人类外在的另一个头脑。"手是心灵的一面镜子，被称为人的"第二面孔"。因此，手部跟脸部一样需要清洁和保养。由于人们无论在日常生活、工作还是学习中都要用到手，因此手是与外界接触最多、最不卫生的部位，手接触有害的病菌或物质比呼吸吸入的可能性更大，通过养成勤洗手的良好生活习惯，可以有效降低感染病毒的可能性。

在注意手部清洁卫生的同时，也要注意手部的滋养与呵护，定期做手部的去角质工作，保持手部的干净与柔润。若双手接触洗洁剂、皂液等碱性清洁剂后，可用食醋或柠檬水涂抹于手部，以去除肌肤表面残留的碱性物质，并及时涂抹护手霜。接触清洁剂时，最好能戴上手套，避免清洁剂的皂碱伤害。冬季还要注意手部的保暖及防冻，避免长冻疮，影响手部美观。

二、指甲的清洁与修饰

职场人士不能留长指甲，指甲的长度标准是，以掌心向内将手举起，让指尖与我们的视线保持水平，看不到指甲时的长度为宜（图2-3）。保持指甲清洁，指甲缝中不能留有污垢。

越来越多的女士有美甲的习惯，涂指甲油不但可以让指甲具有光泽，还能让我们的手部看起来更具美感，但是职场女士的美甲也很有讲究。

◎ 图2-3

正在找工作的阿英接到了一家心仪企业的面试通知，为了在面试中能够脱颖而出，阿英将自己从头到脚武装了一番，美发、新眼镜和一身新套裙，此外，她还专门去美甲店做了一个时下新潮的指甲，看起来漂亮极了。然而，适得其反，当她从文件夹里拿出简历时，鲜艳的指甲便马上被面试官注意到。面试官的脸色顿时暗了下来，没多久，面试就结束了，面试结果不言而喻。

美甲能够凸显女士的精致，但是在工作场合，指甲油的颜色最好选择无色或肉粉色，避免使用过于鲜艳的指甲油。指甲油若出现局部剥落，应及时清理。

三、口腔卫生与牙齿修护

保持口气清新，及时清除残留在口腔里的食物残渣，以免产生口腔异味。刷牙是去除牙菌斑和牙垢的有效方法，也是个人的常规自我口腔清洁措施。每天至少要做到早晚各刷牙一次，同时要坚持餐后漱口。特别要强调晚间的睡前刷牙要认真对待，不能马虎了事，因为人在睡觉后，唾液分泌将减少，口腔的自我清洁作用也会减弱，因此睡前认真刷牙才能保持较长时间的口腔清洁。同时，要注意正确的刷牙方法，刷牙时间不宜过短，一般以三分钟为宜，因时间太短不足以清除菌斑。另外，食用一些气味浓烈的食品如韭菜、大蒜时，会产生口腔异味，因此工作时间要避免食用。若口腔异味是由于消化系统疾病所致，应及时就医诊治。

牙齿会随着年龄的增长而自然变黄发暗，因为刷牙和漱口都不能去掉牙齿上的牙石，而牙石是造成牙龈炎的主要原因，所以必须由医生通过洗牙的方法去除牙石。此外菌斑是造成龋齿和牙周病的主要原因，洗牙也可以去除牙菌斑，所以洗牙是必要的，但是不能过于频繁，洗牙之前一定要请医生检查，看看牙齿是否健康，有无蛀牙。还有些爱美人士为了让牙齿看起来美白整齐，会选择做一些牙齿矫正或牙齿美白的项目，无论是哪种项目都要结合自身实际情况，选择正规医院，切莫乱投医。

四、体毛与体味

体毛多是一种正常的生理现象，可能是由于遗传因素，也可能是雄性激素分泌过多或者是体质等引起的一种正常现象，但是有些部位的体毛若修饰不当，会有碍观瞻，如鼻毛、耳毛太长伸出体外，应当及时修剪。女士穿无袖或过于宽大且较短衣袖的服装之前，应剃除腋毛，避免腋毛外露的尴尬。如果感觉自己手臂和腿部的体毛过于明显，也可以定期清理，保持美观。

每个人都有自己的体味，这种体味会因个人的体质、饮食习惯等的不同而各不相同，不良的体味有时会在很大程度上影响着他人对自己的第一印象。试想一下，当你的交往对象身上散发出因为不注意个人卫生而产生的浓烈体味，恐怕你很难不被这难闻的味道分散注意力吧。因此，勤洗澡、勤换衣物是一个人最基本的卫生要求。同时，在恰当的时间，通过恰当的方式，使用适宜的香水能够体现出一个人的良好修养与品位。若使用不当，反而会弄巧成拙。在工作场合使用香水时，应选择气味淡雅的香水，一般要提前半小时涂抹，避免香水因味道过于浓烈对他人嗅觉造成干扰。

爱美之心，人皆有之。尽管人们常说"人不可貌相"，但是形象确实会直接影响到他人对我们的态度。一个不修边幅的人会让我们感到此人缺乏教养；一个小细节或是一个微不足道的小问题也可能让我们多年的努力化为泡影。因此，要想礼仪得体，让我们从细节开始吧。

第三章　规范的职场仪态

职场仪态是职业人士在工作交往中，身体的各个部位，如面部、手臂等呈现出的姿态，涵盖面部表情、站姿、坐姿、手势等等。这些姿势能够展现人的内心活动、思想、态度和内在修养，在职场人际交流中也起着重要作用。

仪态是一种无声的语言，和有声的语言一样，都需要遵守礼仪规范，正确地表达对自己及他人的尊重。

第一节　微笑的力量

在职场人际交往的过程中，我们都知道，能够在最短的时间内获得他人好感的最简洁的行为方式，就是如同阳光般真诚的微笑。很多时候，微笑会在不经意间为我们开启一扇通往成功的大门。

国内一家知名旅行社的张总，一次，到当地职业院校旅游管理系进行员工招聘。校方的王老师根据企业要求，将本系即将毕业的礼仪队员召集起来，按照中间高两边低的顺序组织大家列队参加面试。

当张总在王老师的协调下开始选人的时候，王老师本以为张总会在中间那几位高个子女生面前停下，没想到张总径直走到了最前方第一位女生小琳的面前停下，并说"就是这位女生了"。

面试成功的小琳很是惊喜，甚至有些不敢相信，因为她认为自己不是条件最好的那一位，甚至因为个头娇小的原因让自己有少许自卑。

参加工作后，一次偶然的机会，张总告诉小琳："当初，你的微笑成就了自己，面对顾客的时候，就需要你这样阳光温暖的微笑。"

从这则真实的案例中，我们可以感受到微笑的力量。小琳面试成功的秘诀就是以微笑面对考官。我们在职场中感到目标渺茫、没有方向时，就试着对他人微笑吧，这会是一个很好的开始，更是一个有效缩短我们与他人之间距离的好方法。

为什么微笑能够缩短人与人之间的距离呢？我们一起来认识一下微笑带来的益处。

一、微笑提升魅力

在旅店帝王希尔顿一文不名的时候，他的母亲告诉他，必须找到一种容易、不下本钱而行之长久的办法去吸引顾客，这样方能成功。希尔顿最后找到了这样的方法，那就是微笑。

微笑意味着成功，微笑富有魅力。微笑还被人誉为"解语花，忘忧草"。微笑可以快速拉近人与人之间的距离，真诚的微笑代表着一个人的自信、阳光心态和形象，更代表着企业的形象。

二、微笑传播正能量

正如卡耐基所说："笑容能照亮所有看到他的人，像穿过乌云的太阳，带给人们温暖。"

在一个炎热的晚高峰时段，当地铁的车门打开后，上来了一位中年男子，他热得满头大汗。身边一对衣着时尚的青年男女向他投去嫌弃的目光。他自觉地往边上挪了挪，尽量避免贴着身边的人们。

这时，只看到一位背着书包的小女孩从自己的座位站起来，并对他说："叔叔，我把位置让给您坐吧。"男子听到女孩的声音后嘴巴微张，似乎想说些什么。还没等男子推辞，这位看起来只有八九岁的女生小嘴一抿，脸上露出两个浅浅的酒窝，微笑着再次说道："您坐吧，不用谢。"

小女孩的微笑传递着纯真与善良，包容与温暖，让车厢里的人看到了一颗闪亮的童心。这微笑编织着社会和谐快乐的音符，是沟通人与人心灵的真诚纽带。

微笑传递给人的是愉快和友善的情感信息，它能够架起彼此沟通的桥梁，化解人与人之间的矛盾，往往比有声言语更真实、更富魅力，从而能快速拉近彼此的距离，建立一种亲切感和信任感，让对方愿意敞开心扉，达到和谐交往的目的。

三、微笑有益健康

《百寿探秘》节目组寻访广东佛山乐平镇 102 岁的唐肖嫦奶奶时，她老人家道出自己的长寿秘籍"笑对人生"。研究证明，微笑使人心情舒畅、精神振奋，还容易消除忧虑。世界精神卫生组织将每年的 5 月 8 日定为世界微笑日，希望通过微笑促进人类身体健康。

一天，一位女士在朋友的陪伴下，准备购买新衣。当天，她穿着一条牛仔裤，搭配了一件特别宽松舒适的 T 恤，完全暴露了自己的腿比较粗的缺点。像她这样梨形身材的顾客穿 A 字裙是比较合适的，于是销售员给她挑选了一条过膝的裙子和一件合身的上衣让她试试。开始的时候，她不肯试穿裙子，因为她说自己从来没有穿过裙子，显腿粗不好看。销售人员微笑着，真诚地说服她试穿，带她来到镜子面前，把搭配好的服饰比给她看。

在她从试衣间走出来的那一刻，朋友都夸赞她好看，于是她满意地购买了这套服装，并对销售员说："您的微笑很有亲和力，今天，您的热忱真诚，让我有勇气尝试穿裙子，以后我还会来的。"

拿破仑这样总结微笑的力量："真诚的微笑，其作用如同神奇的按钮，能立即接通他人友善的感情，因为它在告诉对方：我喜欢你，我愿意做你的朋友。同时也在说：我认为你也会喜欢我的。"

微笑犹如和煦的阳光，带给每个人春天般的温暖。微笑不仅有温暖人心的乐观温度，还有巨大的力量。它使人拥有一种乐观从容的态度，一种宽广的胸怀，一种伟大的精神境界。

第二节　微笑的训练方法

《女论语》："凡为女子，先学立身。立身之法，惟务清、贞，清则身洁，贞则身荣，行莫回头，语莫掀唇。"在古代，这便是封建社会的女子所遵从的教训，笑不露齿就出自文中这句"语莫掀唇"。时代在发展，社会在进步，催生着人们观念的改变。至今，微笑仍是世界通用的、最美的语言。职场上的微笑，能够表达职业人士对工作的热情、对他人的礼貌，以及洋溢在脸上的自信。

那么，怎样做才能掌握微笑的规范呢？我们可以从以下几个方面进行自我训练。

一、三笑合一

1. 嘴笑

具体做法是：站在镜子面前，全身放松，面对正前方。抬起双手，将食指指腹放于颧骨处，当微笑时便会感受到笑肌上提。此时，根据脸型、嘴形的大小，露出 6～8 颗上齿。

2. 眼笑

具体做法是：我们可以伸出自己的左手，横放在面部，遮住口鼻，只露出眼睛，当我们微笑的时候，眼睛便会弯成迷人的月牙状。

只有眼睛和嘴巴都笑了才是和谐自然的微笑，俗称"眉开眼笑"。所以，平时微笑的时候，如果我们只是嘴角动了，而眼睛无神，表情就会很生硬。

3. 心笑

具体做法是：站在镜子面前，面部肌肉放松，脑海里回想自己生活中遇到的愉快经历，并把此刻的心情通过面部表情呈现出来。通过自我观察，根据嘴形的标准，找到自己适合的露齿颗数，并将这种美好的画面牢记心里。

我们还可以借助一些字词的发音进行训练，如普通话中的"茄子""谢谢""姐姐"等。在默念这些字词的时候，做到"三笑合一"，我们的笑容才能展现出真诚、友善，给人充满爱心的感觉。

我们还可以通过微笑操进行自我训练。

◎ 微笑操

二、峰终理论

在职场人际交往中，大多数人都很难从头到尾保持微笑。那么，怎样才能笑得适宜，给他人留下好的印象呢？

峰终理论告诉我们，在一段经历的高峰和结尾时，若人的体验是愉悦的，那么，体验的整体感受就会是比较愉悦的。借助这一理论，在与他人交往时，微笑时要：

（1）在见面的时候，要微笑致意。

（2）在交往的重要环节上，面带微笑，保持友好和认可。

（3）在交往结束的时候，目送对方，微笑道别。

这样，我们微笑的运用就是恰如其分的。重要的是，微笑的运用需要和对方的情感保持一致，这样的话才能避免给他人造成被讥讽和嘲笑的误解。

微笑可以改变我们的生活。

李明是一位不苟言笑的职业经理人，面对谁都是一副古板的面孔。有一次，总经理要求他给新员工培训"如何在工作中运用微笑"，于是，他就决定先从自己做起。

每当来上班的时候，他都特意对着门口的安保人员微笑，同时说一声"早上好"；在股票交易所时，他也尝试着微笑问候对方。结果，李明很快发现，每个人也会回报给他以微笑。当客户因为投资问题找他发牢骚时，他也和颜悦色地安慰对方，并且迅速帮他们解决问题。

一个月很快就到了，当李明微笑着用自己的亲身经历和新员工进行交流时，大家反馈给他的信息是：您微笑的模样就是一位成功人士的样子，我们一定要向您学习。

相信大家已经了解了微笑的力量和微笑的训练方法，想拥有真诚和善的微笑，只要按以下三个步骤做好，就一定能够达到目标：开始—坚持—重复。

第三节 善于用眼神进行交流

人们常说，眼睛是心灵的窗户。在人际交往中，我们从外界获取的信息，约有90%来自双眼。透过一个人的眼睛，我们能够读懂他的内心。在职场中，面对不同的场合与对象，我们要有意识地用眼神正确表达自己的情感。想要打动对方，就要用饱含真诚与善意的眼神传递自己的诚意，这样，对方才可能与我们坦诚相见，为建立友好的关系打下坚实的基础。

善用眼神要做到以下方面。

一、目光的凝视区域

凝视他人身体的不同位置，会给对方带来不同的情绪体验。一般来说，凝视的区域可分为公务凝视区域、社交凝视区域和亲密凝视区域三种类型。

1. 公务凝视区域

公务凝视区域，是指以对方发际线中间位置为顶点、双眉为底线的三角形区域。凝视这一区域，会给对方带来严肃、认真的感觉，适用于正式的洽谈、磋商、谈判等场合（图3-1）。

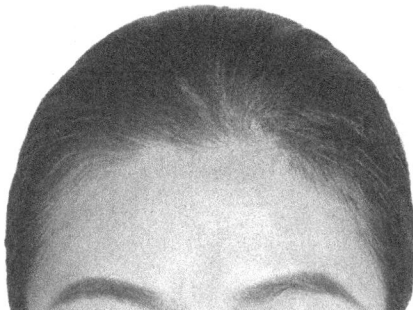

◎ 图3-1

2. 社交凝视区域

社交凝视区域，是指以对方两眉上线，唇心为顶点的倒三角形区域。

凝视这一区域，会给对方带来受到关心和重视并较为舒适的感觉。适用于各种社交场合，如酒会、公司的年度大典等（图3-2）。

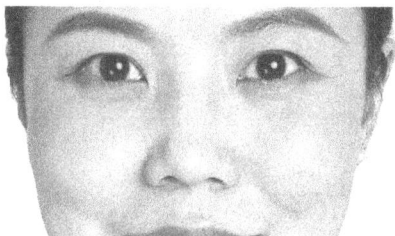

◎ 图3-2

3. 亲密凝视区域

亲密凝视区域，是指以眉心为顶点、胸部为底线所形成的三角形区域。在职场中，凝视这一区域，将会被对方视为无礼或是不怀好意。而夫妻或恋人之间，则会经常选择这种注视区域（图3-3）。

◎ 图3-3

二、目光凝视的向度

目光的向度就是视线的方向。在注视交流对象时，凝视的向度很重要。若是把握不当，就容易产生误会。凝视的向度可分为仰视、平视和俯视三种。

1. 仰视

仰视，指的是目光向上看，表示尊重与敬仰。例如，在公司的表彰大会上，上级领导及获奖者到主席台发言，所有听众会扬头凝视发言人，这样的目光使在台上的领导或是同事内心愉悦，感到倍受尊重。

2. 平视

平视，指的是双眼凝视正前方。目光平视可使交流效果如这条视线一样平等顺畅，亲切自然，体现了双方地位的平等与彼此间的尊重。

3. 俯视

俯视，指的是从高处向下看。日常交往中，俯视容易给交流对象带来权威感和距离感，容易阻碍彼此之间的交流效果。所以，在职场交往中要尽量避开站在高处与他人说话，避免引起他人的不悦。

除此之外，我们还要注意，要做到正视对方，表达尊重。正视，就是正眼凝视交流对象，而不是斜视。在与同事或者领导交流时，如果面对的人数较多，要注意头部与身体的朝向，需要我们随着讲话者的身位变换来转动上身，避免只将头转过去，更不能斜着眼睛瞟人。

三、目光的凝视时间

在职场交往中，无论彼此之间熟悉的程度有多深，都需要注意目光礼仪。

一般要用整体谈话 60% 以上的时间凝视对方，如果少于 60%，则说明我们对对方及谈话的内容不感兴趣；而时间多于 70% 时，则容易使对方产生被盯视的不良感觉。

"散点柔视"是与人交流时非常恰当的目光运用方法。指的是用柔和的目光凝视对方的面部，而不是在某一个点上聚焦。如果始终凝视着对方，无形中会给对方带来紧张的气氛。一般来说，如果交谈的时间较长，可以将目光迂回在眼睛和眉毛之间，或随着对方的手势移动视线，但注意移开的时间不要过长，通常以 2～3 秒为宜。

四、容易引起误会的目光

职场中，容易引起他人误会的目光有以下六种，应在工作中避免出现。

（1）避免从头到脚上下扫视对方，这会给人带来被审视、被轻视的感觉。

（2）在职场中，特别是与人交流的时候，应该正视对方。躲躲闪闪、左顾右盼、游离不定或是斜视对方，不仅是对他人的失礼行为，还有损个人形象。

（3）避免双眼始终盯着对方。逼视的目光同样很失礼，会使对方感到不安和尴尬。

（4）任何时候都不要关注亲密区域及其他不适宜的身体部位。比如，对方的胸部、腹部及下半身。这是非常失礼的行为，因为这些部位是属于比较私密的部位。

（5）职场中，当与多人交流时，目光需要环视全场所有的人，避免部分人产生被冷落的感觉。在中途回答他人提问时，要将目光移至对方的面部，不要看着其他人或是别处。

（6）交流结束告别时，避免将目光突然移开，也不要在对方走出一段距离后就移开视线，因为多数人会在走出一段距离后回头再次道别，这时，如果我们的目光已经离开，则会给对方带来遗憾之感。

五、读懂他人的目光

职场中，当我们和某人交谈时，可以通过对其目光的观察来洞悉其内心的真实想法。有的人目光锐利，表情沉稳，似要把对方看穿，这是一种自信、冷静和优越感的表达；有的人说话时低着头，不看别人，可能是轻视对方，也可能是不好意思，或者是胆怯。

人类的表情是心理活动的晴雨表，希望我们能在学习了目光礼仪之后，恰到好处地运用表情与目光，准确地传递出我们心中的想法和态度，以帮助我们在职场交往中避免尴尬与不悦，让人际沟通更加和谐、更加顺畅。

第四节　适宜的站姿与禁忌

站姿是职场中的常用姿态。我们既要掌握挺拔端庄的站姿，又要杜绝出现不规范的站姿。

《礼记·曲礼上》就有"立必方正"的教导，即站立时要挺直端正，不能倾斜。"立毋跛"，即我们站立的时候不能两侧失衡，必须不跛不依，取立正的姿势。倾斜的姿态表达的是懒散的状态，不宜在职场中出现。站姿呈现的是仪态动作中的静态美，它是仪态美的基础。

一、站姿的规范及变化

（一）站姿规范

如何才能拥有挺拔端庄的站姿呢？让我们先来学习标准站姿，标准站姿包括以下八个规范。

1. 头部规范

让面部朝向正前方，下颌微收，目光平视，颈部挺直，面带微笑。

2. 双肩规范

（1）两肩向后展开并用力下沉，避免耸肩。

（2）通过肩胛骨发力展胸，双肩及两臂向后用力，避免含胸。

3. 双臂规范

两臂自然垂放于体侧，双手半握拳并将中指分别置于裤缝或裙缝处。

4. 腹部规范

站立时，可以通过深吸气使腹部肌肉紧张起来后，再将气体轻缓呼出，同时保持腹部肌肉收紧、不松懈，以达到收腹的状态。

5. 腰部规范

站立时腰部的规范，建议大家通过回忆自己在体检中测量身高时的感觉，来完成立腰的动作。

6. 臀部规范

职场中，很多人都会久坐，这不止加速了臀部脂肪的囤积，也危害着我们的身体健康。因此，站立时可以通过收紧臀部及大腿内侧肌肉的方式来完成提臀的动作。

7. 双腿规范

双腿直立，将膝盖和脚后跟并拢，努力做到膝盖处不留缝隙。

8. 双脚规范

脚尖打开成 V 字形（约 30 度）。重心放在两腿中间，十个脚趾用力抓地，稳定身体姿态。

按照以上八个规范站好后，从侧面看，与地面保持垂直，颈、胸、腰等保持正常的生理状态。从正面看，应是头正、肩平、展胸、收腹、身体直立。

站姿反映一个人的性格特征，所以我们要常常进行自我检查与监督，及时纠正不良的站姿习惯。

（二）男士站姿的变化

男士的站姿可以在基本站姿的基础上，进行以下变化。

1. V 形脚位

脚后跟并拢，脚尖分开 30 度。

2. 平行式脚位

在 V 形脚位的基础上，双脚分开，分开的距离不超过自己的肩宽，保持后背挺直。

3. 侧放式手位

手臂自然下垂于体侧，虎口向前，中指处于裤缝处。

4. 前搭式手位

右手握虚拳，左手轻搭在右拳上，左手小指处于右手的指根关节处。双手自然垂放于小腹前。这一手位，会带给他人严谨、谦恭的感觉。

5. 后搭式手位

右手在内，左手握虚拳置于右手手心，双手相叠放于臀部。

（三）女士站姿的变化

1.V 形脚位

脚后跟并拢，脚尖分开 30 度（图 3-4）。V 形脚位稳定性较好，当女士站立发言、等候指示或者与他人交谈的时候，建议采取 V 形脚位，可以给人一种亲切自然的感觉。

2. 平行脚位

双脚内侧并拢（图 3-5），这种脚位给人以谦恭感。

3. 丁字脚位

在平行脚位的基础上，左脚或右脚向后撤，使足弓和前边脚的脚跟靠在一起，双脚形成 30 度（图 3-6）。丁字脚位的仪式感较强，故适宜于仪式场合。在照相的时候，女士采取丁字脚位，可以较好地修饰我们的腿型，使双腿看起来更加修长。

◎ 图3-4　　　　◎ 图3-5　　　　◎ 图3-6

4. 侧放式手位

手臂自然下垂于体侧，虎口朝前方（图 3-7）。

5. 前搭式手位

左手在内，右手在外，右手的食指置于左手的指根关节处，双手拇指交叉置于掌心，虎口相交（图 3-8）。

6. 仪式手位

在前搭式手位的基础上，将双手上移，将两拇指交叉放置于肚脐的位置。注意手肘略向后收，使两大臂与上体在一个平面上（图 3-9）。

◎ 图3-7　　　　　◎ 图3-8　　　　　◎ 图3-9

站姿是仪态的基础。为了更好地练习站姿，我们可以采取头顶顶书、双膝夹纸、互相纠错练习等方式，以帮助我们更好地掌握规范的站姿。

中国人常以"站如松"形容男士的站姿，以"亭亭玉立"形容女子的站姿。在职场中，保持挺拔端庄的标准站姿，可以展现我们积极、阳光、敬业的精神面貌，还可以展现年轻人的朝气与自信。

二、站姿的禁忌

职场中的错误站姿，不但影响职业形象和身体健康，还会在职场交往中造成负面影响。以手抱胸的姿势为例，这种姿势通常会被交往对象理解为"不安""敌对"或者"我不同意你的看法""傲慢"等负面情绪。因此，这种姿势在职场交往中是不宜出现的。又如，两腿交叉、身体倚靠墙壁或双手叉腰等站姿，都是不雅和失礼的状态。在职场交往中，需要杜绝不良的站立习惯。常见的不良站姿有以下十种。

（一）双腿分开过宽

1. 对错误的分析

职场中，男士要严格遵守双腿分开的宽度，不要使其超过自己的两肩，而女士在一般工作场合则要严格遵守双腿并拢的基本要求，把握好这一点才会使自己的站姿得体。

2. 形成的不良影响

对于男士而言，双腿分开太大的错误站姿会给人过于傲慢、狂妄之感；对于女士而言，则会给人不太体面、缺乏自尊的印象。

（二）两腿交叉而站

1. 对错误的分析

站立时要挺拔端正，而两腿交叉的站姿多是内心缺乏自信造成的，这样的站姿会传递出自己不够沉稳的印象。另外，两腿交叉的站姿，会造成尾椎压力增大，难以保持挺拔的身姿。

2. 形成的不良影响

两腿交叉而站，在职场中的解读多是"抗拒"或是"防御"的心理，容易给人一种不够自信、不够大方的感受。与此同时，男性双腿交叉而站，也会缺少阳刚之气。因此，这种站姿是不可取的，应及时纠正。

（三）脚位不恰当

1. 对错误的分析

容易产生的不恰当脚位有：一只脚站在地面上，另一只脚放在椅子横梁上；或是一只脚在前，一只脚在后等等，这些脚位都是不雅观的。如果在站立时，一种站姿站累了，可以通过变换不同脚位的方法来变换身体的重心，从而缓解疲劳，但不雅观的脚位是一定要杜绝的。

2. 形成的不良影响

脚位不恰当的站立姿势，有失美观，有损专业、得体的职业形象，也很容易给人一种轻佻的感觉，因此是应该避免出现的。

（四）手位不恰当

1.对错误的分析

在职场交往中，常见的不当手位有：将双手抱在胸前，将手放在上衣口袋、裤子口袋里，或是用手托着下巴，双手或是单手叉腰等等，这些都是不当的手位动作。

2.形成的不良影响

不恰当的手位往往传递了负面的信息。比如，双手抱怀或是双手插兜容易给人留下比较随意、事不关己的感觉，用手托着下巴易传递出幼稚、不成熟、疲惫的信息。这些不当手位会影响站姿的整体效果，进而影响我们积极、良好的职业形象。

（五）松腹、弯腰、含胸

1.对错误的分析

大部分站立中松腹、弯腰、含胸等不当动作，是源于长时间形成的不良站姿习惯，还有一部分原因可能是提重物及训练不当等所导致。含胸驼背时间长了便会导致肩膀向前，腹肌松弛会导致肚子前挺，自然挺拔的体态受到了极大的影响。

2.形成的不良影响

松腹、弯腰、含胸的姿态，是一种身体健康状态不佳的表现，出于健康的考虑更应及时纠正。不然，随着年龄的增长，这种现象会逐渐加重且很难矫正，从而影响到职业形象。

（六）肩部歪斜

1.对错误的分析

在站立中肩部歪斜，髋关节一侧负重过大，容易造成腿部疲劳。长时间保持这样的站姿，会使全身的重量集中在单侧下肢，导致膝盖或双腿疼痛。

2.形成的不良影响

肩部歪斜即是通常所说的高低肩，在职场中，出现这样的姿势会给人留下不雅观的印象，在生活中也是不可取的。大家可以站在镜子前靠着墙壁进行观察与练习，并及时加以纠正。

（七）摇摆抖动

1. 对错误的分析

在站立时，应保持挺拔、美观与稳定，当上身左右摇摆或者下身抖动时，会加速膝关节软骨的退化，时间长了甚至会导致关节炎。

2. 形成的不良影响

站立时，不可随意摇摆和抖动自己的身体部位，许多人站久了就会不经意地摇摆、抖动身体，给人留下缺乏自制力、不稳重、浮躁的印象，这是职场中忌讳的站姿。摇摆抖动的站姿，会让交往对象感受到过于随意或者漫不经心的态度。

（八）倚靠他物

1. 对错误的分析

在站立时，不应倚靠他物。但我们常会看到侧身靠墙等不雅站姿。采用这样的站姿时，身体很难平衡，重力全部集中在一条腿上，长期的习惯会使腿关节负重增大。

比较常见的还有在日常交谈时将身体倚靠在桌子、椅子上，这一动作会使身体大部分力量都集中在脊椎上，久而久之会导致脊椎变形。

2. 形成的不良影响

倚靠他物的站姿会给人一种懒惰、散漫、缺乏独立的印象，是需要杜绝的站姿。俗话说："久站伤骨。"其实，只要保持正确的姿势，就会舒服很多，也会保持我们在他人眼中的良好形象。

（九）单腿膝盖弯曲

1. 对错误的分析

在生活中，排队、走路、乘坐地铁时；在职场中，开会、办公、交流时，都避免不了站立，有时还会出现较长时间的站立。如果站立时长时间单腿膝盖弯曲，容易出现腿部肿胀、发麻等不适感。

2. 形成的不良影响

单腿膝盖弯曲的站姿会给人一种站不直且十分慵懒的感觉，不仅有损我们的职业形象，长此以往还容易造成驼背、垂胸、下腹肥胖等身体问题，应及时进行纠正和杜绝。

（十）小动作太多

1. 对错误的分析

站姿中最常见的小动作有：腿部抖动，上身扭动，抓衣角等，这些小动作多是心理不成熟、不够稳定等原因所导致。

2. 形成的不良影响

在职场交往中，小动作太多，会给人带来心烦意乱的感觉。日常交往中，为了不干扰交往对象的情绪，我们要杜绝这些不必要的小动作。

在职场交往中，错误的站姿将有损职业形象，既表现出对他人的不恭，也是一种缺乏修养的表现。歪斜扭曲地站立，必定与端庄、稳重无缘。错误的站姿传达的是一种没有修养、缺乏内涵的信息，任何人都不会对选择这种姿势的陌生人产生信赖的感觉和交往的欲望，我们一定要杜绝。

第五节　适宜的坐姿与禁忌

被脚抖掉的生意

张总是一家大公司的总经理。

有一天，另一家发展迅猛的新公司，与张总的公司合作，双方需要进行会谈。按照对方约定会谈的时间和地址，张总与秘书按时赴约了，但是，在会谈进行了二十多分钟的时间时，张总便决定拒绝与这家新公司合作。

张总的秘书感到很疑惑。为什么双方还未进行深入的交流和了解，总经理就直接拒绝了这次合作呢？张总看出了秘书的困惑，告诉她说："我知道对方很有诚意想与我们合作，作为一家升起的新星，前景也挺好。但是，在与我们谈判的过程中，对方的主谈人员不时地抖动他的双腿，这让我心烦意乱。我感觉还没有正式开启合作，财运就被他的腿给抖掉了。"

古人讲究"站有站相，坐有坐相"。在职场交往中，规范的坐姿能给人留下好的印象，也可以给对方带来被关注的感觉。所以，坐姿是职场人员需要重视的礼节。关于坐姿，我们将从坐姿的规范、坐姿中脚位及手位的变化等方面进行讲解。

一、坐姿的规范及变化

（一）坐姿规范

1. 入座

入座时，要注意动作的轻、稳。女士在落座时，需要用单手手背轻拢裙摆。男士在落座时，需要用双手轻提裤腿。若在场的人数较多，需要集体入座时，要从椅子的左侧进入，以避免互相妨碍。需要注意的是，我们要坐满椅子的三分之二，这是对他人恭敬的做法，体现的是和蔼、热忱、友好的态度。在交谈过程中，我们的上身可以略向前倾，这样能体现出积极、主动的意愿，可增进沟通的效果。

2. 落座

落座后，我们的头部要摆正，双眼平视，下颌向内收，腰背挺直，腹部收紧，表情放松。

落座后，男士的双手要分别放在左右大腿上，女士的双手则左手在下，右手在上相叠放在大腿上。如果我们的面前摆放了桌子，可以将双手叠放在桌面上。需要注意的是，要将小臂的二分之一放在桌面，如果小臂完全放在桌面，会给人趴伏、无精打采的不良印象。

另外，女士的双腿、双膝要并拢，小腿垂直于地面。男士的双腿、双膝、双脚可打开，打开的宽度以不超过自己的肩宽为宜。这种坐姿被称为标准坐姿，也叫作正坐式坐姿，适用于职场中面试及出席会议等正式场合（图3-10、图3-11）。

3. 离座

离座时，起身动作要轻、缓，避免因发出声响而影响他人。可将右腿或左腿向后撤一步，上身保持直立，两脚蹬地起立。

（二）坐姿的脚位变化

1. 开关式坐姿

在标准坐姿的基础上，我们将自己的左脚向前移动半步，脚尖指向11点方向，再将右脚向后移动半步，脚跟内收，使脚尖指向13点方向；女士将双膝靠拢，男士将双膝打开10cm，约1拳的距离。这是左开关式坐姿（图3-12、图3-13），适用于面对面交谈及比较正式的场合。当右脚在前，左脚在后时，将形成右开关式坐姿。

◎ 图3-10

◎ 图3-11

◎ 图3-12

◎ 图3-13

2. 交叠式坐姿

在标准坐姿的基础上，将双脚的脚踝交叠在一起，这种坐姿适用于任何场合。女士在使用这种坐姿时，双膝要并拢，男士在选择这种坐姿时，可以将双脚向后略收半步并使膝盖略打开（图 3-14、图 3-15）。

◎ 图3-14

◎ 图3-15

知识拓展

　　《新书·容经》中记载："坐以经立容，胕不差而足不跌，视平衡曰'经坐'，微俯视尊者之膝曰'共坐'，仰首视不出寻常之内曰'肃坐'，废首低肘曰'卑坐'。"

　　贾谊根据注视尊者视线的高低，把坐姿又分为经坐、共坐、肃坐、卑坐。也就是说视线的高低与附身程度有关，要根据对方的附身程度而定。可以看出，在古代，同样对坐姿有着严格的规定。

（三）坐姿的手位变化

1. 双手分别放在大腿上

落座时，将双手分别放在左右大腿上，常见于男士坐姿。

2. 双手相叠放在大腿上

落座时，女士将双手按照站姿中前搭式手位相叠后，放在大腿上。

3. 双手放在一侧大腿上

落座时，女士将双手按照站姿中前搭式手位相叠后，自然搭放在一侧大腿上。职场中，与他人进行面对面交

◎ 坐姿视频

谈时，女士可将双手放在离对方近的大腿上。

现代职场中，当我们参加求职面试、工作会议、业务洽谈等活动的时候，多以落座方式进行，这时我们就要注意自己的坐姿，从入座到离座以及其间坐姿的变化，都要得体大方。优雅、庄重的坐姿能展示我们的仪态美，也可以给他人以注重礼节、有涵养、可信赖的感觉。

二、坐姿的禁忌

规范的坐姿，给人沉着、稳重、自然大方的感觉，同时也能展示一个人的气质、内涵和修养。

在职场中常见的错误坐姿有：坐满椅子、身体大幅度前倾、双腿抖动、双手夹在两腿之间等，这些都是不雅观和失礼的坐姿，会破坏自己的职业形象。错误的坐姿会给对方带来被忽视，甚至被冒犯的感觉。在这里，我们一起来分析需要杜绝的不良坐姿。不良坐姿有以下七种。

（一）坐满椅子

1. 对错误的分析

把椅子坐满的姿势是很舒服的，但在职场中，这样是很不适合的。坐满椅子，身体必须紧靠椅背，身体后仰，这种姿势看起来很慵懒，也显得比较自负。

2. 形成的不良影响

在职场中这样做，交往对象会因为感到被怠慢而不快。如果参加面试时这样坐，可能会失去一份心仪的工作。这种坐姿，既是对他人的不敬，也是对自己的放任。

（二）身体大幅度前倾

1. 对错误的分析

很多人长期伏案工作，坐在椅子上时习惯性地身体大幅度前倾，久而久之，会给身体健康带来不良的影响。

2. 形成的不良影响

长期身体前倾的坐姿，会导致骨盆前倾，造成尾骨受伤或者腿部有压痛点或腿疼的现象。在他人眼中，也会形成"此人身体状况不佳"的印象。

（三）趴在桌面

1. 对错误的分析

许多低头工作的职员在用手机和电脑时常常趴在桌面或低头含胸，这种体态会给我们带来不良的影响。

2. 形成的不良影响

趴在桌上是一种松散的姿态，给人松垮、懒散、疲劳的印象，在职场中难以得到大家的信赖。

（四）双腿乱抖

1. 对错误的分析

双腿乱抖，给人一种内心浮躁、焦虑、不稳重的感觉。

2. 形成的不良影响

反反复复地抖动或者摇晃腿部，不仅会让人心烦意乱，而且给客户一种不安稳的印象。

（五）架腿

1. 对错误的分析

在职场中，很多人都有架腿的习惯，就是将一条腿的小腿搭在另一条腿的大腿上，这是很不礼貌的。

2. 形成的不良影响

职场中十分忌讳架腿，这是没有素质的体现。架腿会让人觉得你很随便或是傲慢无礼。

（六）双腿张开过大

1. 对错误的分析

双腿张开过大的坐姿，容易给人不能自持的印象，是缺乏教养的表现。

2. 形成的不良影响

男士双腿张开过大而坐，不但不能显示出有气势，反而有不顾他人感受之嫌。女士张腿而坐，容易给人以桀骜张狂的感觉。面对领导张腿而坐是蔑视，对异性张腿而坐是暧昧的暗示，在公众场合这样坐，会颜面全失，不但有损个人形象，企业形象也会受损害。

（七）双手抱腿

1.对错误的分析

这种坐姿，会使背部肌肉、韧带有不适感，还会引起身体的不适，在职场中这种坐姿是对抗性的姿势，表示自己反对对方的观点。

2.形成的不良影响

双手抱腿，会给对方以不自信的感觉。在交谈间，若双手抱腿，说明在谈话中占据劣势，会给对方一种懦弱的感觉。

"坐如钟""正襟危坐"，从这些词语中我们能够感受到良好坐姿的积极状态。在职场中，如坐立不安、东倒西歪、张腿而坐，不仅会给身体造成损害，还会给人留下不恭、不成熟、不稳重、烦躁不安的印象。无论在什么情况下，错误的坐姿可以说都是令人反感的，是我们应杜绝的。

我们可以坐在镜子前进行训练，将更好的坐姿用于我们的职场之中，让我们的职业形象更加优秀，也会让我们的工作更加顺利。

第六节　适宜的行姿与禁忌

在没有代步工具或是代步工具还未普及的时代，人们出行只能靠行走。据东汉许慎《说文解字》中记载，和"走"相关的字多达200个以上，可见古人对走的观察和分析是多么细致。

"步从容，立端正。"这是告诉我们在行走的时候步伐应当从容稳重、不慌不忙、不急不缓。飒爽的行姿，能够体现一个人的自信。正所谓"行如风"，指的是在行走时要抬头展胸，步伐稳重，展现出朝气蓬勃的精神状态。

所以，在职场中，一个人行走的姿势极为重要，行姿的规范有步高、步度、步位、步速、摆臂和稳定性这六个方面的标准。

一、行姿规范

（一）步高

行走时，在双脚交替行进的过程中，脚抬起后距离地面的高度，称为步高。

在职场中，步高不能太低。应避免因为脚抬得过低，鞋底擦着地面、拖着步子行走的状态，因这样会显得无精打采、步履蹒跚。当然，也不可以抬得过高，夸张的步高同样不符合规范，会显得有失稳重、滑稽可笑。

（二）步度

行走中，在落脚后，自己前脚的脚后跟和后脚脚尖之间的距离称为步度。

女士行走时的步度标准是与自己所穿鞋子的长度相等，男士的步度则是自己鞋子长度的 1 ～ 1.5 倍。对于女士来说，适度的迈步比大踏步行走更加优雅得体。男士也要避免因步度过大、行走匆忙而显得慌乱；而步度太小，会给人矫揉造作、不够大方的印象。

（三）步位

我们将在行走中形成的轨迹称为步位。

女士在行走中，步位的标准是两脚脚掌的内侧在行走中要形成一条直线，而男士的步位则是形成两条平行线。与此同时，女士要避免走猫步而显得不够端庄。双脚还要避免出现内八字步或是外八字步。

（四）步速

行走速度的快慢称为步速。

步速的标准，一般保持在每分钟 110 步左右，也就是《运动员进行曲》的节奏。还要注意步速均匀，不要忽快忽慢，妨碍他人，也不要速度太快，与他人产生冲撞，否则会显得不够稳重，过于毛躁。

（五）摆臂

行走时，双臂以肩为轴，随着脚步自然地前后摆动称为摆臂。

摆臂的标准，幅度为向前 30 度，向后 15 度。要避免因双臂向外甩而触碰他人。双臂向内扣也会显得姿态不够美观。

（六）稳定性

行走时，稳定性来自我们在摆臂和迈腿前行的同时，要保持肩平、胸腰挺拔、身体向前平移的状态（图 3-16）。行走时应保持身体稳定，不要上下左右摇摆不定，这样会显得不够稳重。

除了上述六个方面的标准以外，我们还需要注意行走时的另一个细节，就是要养成两眼平视、抬头挺胸、面带微笑的良好习惯。飒爽的行姿不仅可以让我们的仪态更加挺拔端庄、优雅秀丽、落落大方，还可以帮助我们更顺利地获得他人的接纳。

知识拓展

心理学家史诺嘉发现：走路时步幅小，速度时快时慢的人，缺乏方向感；不摆动手臂的人，大多数做事优柔寡断、心态悲观、没有主见。反之，走路时步幅大，步子有弹性，双臂摆动的人，通常比较自信、乐观，做事有目标。

行姿是站姿动作的延续，在站姿的基础上展示了人的动态美。职场中，当我们需要引领客户或是与他人同行时，在把握好"六个标准"的基础上，记得要与客户的步速保持一致，这样的行姿可以体现出个人的修养以及能够为他人着想、尊重他人的优秀品质。

◎ 图3-16

二、行姿的禁忌

在日常生活和职业场合中，行姿是体现一个人的内在语言，正确的行姿能够体现职业人的积极和稳重。反之，错误的行姿会给人一种鲁莽、草率、慌乱的感觉。在职业中应当杜绝以下六种常见的不良行姿习惯。

（一）在人群中穿行

1. 对错误的分析

职场中，行走时如遇到急事需要穿越他人，要从他人旁边绕过，不可强行闯过；在走过他人身旁的时候，最好轻声招呼"借光"等，若不慎撞到了行人则应主动致歉。

2.形成的不良影响

尽量不要在人群中穿行。这样既妨碍他人，也妨碍自己。这是一种不礼貌的行为，会让他人感到自己被冒犯，因此，在职场交往时应避免此类错误。

（二）不讲秩序

1.对错误的分析

在职业场合中，当我们与尊者同行，或进出门口、下楼梯时，需要按照职场礼仪规范礼让尊者。例如，出入无人控制的电梯时，应请领导后进先出；上下楼梯时，应请客户走在高位等。

2.形成的不良影响

要注意行走时的先后顺序，不要出现争先恐后的状态。要遵守秩序、懂得规则。行进过程中，也应养成主动让路的好习惯，这样做既是对他人的尊重，也能够表现出自己的良好修养。

（三）阻挡道路

1.对错误的分析

行进中，有时我们会只顾着自己行走，而忘记了周围的环境和人群；有时甚至会忘记观察自己行进的路线是否已经阻挡了他人的道路。

2.形成的不良影响

行进时，不能只考虑自己方便。要选择适当的行进路线，并且保持一定的行进速度，不然就容易给他人造成不便，从而影响自己的职业形象。

（四）跑来跑去

1.对错误的分析

在办公场合不要跑来跑去。即使遇到急事，可以加快脚步，但不要狂奔乱跑。除了危及安全外，随意跑来跑去会引起周围的人情绪紧张、不知所措。

2.形成的不良影响

在人多的地方跑来跑去会给行人带来麻烦，甚至有可能产生碰撞。如果在职场中撞到了他人，不仅节省不了时间反而会消耗更多时间去善后处理，与此同时，也会使自己风度尽失。

（五）制造噪音

1. 对错误的分析

在工作场所走路，例如，陪同上级参观、视察工作时，如果在行走时发出噪音，就会引来他人的注意，打扰其他人工作。

2. 形成的不良影响

走路要轻，不要发出易使人产生烦躁情绪的各种声响，尤其是在办公室中，各种噪音都会干扰工作的正常进行。

（六）连蹦带跳

1. 对错误的分析

走路连蹦带跳会影响他人的工作，还会严重影响自己在职场中的职业形象。我们应控制自己的情绪，让自己心态平稳，稳步行走。

2. 形成的不良影响

在职场中，做任何事情时都应有度的把握，应以"不以物喜，不以己悲"的处事态度面对职场的各类事件，并在行走过程中避免出现因情绪的变化而出现的错误行姿。

行姿与其他姿态一样，都能够反映出一个人在职场中的态度和素养，行姿也是一个人心境的外在、动态体现。我们应杜绝不良的行姿，走路时要明确方向，尽量走直线，不要偏斜，身体重心要自然转移。在职场中运用正确规范的行姿，杜绝错误的行姿，能够帮助我们塑造得体、规范的职业形象。

第七节　适宜的蹲姿与禁忌

在职场中，当我们遇到有东西掉落、集体合影人数较多及鞋带开了需要系上时，都要选择下蹲的动作。

所以，蹲姿是我们工作中必不可少的仪态动作，优雅地完成蹲姿，能够展示我们的礼仪素养，给人留下良好的印象。

一、蹲姿的类型与适用场合

在职场中的蹲姿，常见有高低式蹲姿、屈膝式蹲姿及女士的交叉式蹲姿。

1. 高低式蹲姿

完成高低式蹲姿需要以下步骤。

第一步，在标准站姿的基础上，将距离他人比较远的那只脚向后撤一步。

第二步，保持上身直立下蹲。同时，女士用距离他人比较远的右手（或左手）手背，从腰节线至臀部由上至下抚裙；男士则双手轻拎裤子。前脚脚掌落地，小腿垂直于地面，后脚脚跟提起来，使臀部落在小腿上，并做到展胸立腰。

第三步，女士双膝并拢，一只手可放在高位腿上适宜的位置，另一只手捡拾物品或进行其他操作。男士双膝可自然分开两拳的距离，约20cm。

第四步，保持上体与地面垂直，起身，之后站稳。

适用场合：高低式蹲姿正式感较强，适用于任何场合。如在行进的过程中，遇到东西掉地，或是低处的物品需要我们拾取，以及合影中需要第一排人员下蹲的时候，建议选择高低式蹲姿（图3-17）。

◎ 图3-17

2. 屈膝式蹲姿

在职场中，我们还会遇到有物品需要我们屈膝拿取，此时需要采用屈膝式蹲姿。具体做法是在标准站姿的基础上，保持身体直立的状态下屈膝下蹲至需要的高度，至我们便于拿取物品即可。

适用场合：如需拿取茶几上的水杯或置于地面上的暖水瓶等物品，可以选择屈膝式蹲姿（图3-18）。

3. 女士交叉式蹲姿

完成交叉式蹲姿需要以下步骤。

第一步，在标准站姿的基础上，将右腿（或左腿）向后撤到另一条腿的后侧。

第二步，保持上身直立并使身体下蹲。在穿着裙装下蹲的时候，女士需要把身体重心置于两腿之间，保持上身直立，稳稳地下蹲。蹲姿完成后，重心应平稳地落于后脚上，保持抬头展胸、立腰、收腹的身体姿态。

第三步，将双手搭放在高位腿上的位置。

适用场合：因交叉式蹲姿比较女性化，故多用于仪式场合或是集体合影（图3-19）。

◎图3-18　　　　　　　　　◎图3-19

李秘书是某公司办公室的新进名校毕业生，她积极、勤奋、专业技能强，深得公司管理层的赞赏。一次，公司召开供应商大会，董事长也来到会议现场。会议进行到中途的时候，李秘书拿着一份文件推门来到会议现场找董事长签字，却一不小心将文件掉落地上。于是她匆忙地弯腰捡起地上的文件，而她那极不雅观的姿态瞬间映入大家的眼帘。

此时，她若选择高低式蹲姿，将会避免这种尴尬。

二、蹲姿的禁忌

下蹲时，我们要注意以下问题。

（1）不要在距离他人太近的位置蹲下。避免下蹲过程中碰触他人，或者是给他人造成不便。

（2）不要突然下蹲或者是下蹲后起身太快。要在蹲下与起身的过程中保持身体的稳定性，速度适中地完成动作，以避免滑倒，并注意给他人留出做出反应的余地。

（3）不要在下蹲与起身的过程中弯腰撅臀。这种不文雅的姿态容易造成女士在穿裙装完成蹲姿时走光，也会使男士有失风度。

（4）不要面向他人下蹲。正面朝向他人下蹲，会给双方带来尴尬。下蹲时要选择侧向他人的方向下蹲，或是尽量转至人少的方向下蹲。

（5）不要双膝叉开下蹲。尤其是女士在需要下蹲时，无论使用哪一种蹲姿，一定要将双腿并紧，臀部向下。这样不仅能够防止走光，也避免了因裙摆缝线被撑开而影响正常的工作。

在日常工作中，虽然需要下蹲的时候并不多，但这种很少出现的动作更能凸显一个人的风度和修养。得体的蹲姿不仅展示了我们端庄大方的仪态，还体现出我们对他人的尊重。特别是当我们与个子偏低的人交流时，若能够主动下蹲，用平视的目光送去问候和微笑，定能给对方带来良好的感受，从而取得更好的交流效果。

第八节　得体的致意

致意在职场交往中是简单且常用的一种礼节。让我们一起来了解致意的类型有哪些。

一、致意的类型

1.微笑致意

微笑是一种致意的方式，在职场中，以真诚的微笑向交往对象表达问候，传递友好要成为我们的职业习惯。

2.点头致意

在职场中，与来访对象进行交流或在工作场合遇到同事的时候，都可以采取点头致意的方式问候对方，以表示友善与肯定的情感。

3.挥手致意

在职场中，当距离同事或来访对象比较远的时候，我们可以采取将右臂抬起，四指并拢，拇指略内收，掌心朝向对方，轻轻挥动两三次的方式和对方打招呼。

4.起身致意

工作场合中，当交往对象，特别是领导到来与离开时，我们要起身致意。此外，还需注意在对方落座后，自己再落座。如果对方要离开，要等其起身以后自己再起身。不然，容易让对方以为我们急于让他们离开。还有一种情况是当对方将我们介绍给他人的时候，也要起身致意，以表达友好与谦恭的态度。

5. 欠身致意

欠身致意的规范是在标准站姿的基础上，上体以髋关节为轴向前欠身，幅度为 15 ～ 30 度左右，欠身后需要停顿 1 ～ 2 秒钟再还原为标准站姿。男士在行欠身礼时，可以将双手搭放于体前或体侧（图 3-20），女士将双手以前搭式手位放于体前（图 3-21），面带微笑，目视对方，以此表达对他人的恭敬。注意不要翻白眼看着对方，这样会给对方带来厌恶的错觉。

◎ 图3-20   ◎ 图3-21

6. 鞠躬致意

鞠躬致意是在欠身致意的动作基础上，将目光的方向由目视他人转向目视地面，停留的时间比欠身致意稍长。

7. 握手致意

在职场交往及生活中，握手是常用的致意方式，后续章节将会详细介绍。

◎ 欠身、鞠躬致意

二、致意的顺序

致意有约定俗成的顺序，具体规则如下：主人需首先向来宾致意，下级应首先向上级致意，年轻者需首先向年长者致意，男士应先向女士致意。在向多人致意时，需要遵循先长后幼、先女后男、先近后远的顺序进行。在致意过程中，会综合使用两种以上的致意方式。比如，在单位遇到领导时，会采取微笑致意与点头致意同时进行；在与同事互相道别的时候，会采取微笑致意与挥手致意并用的方式等。

在看到对方向自己表达致意时，要用同样的方式热情还礼，切记不要装作视而不见，给他人带来不受重视、不被尊重的不良感受。

诚心诚意的致意是一种非言语的表达方式，是以不同的仪态向他人传递友善和肯定的信息。而毫无表情的致意，则会带给他人敷衍了事的感觉。在职场交往中，我们要根据场合及交往对象的不同，选择适宜的致意方式，让职场交往变得更加顺利。

第九节 谦恭地递接物品

在职场交往中，递物、接物是我们每天都会做的动作。在递物、接物时，无论面对上级、同级、下级还是客户，我们都要注意力争使用双手完成。当我们用双手接过对方递过来的物品时，对方会感受到我们尊重对方的态度。当然，不同的物品在递、接的过程中方式也略有不同，我们一起来分享以下几种情况。

一、递接名片

在职场中，我们经常需要递送自己的名片，接收他人的名片。为了更好地体现对对方的尊重与重视，我们应遵守递接名片时应遵循的礼节。

1.递送名片

在递送名片时，需要注意以下问题。

（1）名片代表着自己的形象，要保持干净、整洁，不可将折叠、涂改或已破损的名片递送给他人，且自己的名片应放于便于拿取的位置，比如公文包最外侧的夹层及名片夹内。

（2）递送名片时，首先要讲究适宜的时机，选择与对方见面或是分别的时候，这个时间能够给对方留下较深的印象。

（3）递送名片时，需要将名片的正面朝向对方，双手送出。

（4）递送名片的顺序有讲究。一般是主人先向来宾、下级先向上级递送名片。当面对的人较多时，我们还可以采用距离由近至远的顺序递送名片。

2. 接收名片

接收对方名片时，要注意以下问题。

（1）力争使用双手接收对方递送的名片，以示郑重其事。

（2）要立即阅读，可用稍加赞美的言语复述名片的内容，并致谢对方，表达自己乐于与对方建立交往关系。

（3）为了方便交流，可以暂时将他人名片放在桌上。但是，在离开前一定要将名片收在妥当的地方。

（4）要在接收他人的名片后，递送自己的名片。如果我们在接收了对方的名片后，却不递送自己的名片，则需要向对方简要说明原因，避免留下不礼貌的印象。

二、递送文件等物品

在工作中，我们向同事或客户递送文件类的物品时，要选择双手送出，并直接递送到对方的手中。如递送的物品需要对方签字时，则可采用一只手持纸质文件、另一只手指明签字位置的方式进行递送。这样递送能够使对方更快速、更高效地看到签字的位置，为对方提供方便。

三、递送茶水

递送茶水时，应将水杯放置于对方右前方的桌面上，如果水杯带有杯耳，要注意使杯耳与对方的角度呈 45 度角，这样会便于对方持杯。

四、递送尖锐物品

在递送尖锐物品，如剪刀、签字笔等时，要将笔、剪刀横向放在手中递送给对方，不要将尖端朝向对方。

另外，递物时要主动地走向对方，不要站在原地不动。站在原地容易让对方认为缺乏礼貌。我们还要争取在递物的时候，将物品递送到对方的手中，不要随意将物品搁置于桌子上或者其他的地方。总之，递物应以对方方便拿取为原则。

◎ 递送物品

要想使每一次的递接物品都能够做得规范，需要我们明确规则并勤加练习。与此同时，无论递接哪类物品，递接时都要注意与对方的视线交流，双眼要凝视对方的面部，不要左顾右盼或者盯着别处。谦恭地递接物品，是尊重彼此的表现，也是职场交往中影响双方交往质量的重要细节。

PART 2

第二辑

获得职场支持的言谈礼仪

第四章　职场交往中的言谈形象

子曰：君子不失足于人，不失色于人，不失口于人。是故君子貌足畏也，色足惮也，言足信也。

——《礼记·表记》

现今社会高速发展，职场竞争日益严峻，想要在职场里生存下去，就要获得领导、同事、客户的理解和支持。我们要学习关于职场交往的技巧和规则，而职场交往中的言谈礼仪，对于事业成功尤为重要。

第一节　言谈智慧案例分享

一、考虑他人感受

某校在评定职称时，由于高级职称的名额有限，一位年龄较大的教师心里觉得很不踏实，向一位负责职称评定的副校长打听情况。副校长考虑到工作迟早要做，便和这位老教师促膝交谈。

校长："早，老×。来，快请坐。"

老师："校长，我想知道这次评高级我有希望吗？"

校长："老×，先喝杯茶。我们慢慢聊，最近身体怎么样？"

老师："身体还说得过去。"

校长："老教师是咱们学校的宝贵财富，年轻教师还要靠你们传帮带啊！"

老师："作为一名老教师，我会尽力的。可这次评定职称，你看我能否……"

校长："不管这次评上与否，我们都要依靠像您这样的老教师。您教学经验丰富，学生反映也很好。我想对于一名教师来说，这一点，比什么都重要，您说呢？"

老师："谢谢您！"

校长："咱们评职称是第一次进行，历史遗留的问题较多，僧多粥少，有些教师这次暂时还很难如愿，要等到下一次。这只是时间问题，相信大家一定能够谅解。但不管怎样，我们会尊重并公正地评价每一位教师，尤其是你们这些辛辛苦苦工作了几十年的老教师。"

老教师明白了校长的意思，确认了自己这次不可能评上高级职称。但由于自身得到了校长的尊重，成绩受到了别人的肯定，他能接受这样的结果。他对校长讲道："只要能得到一个公正的评价，即使评不上我也不会有情绪的，请放心。"

这位校长可谓是顾及老教师尊严的典范，如果开始他就给这位老教师泼一盆冷水，那么后果就有可能很尴尬了。在职场中，无论对方的地位、职务多高，成就多大，都会无一例外地关心外界对自己的评价。由于来自外界评价的性质、强度和方式不同，人们会做出不同的反应，并对交往过程及其结果产生积极或消极的影响，尊之则悦，不尊则哀。

所以说，无论是举止或是言语都应尊重他人，要考虑对方的感受，让对方感到温暖。我们在与人交谈的过程中，要学会换位思考，仔细考虑对方需要什么，努力为对方着想、让对方感到舒服，才能让谈话成为一次高质量的沟通，也只有这样，才能赢得别人的尊重。

二、合作双赢

在美国农村，住着一个老人，他有三个儿子。大儿子、二儿子都在城里工作，小儿子和他在一起，父子相依为命。突然有一天，一个人找到老人，对他说："尊敬的老人家，我想把您的小儿子带到城里去工作，可以吗？"老人听后气愤地说："不行，绝对不行，你滚出去吧！"这个人说："如果我在城里给您的儿子找个对象，可以吗？"老头摇摇头："那也不行，你走吧！"这个人继续说道："如果我给您儿子找的对象，也就是您未来的儿媳妇是洛克菲勒的女儿呢？"

这时，老人动心了。

过了几天，这个人找到了美国首富石油大王洛克菲勒，对他说道："尊敬的洛克菲勒先生，我想给您的女儿找个对象，可以吗？"洛克菲勒说："不行！"

这个人又说："如果我给您女儿找的对象，也就是您未来的女婿是世界银行的副总裁，可以吗？"洛克菲勒听后同意了。

又过了几天，这个人找到了世界银行总裁，对他说："尊敬的总裁先生，您应该马上任命一个副总裁！"总裁先生说："不可能，这里这么多副总裁，我为什么还要任命一个副总裁呢，而且必须马上？"这个人说："如果您任命的这个副总裁是洛克菲勒的女婿，可以吗？"总裁先生当然同意了。

相信大家都期待这是一个真实的故事。但是，不论真实与否，它在一定程度上体现了言语的力量。这个故事告诉我们，沟通时只有对双方都有好处，达到双赢，才能获得对方的配合并取得成功。

三、不急于开口

在宋朝时，有一天，王安石向苏东坡夸赞自己的儿子聪明，王安石说："我的儿子天资比较好，读书从来不用看两遍。"苏东坡一听，立即接上了一句："谁家孩子读书要看两遍。"说得王安石灰头土脸，而苏东坡还觉得很解气，但是，事后他又后悔不迭。

苏东坡就是犯了缺乏思考、着急说话的毛病，以致他根本就没有考虑到王安石的感受。

职场上的交往沟通，就像在暗礁密布的海面航行，表面看似平静，但一不小心就触礁沉船。小小的细节，可能让你脱颖而出，也有可能让你满盘皆输。有时候无心的一句话，就可能引起对方的不满。

说话的时候，一旦我们急于说话，往往上句还未说清楚，下一句就已经冒了出来，对方根本就没有办法听清楚，自己还得再重复说一遍。而且越是着急，人越是容易说错、说漏，还容易伤害到别人。

屠格涅夫说："在开口之前，先把舌头在嘴里转个十圈。"言多必失，要学会察言观色判断形势，不急于开口，三思而后言。

四、规避负面言语

曾因为丘吉尔不赞成中国为四强之一的观点，宋美龄一直对丘吉尔有所不满。一次，宋美龄陪同蒋介石参加开罗会议，她和丘吉尔不可避免地会面了，两人有一段经典对话：

丘吉尔说："委员长夫人，在你印象里，我是一个很坏的老头子吧？"宋美龄没有回答"是"或"不是"，而是睿智地反问丘吉尔："请问首相您自己怎么看？"

丘吉尔说："我认为自己不是个坏人。"宋美龄顺势回答："那就好。"

后来，蒋介石特地把这段对话记在了日记里，他对夫人宋美龄的外交智慧赞叹不已，夸她既不违反外交礼仪，也不违背自己的内心。

宋美龄没有带着情绪揶揄丘吉尔，只是用不带评论的话语回复了对方，是言语智慧的最高境界。职场和外交一样，并不是逞了口舌之快就代表赢了，在与对方沟通中，既要做到规避负面言语又能达到自己的目的，方显自己的大智慧与高情商。有言道："良言一句三冬暖，恶语伤人六月寒。"所以，言语可以说是一把锋利的双刃剑。当我们说出的话，对方听了很不舒服，进而导致关系紧张甚至产生争执对抗，就可能反目为仇，若能做到净化语言，规避负面语言，在职场中就能够使人情谊相通、和谐相处。

在职场中，一个人的言谈反映着一个人的修养与学识，大方得体的言谈可以给他人留下良好的印象，也有助于更好地与他人再次交流与沟通，所以，只要我们仔细观察，用心揣摩，注意自己的言谈举止，不仅能快速提升个人形象，还能得到领导的赏识与重用，改善自己在职场中的生存环境，进入良性和快速的发展轨道。

第二节　升调与降调的言语情感

言谈作为职业人表达观点与思想、交流彼此的信息和抒发自身情感的基本方式，受到人们的高度重视。言谈不只是简单的语言组织与运用，更是影响职场中人与人之间的沟通效果与理解程度的重要手段。

西晋陆机《文赋》中有"思风发于胸臆，言泉流于唇齿"，意思是文思生于胸中，如风飞扬；言语发自唇齿，如泉奔涌。在职场交往中，言语表达千差万别，甚至判若云泥，即便一样有着良好的主观愿望，有时一句话就能把人说"笑"，而有时一句话却能把人说"跳"。

人与人之间的言语交流是通过语言的内容、语气的差别、语调的高低以及语言的速度来表现的。同样的语言，因为语调的高低不同，可能起到截然不同的效果。

一、语调的重要作用

一次，意大利著名悲剧影星罗西应邀参加一个欢迎外宾的宴会。席间，许多客人要求他表演一段悲剧，于是他用意大利语念了一段"台词"，尽管客人听不懂他的"台词"内容，然而他那动情的声调和表情，凄凉悲怆，不由使大家流下同情的泪水。可一位意大利人却忍俊不禁，跑出会场大笑不止。原来，这位悲剧明星念的根本不是什么台词，而是宴席上的菜单。

由此可见，语调在表达言语情感中起着至关重要的作用。一般情况下，语调既可以表示热情，也可以表示冷漠；既可以表示非常有耐心，也可以表示十分厌倦；既可以表示谦虚谨慎，也可以表示狂妄自大、不可一世……人在愤怒时会高声叫喊，给人狂妄自大、不耐烦的印象，而柔声细语通常表达了友爱和谦虚。言语的声调反映了一个人说话时的内心世界，表达出他的情感和态度。恰当自然地运用好语调是人们顺利沟通、准确表达和成功交往的条件。

二、不同语调的不同情感

语调就是说话的腔调，就是一句话里声调高低、抑扬轻重的配置和变化，它包含平调、升调、曲折调、降调四种。人们在说话的时候，伴随着一些语调的变化，可以表现出怀疑、肯定、激动、感叹等众多的情感变化。

平调，语势平稳舒缓，没有明显的升降变化，一般用在陈述句里，用于不带感情的陈述和说明，有时还可以表示严肃、庄重、神秘、冷淡的感情。

升调，前低后高，语势上升。职场中，常用于表达喜悦、兴奋、惊异、号召等情感。

曲折调，在表示特殊的感情时使用，比如表示怀疑、幽默、讽刺、意外、烦躁、夸张、批驳等情况。

降调，前高后低，语势渐降。多用于表达职场交往中的感叹、请求、自信、肯定、劝阻、允许等情感。

从四种语调来看，在职场的交往中，升调与降调的使用更能契合我们交流中言语情感的表达，唤起相互之间的情感共鸣。

三、升调与降调在职场中的运用

升调与降调，是情感表达更加明确的语调，也是职场交往中使用频率较高的语调类型。那么，如何灵活地掌握和运用升调与降调的方式来进行表达呢？建议大家从以下四个方面进行。

1. 使用文明用语，要讲究语调

日常工作中，用升调的方法完成"您好""再见"中的"好"和"见"，会给人带来真诚、热情的感觉。相反，如果使用降调的方法，就会给人带来敷衍、冷淡的感觉。另外，用升调的方法完成"对不起"中的"起"字会给人带来讽刺的感觉。这时使用降调的方法则比较恰当。

在"十一字"文明用语中，除"对不起"以外，"请、您、您好、谢谢、再见"一般情况下都需要使用升调的方法来完成。

2. 根据交往对象的不同使用语调

在职场交往中，不论是上级对下级、下级对上级，还是平级之间，采用升调来讲话容易使人感到咄咄逼人，而使用降调说话则显得平和、谦逊，也展示了一种谦虚合作的姿态。因为以降调说话，对方听起来会顺耳得多。因此，多使用降调可展示出交谈者良好的修养。但在与竞争对手辩论问题时，彼此谈锋犀利、对答如流、情绪激动，就要采用升调说话，这样有利于表达自己的观点，也易于引起对方的注意，展示最佳的语言表达状态。

3. 面对不同的事情，恰当地运用语调

在与他人交谈过程中，当谈到不愉快的事情时，语调降低会使对方产生好感。因为，这是理解他人、与他人产生共情的表现。当然，在与对方谈到愉快的事情时，我们可以选择升调的方法进行肯定或应答，会使对方得到鼓舞。

比如，在欢迎仪式中，我们说"对××表示热烈欢迎"的时候，"热烈欢迎"的声调就不能太低，宜采用升调。否则，就没有了"热烈"的效果。但如果说"××因病去世"的时候，"去世"两个字声调不能太高，就要用降调，否则就不能表现出悲伤的气氛。

4. 根据场合的不同选择合适的语调

职场中，处于不同的场合，要讲究语调。例如，在一些演讲或会议中，巧妙地运用升调进行提问，不仅可以唤起听众的兴趣与热情，加强其思想感情的表达，还可调节气氛，使演讲呈现出强烈的语言魅力。

乔布斯就是深谙此道的高手，他最擅长运用声调明快、节奏适宜、抑扬顿挫的语调变化来传递情感。当他说"大家听明白了吗"和"而是一款产品"时，他的音调总是高亢、响亮。他在演讲中常常会冒出很多口头禅，他爱用"令人难以置信的""真棒""酷"和"巨大的"这些标志性的词汇。这些词汇如果在使用过程中，不改变语气和声调加以强调，其感情的深浅浓淡就很难表现出来。演讲中，乔布斯不断地运用升调与降调来进行调整，以召唤、引导听众随着他的思路时而惊呼、时而赞叹、时而大笑、时而震撼，这就是语调变化带给我们的明显体验。

在职场的面试中作"自我介绍"时，通常适宜采用降调。例如："我×年×月×日在×校毕业，获硕士学位。""几年来，我先后发表过一些文章。"此时，如果采用升调介绍："我这篇文章啊，在××学会评上了优秀奖，这连我自己也不敢相信！"就给人一种骄傲自大、盛气凌人的感觉。

有人说"嗓音是身体的音乐，语调是灵魂的音乐"。在职场的言语交流中，恰当地运用语调，可以增强语言的准确度和感染力，更能够准确鲜明地表达我们的思想感情。因此，我们在使用文明用语时，在面对不同的交往对象时，在面对不同的事情时，以及处于不同的场合环境时，都要思考并选择合适的语调，这将大幅提升我们的职业形象，取得良好的沟通效果。

第三节　声音柔和来自训练

心理学研究发现，我们的声音所能传递的信息超乎想象。我们经常说，这个人给我留下的第一印象特别好，这个"第一印象"中有 38% 取决于我们的声音。在看不到对方的情况下，我们可能会通过打电话、微信语音等方式进行交流。这一刻，音质、音调、语速的变化，也在很大程度上决定了我们说话的可信度。

一、声音柔和的重要性

蔡康永在《说话之道 2》的开篇就用了整章的篇幅与大家分享声音的重要性，其中他讲道："人类几乎每天都要照镜子好几次，却可能好几年都不会听一次自己讲话的声音和内容。这是一件大家都习以为常，想来却不可思议的事。"他想向我们传递更加奇妙的一点是，人们通常都是仔细打扮整齐才出门，但出门后未必有人会盯着自己看。但只要我们开口说话，不管是在点菜还是在投诉，是上台做报告还是私下聊天，却是一定有人在倾听的。因此，我们对自己声音形象的在意，应该和每天出门照镜子一样重要才对。

令人欣慰的是，现在有越来越多的职场人士开始关注自己的声音，意识到声音的重要性。特别是在职场交往中，如何通过声音给他人留下美好的第一印象尤为重要。柔和且稳定的声音能让我们在职场交往中多了不少底气，有时候一个人仅凭声音就能拥有足够的吸引力。

二、声音柔和的训练方法

怎样训练才能拥有柔和的好声音呢？

无论唱歌还是说话，我们的气息都很重要。"气为声之本，气乃音之帅。"气息是声音的动力来源，气息的运用与呼吸，以及声带、共鸣器的运用等有着直接的关系。

1.呼吸的训练

如何运用气息呢？首先要正确掌握说话时的呼吸方法。

讲话时，应当采用胸腹式联合呼吸法（也称丹田呼吸法），即运用小腹收缩，靠丹田的力量控制呼吸。郭兰英老师在谈到运用这种呼吸方法时说："唱歌时小肚子常是硬的，唱得越高就越硬。"其实说话也是一样的道理。

胸腹式联合呼吸介于胸式呼吸和腹式呼吸两者之间，是二者的结合，具体方法如下。

吸气：小腹向内即向丹田收缩，大腹、胸、腰部同时向外扩展，可以感觉到腰带渐紧，前腹和后腰分别向前、后、左、右撑开的力量。用鼻吸气，做到快、静、深。

呼气：小腹保持收紧，使胸、腹部在努力控制下，将肺部储气慢慢放出，均匀地外吐。呼气要用嘴，做到匀、缓、稳。在呼气过程中，语音一个接一个地发出后，组成有节奏的有声语言。

这种呼吸方法可以使腹部和丹田充满气息，为发音提供充足的"气"，同时由于小腹向内收缩，胸前向外扩张，以小腹、后腰和后胸为支柱点，为发音提供了充足的"力"。"气"与"力"的融合，为优美的声音奠定了坚实的基础。

2.气息的训练

我们还可以借助以下方法进行气息的练习。

（1）闻花香。仿佛我们面前有一盆散发着香味的花儿，让自己深深地吸进香气，控制一会儿后再缓缓地吐出。

（2）说悄悄话。这一方法是模拟贴在别人耳朵上说悄悄话的方法，在说的过程中要做到吐字清晰，要让听话的人听清，同时做到有气无声，声带基本保持不振动。

（3）小狗喘气。双手撑住两肋尽量向中间轻轻地挤压，感受气息起伏的幅度及频率。呼吸时小腹略有收紧感，横膈膜如痉挛般快速收放。虽然呼吸急促，但吸入与吐纳的气息量不宜过大。

气息是声音的基础，更是声音的灵魂，练好气息是训练声音最重要的环节。

3.声带按摩操

天生丽质的皮肤需要经常护理保养，才会青春永驻。柔和的声音也要经常做一做声带按摩操，就如同给肌肤敷面膜、擦护肤霜一样，我们的声带也需要经常护理。

发气泡音可以起到按摩声带的作用。具体方法是：口鼻同时吸气，闭合声带，感觉一股气流到达喉部去振动声带，这样，就能发出一连串较低的断断续续的像气泡一样的声音。初学者可以在早上平躺在床上，打个哈欠，然后非常放松地发"啊"这个音，需要注意的是身体要放松，气息要稳定，声音要具有"颗粒性"。

多微笑增加声音的温度。当一个人微笑的时候，口腔内部的肌肉也都是向上舒展的，唇齿相依，咬字也会更加积极清晰。女士会将天生声音里柔和委婉的特质发挥出来；男士的声音也会显得更加温柔、温暖。

讲话时的姿势也很重要。不论是选择站立还是落座，都要抬头、舒肩、展背，胸部要稍向前倾，小腹自然内收。这样做才能使我们的声音产生甜美、柔和的感觉。

荀子说：声无小而不闻，行无隐而不形。意思就是：我们的声音再小也会被听到，行为再隐蔽也一定会表现出来。声音，会在别人心中留下痕迹。塑造柔和的声音，让声音更加磁性、饱满、圆润、清晰，就能在他人心中留下良好的印象，帮助我们在职场交往中收获好感，赢得尊重，从而取得事业的成功。

第四节　让语速适合他人的节奏

在职场中，我们发现不同类型的工作中，工作人员说话的语速也各有特点。教师在讲课的时候，运用相对舒缓的语速面向学生传授知识；少儿节目主持人使用小朋友们适宜的语速做节目；体育类节目解说员，因更具现场性，语速相对快了许多；商务谈判中，客户在激烈谈判中，语速会随之加快，相反，当涉及重要信息，如数字、款项等内容时语速会随之放慢。

《吕氏春秋》云："故闻其声而知其风，查其风而知其志，观其志而知其德。"意思是说：听一个人说话的声音就知道这个人的风度，观察这个人的风度就可以明白他的志趣，而清楚了他的志趣后就知晓他的德行与品行了。

每个人声音中的语速取决于多个方面，语速会反映出我们的性格特征，以及我们对待他人的态度等等。因此，我们应对职场交往中的语速予以关注。

一、语速的把握

语速是指人们在使用具有传播或沟通意义的词汇表达或传播信息时，单位时间内所包括的词汇容量。不同语言文化中，同等语速下信息容量有别。

日常生活中，普通话正常的语速是每分钟 260 字左右，凡是在此区间，都属于正常范围。另外，演讲时语速会根据演讲需求的变化而改变，一般情况下每分钟 200 字左右。

语速是根据时代、环境、对象等语速的变化而变化的。

二、适合他人的语速是尊重的体现

我们先来看这样一个事例。

在政务办理大厅，各个窗口的工作人员业务繁忙，应接不暇。一位老者在房产窗口咨询房产变更业务。这时的窗口工作人员因处于繁忙工作当中，回答老者问题时，语速稍微快了些。老人没有听明白，再次询问窗口的工作人员，工作人员又以刚才的语速重复了一遍。老人此时还是没有听懂。由于着急加上周边排队人的催促，前来咨询的老者责怪窗口工作人员，双方因为这个问题起了争执。恰好窗口的相关负责人赶到，耐心地用较慢的语速向老人一个步骤、一个步骤地介绍下来，老人这才满意地转身离去。

因为语速的快慢问题引起了不必要的误会，可见语速在人际交往过程当中的重要性。选择适合他人的语速，体现出了我们对他人的尊重。与此同时，职场中的恰当语速还是我们提升工作效率的保障。

语速要根据场合和环境而定，比如，在 ICU 病房，医生救治危重病人时，由于"时间就是生命"，此时，医生的语速一般都是极快的；在会议中，发言人为了让更多的受众听清自己的意图，他们的语速是比较舒缓的。

语速还要根据不同对象而定。如果对方是老人或孩子，我们的语速也应是平缓的、较慢的。

三、如何训练自己的语速

首先，要控制好心态，需要从根本上控制自己的情绪和心理。在心情急躁时不要急于开口，等平静下来，或者控制住了情绪，再开口。其次，要审时度势，根据周边环境的变化以及交流对象的变化而改变我们的语速。

语速在工作交流时起着至关重要的作用。语速的快慢直接影响到我们在他人心目中的职业形象，直接影响到我们与他人的沟通是否有一个良好的结果，直接影响到工作是否可以准确高效地进行下去。所以，保持良好、恰当的语速，特别是根据不同的工作场景，适时地调整为适合他人的语速，这是职场交往言语礼仪中的一个非常重要的内容。

第五节　言谈角度与交流效果

在人际交往中，要想人与人之间的交谈与交流顺利通畅，就要注意讲话的内容、讲话的技巧，以及言语礼仪的规范。好的讲话方式会使交流更加流畅而且富有色彩。正所谓，"誉人之言太滥不可，责人之言太尽不可，一事虽不畅意，日后亦无悔心，含蓄之妙不可不知"。

在言谈礼仪当中，站在不同的角度说话，尤其是站在对方立场上说话，有时会起到事半功倍的效果，甚至还会远远超出我们的预期。

什么是言谈的角度呢？简单概括就是言谈的立场。

那么，如何做到站在对方立场上讲话呢？

一、充分考虑他人的心理需求

1. 要考虑对方所处的环境

一位业主到物业服务中心补办遗失的门禁卡。刚要开口询问，发现物业人员正在处理物业纠纷事件，交谈中略带情绪。聪明的业主此时并没有直接上前，而是坐在一旁耐心地等待。大约十分钟后，通过观察物业服务人员的表情，该业主断定纠纷处理完毕，并且效果还很理想，于是上前说道："你们物业人员真是很辛苦。"物业人员听后瞬间感到自己被理解，非常高兴，并用最快的速度为业主办理了业务。

每个人每天都要面对复杂环境里的诸多问题，心情或多或少都会受到影响，如果不考虑环境随意开口，效果肯定会打折扣。

2. 考虑对方的心情

一位身材较为丰满的女士走进一家服装店。服装店的营销员上前礼貌地例行询问："您好，女士，请问需要帮助吗？"这位女士怯怯地说道："我这么胖，你看看有没有适合我穿的衣服。"言谈中充满着不自信，营销员马上意识到这位女士的心理状态，于是，适时地调整了自己的说话方式，她告诉这位女士，"我们店里各种款式、各种型号的服装都有，保证能为您选到满意的衣服"，并且在该女士多次试穿衣服的时候，将话题的角度引向了如何选择服装的色彩，并且真心诚意地夸赞她皮肤好，各种颜色的服装都能驾驭。最终，这位丰满的女士挑选了两件适合自己的衣服，满意离去。

如果在顾客进店时，只帮助对方选衣服而不考虑其心情，就很有可能失去这个机会。所以说，在交往的过程中，考虑对方的心情并用言语技巧巧妙地交流，就会增加双方达成合作的可能。

二、考虑对方的具体需求

有句话说得好：己所不欲，勿施于人。在职场交谈的过程中，考虑对方的需求很重要。北方有一句俗语叫作"要想公道，打个颠倒"，指的就是换位思考。改变一下自己的思路，从另一个角度展开思考，随着自己心态的改变，行动也会随之改变。每个人从小生长的环境和所接受的教育不一样，形成的思维习惯和性格特征也不尽相同，只有站在对方的立场，考虑他人的需求，我们的言语才会向这个方向发生积极的变化。

在一家拉面馆，一位顾客点了一碗拉面。当时是就餐高峰时间，店内顾客非常多，点完餐之后，店员便匆忙地下单，并让后厨做准备。大约五分钟左右，一位刚入职不久的店员将一碗热气腾腾的拉面送到了这位顾客面前。顾客刚刚吃了一口，马上皱起眉头，对店员说道："这面太咸了，难以下咽。"店员问道："本店是按照放盐的比例做的面食，您若要少放盐，为什么不提前告诉我呢？"于是，一场争执便开始了。正当双方争执不下的时候，面馆老板走过来，他问清了事情的前因后果，向顾客道歉说："对不起，我们没有提前询问您是否有特殊的口味需求，这是我们服务的疏忽。"紧接着，又让后厨按这位顾客的口味另做了一碗面，还赠送了小菜。这位顾客在老板的安抚下，情绪逐渐缓和了下来。临走前，顾客对老板赞不绝口，并且在网上给了五星好评。这位老板充分考虑到顾客的需求，说出来的话自然就是顾客爱听的话了。

沟通是人与人之间、个体与群体之间思想与感情的传递，其目的是达到思想的一致和信息的通畅。当我们在职场工作中与他人进行交往时，往往会面对不同的人群及多方的需求，处理问题最简单和直接的方式就是在言谈交流当中观察并了解对方的需求，互换位置进行思考，并且站在对方的角度说话，这样做，往往能帮助我们达到有效的沟通目的。

第五章　与同事融洽相处的语言艺术

看不见的和谐比看得见的和谐更美。

——赫拉克利特

所谓"融洽"，是指彼此感情好，没有隔阂和抵触。同事之间，你来我往例行公事般的表面"和谐"，不能称为"融洽"。真正的融洽，是双方真心诚意地与对方交流，尽管对事情的看法、做事风格、性格特点不同，却能够欣赏对方、信任对方，心往一处想、劲往一处使，团结协作取得事业的成功。因此，与同事融洽相处是一门艺术。

第一节　与同事融洽相处的艺术

这是一个常常讲给孩子的故事，但当我们细细品味它时，会发现这也正是如何处好同事关系的好案例。

三只老鼠相约去偷油喝，等它们到了缸边才发现缸里的油还剩一点点，而且这个缸很深，单凭自己的力量，谁也喝不到。大家一起想出了一个好办法：三只小老鼠一起上，由一只咬着另一只小老鼠的尾巴，吊着下去喝，一只喝完换下一只，大家轮流着下去。

第一只小老鼠在大家的帮助下喝到油了，它一边喝一边自己琢磨："只有这么一点油，我先喝个饱。"这时候第二只小老鼠也想："如果第一只小老鼠把油喝完了，我不就没有了吗？我还是放了它，自己跳下去喝吧。"第三只老鼠也有了自己的想法："油那么少，它俩都喝完了我不就没有了吗？干脆我把他们都放了，自己也下去喝吧。"

这样，三只老鼠为了让自己喝饱都跳到了缸里，最后的结果是它们都出不来了，死在了缸里。

由这个故事我们发现，在工作中，如果团队成员追逐的目标与集体目标不一致，同事之间不能维持一个良好的合作关系，团队的目标往往就很难达成，甚至还会导致失败的结果。

一、同事间如何做到融洽

同事间相处的融洽程度，直接关系到我们工作、事业的进步与发展。如果我们能够和同事融洽、和谐相处，在这个氛围中工作的人们就会感到心情愉快，有利于工作的顺利进行，从而帮助和促进自己事业的发展。反之，如果同事之间的关系紧张，甚至相互拆台，大家因工作中的小事导致摩擦不断，就会影响到自己正常的工作和生活，甚至阻碍事业的正常发展。

如何处理好与同事之间的关系，营造融洽的工作氛围呢？

1. 同事相互尊重是核心

尊重是礼仪的核心。和同事之间的相处，应当秉承这一原则。相互尊重是处理好人际关系的基础，同事关系也不例外。

同事关系不同于其他关系，以亲友关系为例，后者是以亲情为纽带的社会关系，亲友之间一时的失礼，可以用亲情来弥补，而同事之间的关系是以工作为纽带，一旦失礼，创伤将难以愈合。所以，我们要处理好与同事之间的关系，最重要的就是尊重对方。

2. 适度赞美是最好的策略

发自内心的赞美会使人感到温暖并拥有力量。在工作中，团队意识由低到高的层次是：理解—配合—支持—帮助—赞赏。团队意识的较高层次是学会赞赏他人。只有当我们发自内心地接纳同事、赏识同事，才会发现对方更多的价值。职场中，团队成员间相互认可、相互赞赏，就可以营造更好的工作氛围，有助于提高工作效率，而且可以为团队成员带来归属感，提高团队的凝聚力，使团队健康、持久、高效地开展工作。

3. 同事之间物质往来需清楚

在日常相处中，会有同事间的相互借钱、借物或馈赠物品等物质上的往来，但切记不要马虎，每一项物质往来都应清楚明白，即便是小的款项或者礼物，也应当记在备忘录上，以提醒自己需要及时归还，以免因遗忘而引起不必要的误会。如果不得已需要向同事借钱、借物，应主动给对方打借条，以增进同事对自己的信任。如果遇到所借钱物不能归还的情况，应当向对方说明情况。如果在物质或者利益方面有意或者无意地留下占便宜的印象，会引起对方心理上的不快，从而降低自己在同事心目中的形象甚至减低自己的人格。

4. 同事遇到困难应及时帮助

每个人都会遇到困难并需要他人的帮助。遇到困难，我们会选择求助亲朋好友，也希望得到同事的关怀。若是在力所能及的范围内，我们应当尽力帮忙。真心实意地帮助同事会增进双方的感情，使得同事关系更为融洽。

5. 保护同事的隐私

现代社会越来越尊重个人隐私。隐私包括年龄、职业、学历、联系方式、婚姻状况、收入和财产状况、宗教信仰、指纹、血型、病史等等。概括起来有三个方面的内容：私人生活秘密，私生活空间，私生活的安宁状态。

若将听到的八卦新闻在办公室里传播，殊不知这种损害他人形象的行为，也会引起双方关系的紧张甚至恶化。中国有句老话：切莫人云亦云。面对同事隐私的流言，我们要做到不传播、不讨论、不询问、不打探，这是同事之间融洽相处的一个重要方面。

二、化解同事分歧的技巧

在与同事的日常交往中，我们需要遇事冷静。因为，只有在头脑冷静的前提下，才能更好地判断问题、解决问题、化解分歧。做到这些是有技巧的。在我们感到不能控制自己的情绪时，最好的方法是离开现场。以理性、冷静著称的德国人，他们在情绪不冷静的情况下，通常会选择第二天再来解决问题。这样做，可以很好地避免矛盾被激化，避免伤害他人感情，甚至伤及自己的身心健康。关于化解同事之间的分歧我们要这样做。

（1）从自身出发，尝试多从好的、积极的方面看待问题，当我们看待世界的眼光变了，世界也会变得柔软起来。

（2）从解决分歧的角度出发，先解决好情绪再去解决分歧，可以尝试不同的方法平复情绪。比如主动转换空间、心里默默数数、换一个话题等。

三、要有宽厚的胸怀

在拥挤的公交车上司机一个急刹车，一位女士细细的鞋跟重重地踩在一位小伙子的左脚上。这位女士一个劲儿地道歉："对不起！对不起！"看到女士这样紧张，听到她真诚的道歉，小伙子忍住疼痛，幽默地说："没关系，如果司机再刹车，您不再踩我的左脚就行了。"

小伙子的回答化解了尴尬的场面，也引来了满车的笑声。这件小事，也反映出了这位年轻人的宽厚。如果年轻人换一种方式去回答，结果可能完全不同。

在工作场合，大家要知道：没有完美的个人，只有完美的团队。在与同事交往的过程中，本着宽厚的原则，需要做到以下三个方面。

（1）要客观认识同事身上的不足。每个人成长的家庭环境不同，接受过的教育不同，我们不能用自己的标准去要求别人。宽容别人，也是宽容自己。

（2）如果面对的不是原则性问题，就要做到宽宏大量，不与同事计较。

（3）如果属于原则问题，也要讲究处理问题的方法。把好事做好，把坏事变成好事，如果做不到变成好事，至少不要让它变得更糟糕。

把握好与同事融洽相处的艺术，维系好与同事之间的关系，给予彼此尊重，并且保护好同事的隐私，遇到问题积极解决，这会让工作更加便捷和顺畅。

第二节　文明用语的使用技巧

在与同事的交流中，言语是最直接的方式，我们要做到以下三个方面。

一、文明用语是沟通基础

中国是文明古国、礼仪之邦，文明礼貌用语即简洁又十分有价值。

常用的文明礼貌用语有"您""您好""请""谢谢""对不起""再见"。

恰当使用文明用语，会给人以彬彬有礼、热情得体的好感。常用"您"而不用"你"，在工作场合不要直呼对方的名字，这都是职场上应有的做法，也是进一步沟通的基础。

林总与刘总约好下午三点见面。

林总如约而至，却未见到刘总。20分钟后，刘总边卷着衬衣袖子边跑到林总面前。

林总看着他埋怨道："我已经等你很久了。还有，长袖衬衫的袖子是不允许卷起来的。"

刘总听后马上打开卷起的袖子说道："对不起，林总，让您久等了，谢谢您对我的关心！我确实应该注意自己的形象。"

听到刘总的致歉及行动，林总笑着说道："我知道你十分忙，能理解。"

案例中刘总立即放下袖子并使用恰当的礼貌用语，及时跟林总道歉，并且感谢林总的关心，态度十分真诚，缓和了林总的情绪。

二、讲究技巧有助于表达

在不同的场合我们要使用不同的语言，例如，对他人有所求时，要说"请""麻烦您""劳驾"等等；对他人为我们提供了方便和帮助，要用"谢谢""给您添麻烦了"来表达；当我们给别人带来不便时，要用"对不起""请原谅""多多包涵"表达歉意；当他人向我们表示歉意时，要回以"没关系"；他人表示谢意时，我们可说"别客气"；对不能及时处理的事情，应向对方说明"请您稍候""麻烦您稍等一下"；在与他人道别时，则通常会说"再见""请慢走"等等。这些言语看似简单，说与不说、说得合适与不合适，对于职场人际关系所产生的效果截然不同。

三、文明用语的使用技巧

俗话说："良言一句三冬暖，恶语伤人六月寒。"职场中，正确使用文明用语的技巧有以下几个方面。

1. 文明用语十一字

包括"您""您好""请""谢谢""对不起""再见"。

"您""您好"：向别人表示敬意的称呼与问候之语。使用"您""您好"时，能快速使服务对象感到温暖、亲切。

"请"：表示对他人的敬意。通常在请求别人做某事时、表示对他人关切时、表示谦让时、要求对方不要做某事时、关心或安抚他人时、希望得到别人谅解时，都要"请"字当头。

"谢谢"：表示感谢的礼貌用语。别人给你做事和帮忙，无论对你的帮助是大是小，都应面带微笑，目光注视对方，自然地说"谢谢"。

"对不起"：表示歉意的礼貌用语。在对别人造成不便时、有过失行为时、需引起他人注意时或需要打断他人之间的谈话时等都应真诚地说出。

"再见"：人们在分别时说的告别语。说"再见"时应面带微笑，目视对方，并借助动作进一步表达依依不舍、希望重逢的意愿，如握手、鞠躬、摆手等。

2. 主动送上问候

与同事相遇时，主动向其问好或者打招呼。带有感情色彩的问候能在短短一句话中明显表露出你对他人的关怀和诚意，能拉近你与同事之间的距离。问候"三二一"原则：即距离三米时要有目光交流（图5-1），距离两米左右时要微笑注视对方，距离一米左右时要主动问好（图5-2）。

◎ 图5-1　　　　　　　　　　　　◎ 图5-2

3. 三思而后再言

为了避免口不择言、信口开河，在开口之前，应该认真考虑自己想说什么、应该如何正确表达。与同事谈话一定要思前顾后，因为几乎所有的谈话失误都源于未加思索或考虑不周。如果能够多花一些时间，想清楚并组织好语言再开口，我们就不会因说错话而引起他人的不悦。

4. 学会倾听

古希腊哲学家苏格拉底说过："上天赐人以两耳两目，但只有一口，欲使其多闻多见少言。"同事之间，要善于倾听，听出同事或者客户真正的意图，以便更准确了解对方的需要。

5. 禁用忌语

不文明的语言，比如粗话、脏话，是语言中的垃圾，必须坚决清除。

我们在职场中，应当养成使用文明用语的习惯，并掌握使用文明用语的技巧。学会在职场当中使用恰当的文明用语，才能在职场人际交往中与他人融洽相处，从而让我们的事业发展更加顺利。

第三节　与同事相处语言的适度原则

与同事交谈时，我们不能一语不发，也不能一味地喋喋不休、占据交谈的主导地位，而是应适时调整，让他人也有发言的机会，使双方或者多方都可以参与到交谈中来。这样做往往会使同事间的交谈气氛更加融洽。也就是说我们在与同事相处时，应该注意把握语言的适度原则。

一、什么是适度

适度，是职场交往中的一个重要原则。所谓适度，其实就是指我们在与他人交流的过程中把握分寸。"过"之有余，"失"则不足，适度就是恰到好处。

适度就是在与对方的交流过程中，使其感受到被尊重、被认可、被重视，更简单地说，适度就是让对方在与我们交谈的过程中感到舒服。

二、为什么要适度

我们在完成一项工作时，可能会得到同事的赞美："这项工作，在您的带领下完成得真好，要向您学习！"面对这样的赞美，我们表达感谢与谦虚是必要的，但要注意适度，否则将会适得其反。如不讲分寸地回答："谢谢！这点小任务没什么难的，对我来说是小菜一碟。"听到这样的回答，对方的心情会如何呢？他又会对我们产生什么样的看法呢？实际上这样的回答，并不能表达出自己的谦虚，反而表达出我们认为此事根本不值一提的傲慢，还在无形中贬低了同事对我们赞美的好意。

如果不能把握适度原则，就可能会使交谈的彼此之间产生误解，有碍于交往的正向发展。而一位懂得在工作、生活中说话留有余地，措辞讲究分寸的人，往往才是一位睿智的人。因此，我们在与同事的交往中，语言要注意适度，掌握分寸。

三、怎样做到适度

我们在面对不同的人、事及场合时，都要灵活运用我们的语言，做到心中有"数"，言语有"度"。要从以下几个方面做起。

1. 言语内容应适度

为了更好地营造和谐的工作氛围，我们与同事相处时，无论是寒暄问候还是进行话题讨论，在言语的内容上都应当注意适度。比如，同事休假回来，我们想要表达对同事的关心时，可以说："最近过得怎么样？假期还愉快吗？"而不能直接询问过于隐私的问题，比如："和谁去的？你报的哪个出境游，花了多少钱？"这种表达方式并不能表现出对同事的关心，却表现出我们的好奇心与探究欲，容易让同事感觉到个人隐私被窥探，从而产生不适之感。

在职场交往中，除非是关系非常亲近的老搭档，否则涉及他人隐私的一些言语内容最好都不要触及，比如，同事的经济收入、家庭情况、存款数目、夫妻感情、工作计划、身体情况，以及女性的年龄、体重等各类个人隐私。另外，大多数人都有一些自己不愿提及的烦恼或心事，因此我们在交流时也应当避免谈及这些话题，为同事留有一定的私人空间。

如果言语内容不讲究分寸，甚至"过界"，会让同事不快，产生反感，更有甚者会怀疑我们是否有不可告人的目的与企图，结果反而与我们希望和同事友好交流的本意背道而驰。其实，我们与同事交流时，在言语内容方面可以有很多种选择，表达的方式也不一而足，只要避免选择对方难以接受、容易引起对方反感的言语内容，注意言语内容的适度，就能创造出友好的交往氛围。

2.赞美时的表达应适度

我们无论是在赞美他人时，还是在接受赞美时，一般都处在一个愉悦的言语氛围中。但并非赞美就一定不会出错，因为赞美不是一味追捧，也不是夸大其词，只有适度表达，才能创造和保持愉悦的言语氛围。

赞美要从实际出发，要实事求是地给予对方赞美，唯有真诚才能体现出赞美的本质。谁都不屑于得到虚伪的赞美，况且大多数人在大多数情况下都可以分辨出赞美是否真诚，言过其实的赞美往往会适得其反，脱离实际的赞美会被认为在要小聪明，虚情假意的赞美则会弄巧成拙。

另外，当我们得到对方的赞美后，在答谢的同时，若能再辅以同等的赞美言语来回应对方，将会使双方都更加愉悦。

3.面对分歧时的语言应适度

"金无足赤，人无完人。"公司或企业不可能尽善尽美，工作中难免存在一些问题，同事之间的意见也难免产生分歧，面对这种情况我们往往会产生负面情绪，但此时也要注意言语的适度。这种情况下，适度的言语更是职业素养的一种体现。

遇到问题和困难不去解决，一味地抱怨和发牢骚，会被认为是一种无能的表现。如果其他人向我们传递此类负面信息，我们也应注意以适度的言语回复，既不能全然认同，也不可直接全盘否定，让对方感觉尴尬或不适。此时，用适度的表达方法可以说"我和他接触不是很多，不好评价"或是"您说到的这些方面我没有太多留意"。

《论语·先进》中有这样一段话："子贡问：'师与商也孰贤？'子曰：'师也过，商也不及。'曰：'然则师愈与？'子曰：'过犹不及。'"从"过犹不及"的成语可以清楚：事情做得过头，就跟做得不够一样，都是不合适的。如此看来，适度就是拿捏好尺度、分寸，既不能做得不够，又无须做得过头。在职场中，适度的语言可以使我们与同事相处融洽，也可以体现出我们作为职业人的基本素养。言谈中把握适度原则，既是我们尊重他人的表现，也是我们借此获得他人尊重的有效言语策略。由此可见，适度原则是职场言谈礼仪中的一项重要原则。

第四节　主动问候他人

在 IT 公司上班的小王，认为同事之间的相互问候是件小事，并认为："同事之间，凭什么我先问候对方呀？"所以在公司里，他从不主动问候同事。有时和领导或同事相遇，他会勉强地挤出点笑容，算是问候了。同事主动问候他时，他也是"淡然处之"，冷淡地点下头，算是回应。久而久之，他被贴上了"冷漠、孤傲、不合群"的标签，并且由于他的漠然回应，同事们也不愿意过多跟他交往了。越来越孤独的小王，也逐渐意识到在职场中问候他人的重要性。

一、主动问候是开启职场人际交往的金钥匙

在职场交往中，无论面对同事还是客户，主动问候是基本的礼仪规范。它不仅仅是一种礼貌，也体现出了友善的态度。我们通过主动问候的方式还可以联络感情，拉近同事间的关系。职场中，一句热情和善的问候，还可以提升自己的魅力，获得更多好人缘。

根据马斯洛的"需求理论"我们可以得知，人人都渴望获得尊重，而主动问候是职场中给人以尊重的良好表现形式，是开启职场人际交往的金钥匙。

二、主动问候的三个要点

有的职场人士会有这样一种心理，觉得主动问候别人就显得自己低人一等，或者担心自己的热情遭遇对方的冷淡从而出现尴尬。其实，我们完全不必有这样的顾虑，俗话说"礼多人不怪"，主动问候传达的信息就是：我眼中有你，我尊重你。至于对方是否同样热情地反馈，那是对方的事情，我们无须在意。

1. 问候时要语言到位、表情到位、动作到位

主动问候不仅仅是一声"您好"，还应配合恰当的面部表情及肢体动作。面对不同的职场交往对象，在不同的工作场景下，问候的方式也要灵

活调整。

比如，我们问候上级领导时不能过于随便。在问候的时候，可以欠身致意，目光注视对方并面带微笑向对方问好；在问候比较熟悉且关系好的同事时，我们往往是比较随意的，但是也一定要注意细节，比如，在问候时目光也同样要注视对方；在问候与自己不太熟悉的同事时，我们可以用点头致意或微笑致意的方式表达对对方的问候。点头致意的方法是：当自己的目光与对方的目光接触时，向对方点头、微笑，同时用"早上好！""您好！"等礼貌用语问候对方。

每天早晨，当我们来到公司上班，若在行走中遇到同事时，我们应放慢脚步，或者停下来向对方问好，比如，问候"早上好""早呀""您好"等，这是一种比较直接的问候方式。同时，我们还可以选择对方喜欢或者大家都比较感兴趣的话题进行问候。比如："早！这身衣服真漂亮！""今天天气不错"，这样做可以很好地拉近双方之间的距离。

◎ 图5-3

在乘坐电梯时，如果电梯里有很多人，而且大家都没有说话，此时的问候，选择点头、微笑就好。

在路遇同事，两人距离比较远的情况下，我们可以向对方挥手致意（图5-3），挥手的时候，要举起右手，左右摆动两至三次。同时要注意一定是掌心向着对方，不可以手背朝向对方。

2. 问候的顺序要符合规范

问候是有先后顺序的，通常情况下，下级先问候上级，男士先问候女士。如果同时遇到了领导和同事，我们要先问候领导再问候同事。如"刘总好！小李好！"或者是"刘总好！大家好！"也可以选择问候领导"刘总好！"然后点头向同事致意，要避免只问候领导而忽略同事的存在。

3. 问候时语调要上扬

在问候对方时，除了表情和肢体语言外，我们还应选择上扬的语调，这样做会使对方感受到我们的真诚、积极和热情，从而带来轻松愉快的情绪体验。

三、热情回应他人的问候

在他人问候我们时，应及时、积极地做出回应，这会让对方觉得受到了重视。切不可用敷衍的态度应对他人的问候，让他人的热情产生碰到寒冰的体验。这些看似不值得一提的小事，却能反映出我们是否有修养、懂礼貌。

如果在被问候时，我们正忙于工作，无法回应甚至不方便说话，也要简洁地以微笑、点头致意给予交流。为了准确表达我们与同事融洽相处的意愿，当他人问候我们时，一定要真诚回应并向对方致以同样的问候。

李明和周刚是同时进公司的年轻人，两个人工作能力都很强，在工作岗位上表现得非常出色。两年之后，李明升职为部门经理助理，而周刚却还是原来的小职员。实力相当的两个人，为什么会有如此大的差别？原来在公司的两年里，李明每次碰到领导和同事都会主动问好，而且热情大方，渐渐地同事们和他相处越来越融洽，因而最终收获了好人缘。反观周刚，每每见到领导或同事，不是匆匆擦身而过，就是低头不语，时间长了，同事们都觉得他不合群，难以打交道，自然也就很少有人愿意与他合作了。

主动问候在职场中非常重要，是我们和同事、客户处理好人际关系的一种简单且实用的方式。在职场中面对领导和同事时，如果我们能做到积极主动地问候，就容易得到领导的关注、同事的好评，从而增强自己在职场中的亲和力与信任度，获得更多的机会。

第五节　回避他人的短处

明朝开国皇帝朱元璋出身平民，他不仅没有任何政治背景，而且年少时家庭非常贫困，曾经为了填饱肚子偷过东西吃，他还经常被人欺负。生活的艰辛让朱元璋决定报名参军，凭借着自己的能力和智慧，他很快就在军中出人头地，还结交了很多后来辅佐自己的人，最后朱元璋更是推翻元朝，建立了大明王朝。

自朱元璋成为皇帝后，很多的同乡都来投奔他，其中有两个他儿时的玩伴，他们认为凭借小时候的交情，朱元璋再怎么也会给自己封个一官半职。其中一位一见到朱元璋就直呼他的名字朱重八，接着这个小伙伴对朱元璋说："你还记得我们一起放牛时同甘共苦的事吗？那时候你饿坏了，偷吃豆子结果差点噎死，没想到你也能当上皇帝呀……"这让朱元璋在众人面前非常没有面子，朱元璋非常气愤，立即下令把他拉出去斩首。

另一位则非常聪明，他非常尊重朱元璋，见到朱元璋后就高呼万岁，接着还夸赞朱元璋说，朱元璋小的时候就有帝王之相，是乱世中的英雄。还把朱元璋和唐宗宋祖放在一起比较，朱元璋听后非常开心，当即赏了他官职。

朱元璋的两个玩伴，一个被杀，一个却被封了官，结局是天壤之别。孔子曰："讷于言而敏于行。"说话要谨慎，因为祸从口出，说话不谨慎，容易伤害自己又伤害他人。中国古代有一种传说：龙的颈部有一块鳞片是倒着生长的，被称为"逆鳞"。如果谁碰到，龙就会杀死谁。日常工作中，所谓的"逆鳞"就是我们所说的"痛处"，我们常说"金无足赤，人无完人"，即便再伟大的人，也可能有他的缺点或短处。当众揭露他人的缺点或短处会让对方感到自尊心受挫，产生不愉快的情绪，甚至恼羞成怒。

《弟子规》有云："人有短，切莫揭。人有私，切莫说。道人善，即是善。认知之，愈思勉。"在日常工作中，无论是与同事的相处还是与合作伙伴的交往，我们都要回避他人的短处，站在对方的角度考虑问题，对于他人的短处我们要做到不看和不说，在不看不说的前提下，还要做到以下几点。

一、适时关心

比如，在职场中，与同事一起就餐时，如对方不小心将一个滑溜溜的丸子掉到桌子上了，此时我们应当假装没看到，而不是去询问、取笑，以免让对方更加尴尬。

二、不去打探

在职场交往中，无论是面对客户还是同事，应做到不去打探他人的隐私，更不要去评论他人的样貌、穿着、打扮等。

三、不要谈论

在职场交流中，不要当着同事的面谈论与对方的短处相关的话题，比如，在对方由于找不到合适的对象、年龄不小却还是单身的情况下，就不要在他面前谈论"剩男剩女"的问题。

四、不去涉及

当我们知道他人的短处，在言语交流中就不要涉及类似内容。俗话说："打人不打脸，骂人不揭短。"想要与他人友好相处，就要给对方留有余地，多体谅对方，给对方留有自尊。

五、多看长处

多看他人的长处，少看他人的短处。尺有所短，寸有所长，正所谓"三人行必有我师"，我们应该多发现并赞美别人的优点和长处。用一颗包容的心，放大他人的优点，忽略他人的缺点，这样既能让别人感到自身的价值，也能让自己从中受益。

每个人活在这世上，都有各自的难言之隐，也各有各的不足之处，我们每个人都是在不断的磨砺中渐渐成长。真正的教养是清楚他人的难处，并不动声色地化解。明白别人的担忧，并悄无声息地解围。有时候，我们多考虑一点，别人就会少为难一点；我们多体谅一点，别人就会少尴尬一点。职场上回避他人的短处，不伤害他人，是良好品德的表现。

第六节　将否定句巧妙变为肯定句

一、职场中恼人的否定句

阳光集团的人力资源部收到了研发部、销售部、后勤部等几个部门的投诉，大家投诉反映的都是同一件事情：财务部刚刚入职的出纳小张，在处理财务报销的工作中，态度蛮横，说话难听，很难沟通。甚至有些人直接提出小张不适合这个岗位，建议人事部门将她调走。

针对大家反映的问题，人力资源部的刘经理做了详细的调查。发现小张的工作能力是完全没有问题的，她把自己的工作处理得井井有条，而且认真负责。但是在工作中，小张是个急脾气，说话也比较直接。比如，当前来办理报销的同事提供的资料不够准确或不够完善时，她就经常会跟同事说"你理解得不对""你拿错了""你不应该这样""你的表格填错了"等语言，因此被同事们一致认为她态度不好。

在上述案例中，小张经常跟同事说的这些话语都属于否定式语言，当对方听到这些话的时候，就会感到被否定、被嘲笑，甚至有被训斥的感觉。因此，很多部门以态度不好为由投诉了小张。投诉的根源，就在于这些恼人的否定句。

二、将否定句巧妙转为肯定句

在职场工作中，我们要处理好与同事之间的关系，就要学会用积极的语言去与对方沟通。大家可以将否定式语言转为肯定式语言，以消除给对方带来的负面感觉。比如，将"你填错了表格"转换为"请您参考这里的要求填写"；再比如，将"你理解得不对"转换为"可能是我没讲清楚，我再说一遍"。可以发现，将否定式的句子转变为肯定式的句子，其实就是将正确做法是什么传递给对方，对方直接按照正确的做法做就可以，这种方法简单明了，避开了恼人的否定句，双方都受益。

将否定句转变为肯定句，通常有三大好处。

（1）肯定对方，让对方有被尊重的感觉，从而更好地解决问题。

（2）肯定的语言能让对方保持愉悦的心情。

（3）肯定的内容能快速让对方清楚正确的做法是什么，从而提高工作效率。

所有的否定式语言都可以巧妙地转变为肯定式语言，下面让我们做个练习，请将下面的否定式语言转变成肯定式语言。

你根本没搞清楚。（参考答案：这个事情是这样的……）

你走错方向了。（参考答案：您要去的地方在这边）

你这样放纸是不对的。（参考答案：您可以这样放纸）

你怎么坐在这里？（参考答案：大家都在那里落座了，我们一起过去吧）

任何人都不喜欢被否定，如果我们是公司的管理者，在听取员工的建议时，即使建议不是很恰当，也不要毫不留情地直接否决对方。因为员工向管理者提出想法是一种积极行为，如果管理者一口否决，很容易挫伤员工的积极性，也许下次就不会有人提建议了。

知识拓展

习得性无助

习得性无助是美国心理学家塞利格曼 1967 年在研究动物时提出的，他用狗作了一项经典实验，起初，他把狗关在笼子里，只要蜂音器一响，就给以难受的电击，狗关在笼子里是逃避不了电击的。

多次实验后，在蜂音器响起前，即使先把笼门打开，狗也不会趁机逃走，而是不等电击就先倒在地上开始呻吟和颤抖。

狗本来可以主动逃避，却绝望地等待痛苦的来临，这就是习得性无助。对人而言，是指在面临不可控的情境时，形成无论怎样努力也无法改变结果的不可控认知，继而导致放弃努力的一种心理状态。

在现实生活中，当我们跟他人进行交流的时候，如果对方第一次提出了自己的想法，被我们否定了；对方再次提出自己的想法，又被我们否定了。这样一次次提出想法，又一次次地被否定之后，最终的结果就是：对方提出想法的意愿被磨灭掉了，因为对方在没有真正提出想法的时候就已经习惯性地感受到了被否定的痛苦，为了避免这种痛苦就索性放弃了提议。因此，将否定式语言转化为肯定式语言，对于顺利沟通、维护良好的人际关系，都是非常重要的。

美好的语言能使人心情舒畅，感觉到生活的幸福和快乐。相反，否定和批评的话语，只能让人心灰意冷，丧失对未来的希望。海蓝博士说："每一个遇到的人，其实眼里和心里都写着：请看见我，请喜欢我，请关心我。当我们深切地知道这个规律时，就清楚如何与人沟通了。"当我们想要否定别人时，要记得先转化成肯定式语言，这个技巧并不难掌握，而我们一旦掌握，就会很容易成为一个在职场中受大家欢迎的人。

第七节　降低指令性语言的对抗性

　　当我们刚踏进办公室，同事说道："把门关上！"当我们正准备打扫办公室的卫生，同事说道："早就该搞卫生了。"当我们刚打印完文件，准备把厚厚的一叠纸装进公文包的时候，在身后等待的人就说道："快点儿收拾！"

　　工作中，当做事被别人要求或命令的时候，我们就会产生逆反心理，原本要积极去做的事，却一点热情都没有了。

　　我们可以将命令式的语言进行优化，比如，将"把门关上"转换为："麻烦您，请把门关上，好吗？"这样就能降低或者消除命令式语言的对抗性。如果将"把门关上"比喻成一片芝士的话，直接吃，一定不是美味。如果我们在上面加一片面包、下面再加一片面包，它就会变成非常可口的芝士三明治。所以，我们可以像制作三明治一样，通过添加附加语来降低命令性语言的对抗性。

　　比如，当我们要去向领导汇报工作却有同事来找我们时可以这样说："抱歉，你在这里等我一会儿好吗？"这里的"抱歉、好吗"就是三明治里的两块面包。

　　通过上面两个例子我们可以发现，在命令式语言前面附加了致歉式的语言，并在命令式语言后面再附加商量式用语，做成美味的三明治，会给对方带来比较温馨舒服的感觉，对方自然就愿意配合我们的建议和要求了。

　　当我们用优化后的言语和他人沟通的时候，会更容易让对方接受我们的意见。我们可以尝试通过言语的优化去改善与他人之间的关系。语言的影响，表面看来是如何讲话，实质上却是追求言语交流中怎样能够做到尊重他人和尊重自己。

　　知识拓展

罗密欧与朱丽叶效应

　　1972 年，心理学家对 91 对已婚夫妇与 49 对相恋 8 个月以上的恋人进行了研究，研究的一项重要内容是他们的相爱程度与父母干涉之间的关系。

研究表明，在一定范围内，父母干涉的程度越高，他们就爱得越深。在此研究结束后的 6～10 个月的时间里，研究人员又回访了这些被测试者，试图了解父母的干涉是不是改变了他们之间的关系与相爱的程度。发现调查结果与之前是相同的。

研究人员借用莎士比亚的悲剧《罗密欧与朱丽叶》的名字，将这种现象称为罗密欧与朱丽叶效应。在这部悲剧中，面对家庭成员的强烈反对，罗密欧和朱丽叶并未恐惧和放弃，反而爱得更深，直到双双殉情。

为何会出现罗密欧与朱丽叶效应呢？心理学家用认知失调论来解释：每个人都有自己的思想，都希望自己能独立自主，而不愿意受人控制。一旦他人替自己做了选择，并强加于自己，我们就会感觉自己的自主权受到了威胁，从而产生抗拒的心理，结果导致事情向着相反的方向发展。

通过本节内容的讲解，我们发现降低指令性语言的对抗性在我们与他人的沟通交流中是非常重要的，在职场工作中更是如此。如果希望同事、领导或是客户能够愉快地接受我们的建议，就一定要避免使用命令式的语言，并且学会优化的方法，从而降低指令性语言的对抗性。

第六章　与客户友好合作的谈话技巧

> 语言作为工具，对于我们之重要，正如骏马对于骑士的重要。最好的骏马适合于最好的骑士，最好的语言适合于最好的思想。
>
> ——但丁

第一节　走近客户的语言策略

走近客户，走入客户心中，在于我们和客户进行友好交流。在与客户交流时，言语是重要媒介，其中也蕴含了很多技巧。什么样的言语会赢得客户呢？让我们一起分享三种走近客户的言语策略。

一、记住客户姓名并主动称呼

王老师去北京参团旅游，在集合地见到领队和导游时，导游小刘一眼就认出了这是自己曾经的老师，并亲切地称呼她。

被毕业多年的学生认出并能够准确称呼，让王老师感到温暖甚至感动。旅程还未正式开启，王老师就已经欣喜不已了。其实，导游小刘不仅能叫出老师的姓氏及尊称，团队中任何一位游客的名字她都能第一时间准确给出，这是让所有游客没有想到的。

在我们被对方叫出名字的那一刻，心里都是温暖的、感到被重视的，甚至是惊喜的。于是大家刚刚开始接触便有了愉快的心情，加之导游小刘服务的专业和细致，所以在行程结束后，每一位游客都对这次旅游评价很高。导游小刘也因用心与每一位游客交往，努力记住每一位游客的名字而备受好评。

记住一个人的名字，并在与其相遇时称呼对方，是送给他人的最甜美、最重要的声音。所以，走近客户的第一个言语策略就是有意识地记住他人的姓名，并热情地称呼对方。

案例中的导游小刘做到了，所以她赢得了好评。当我们与客户见面时，如果能准确称呼对方，就可以营造出一种和谐融洽的交往氛围，而后续与客户的交流会更加顺畅。

二、寻找客户感兴趣的话题

与客户交往的过程中，如果能够寻找到客户感兴趣的话题，并与之愉快地开启交流，就能很快拉近与客户之间的距离，这是走进客户内心的好策略。当然，要快速寻找到客户感兴趣的话题。比如，客户喜欢绘画艺术，我们却对绘画不太精通，这将影响交往的质量。这就需要我们增强各个方面的学习及信息储备，并对诸多领域都有所涉猎，才可能使我们在与客户的交往中信手拈来，得心应手。

三、记住客户的喜好与习惯

想要深深走进客户的心中确实不是一件容易的事情，所以，仅是记住姓名和寻找客户感兴趣的话题还不够，能够记住客户的喜好和习惯，才是真正赢得客户的重要策略。

张总与客户在餐厅相约，在就餐过程中，张总给客户介绍最新的产品情况，最初客户并没有表现出兴趣。用餐结束后，张总看到客户用餐后不断地扫视桌面，之后又扭身看向其他餐桌。凭借与这位客户的多次交往，张总判断出他的需求之后直接示意服务员："麻烦您帮我拿一下牙签。"话一出口，张总立刻感受到客户向他投来惊喜的眼神。在之后的交流中，客户的话似乎多了起来，对新产品也产生了兴趣，最后决定选择少量产品试用。这一次新品推介，张总是成功的。成功的推介与张总记住了对方的餐后习惯有直接关系。

记住他人的喜好和习惯确实不容易，因为这不仅需要我们做好记录，更重要的是认真观察、用心判断。在与客户交流的过程中，我们需要关注他们的个人习惯。比如，客户喜欢喝茶还是咖啡，喜欢吃什么水果，客户到访时喜欢将空调温度调低一些，或是喜欢在靠窗的位置落座等等。所以，当我们适时地让客户感受到我们记住了他的喜好和习惯，并通过言语呈现给对方时，这样的言语便能打动客户，让客户感到被重视，从而敞开心扉，让我们能够走近他们。

走近客户的三个策略当中的第一个，记住客户姓名并主动称谓可以让客户感受到我们对他的关注；第二，寻找客户感兴趣的话题，容易使我们与客户交谈的氛围比较愉悦；第三，记住客户的喜好与习惯，往往会打动客户的心并以此达到走近客户的目的，从而获得客户信任。

第二节　拒绝客户的语言策略

在与客户的交流中，我们要努力满足客户的需求，但是，客户的各种需求有时会超出自己的权限，那么，对于超出我们的权限，甚至是违反工作原则的需求，我们就必须学会拒绝。

生硬地拒绝肯定会引起客户的不快，甚至失去这位客户，为了避免这种情况发生，讲究拒绝客户的方法就显得很重要。下面，让我们一起探寻拒绝客户的有效策略。

一、先肯定后否定

如果我们想约一位好友去看新上映的电影，他的回复是："不行，去不了。明天还有事呢。"听到这样的回复我们的心情会怎样？被生硬地拒绝，肯定会不开心。若是在拒绝客户时，我们也这样生硬，结果是一样的。所以，在拒绝他人时，要避免使用"不行""不可以""办不到"之类的否定言语。

卡耐基先生曾在《成功之道》一书中写道："当给一个人吃一颗药之前，要先给他吃一颗糖。这样做，对方对苦的感觉会降低。"

依照这种做法，在面对需要拒绝的客户时，我们要首先给予情感上的肯定。比如，当客户提出超出权限的需求时，若以"我很理解您的想法，其实，其他客户也有这样的想法，我一定会向上级转达您的建议"，这种通过肯定客户的表达，让客户感觉到我们不是和他站在对立面，将为之后的拒绝做好铺垫，并让客户更有可能理解和接受我们的拒绝。

二、说明原因，获得理解

同样是约一位好友去看电影，如果他的回复是"我也想和你一起去啊。只是后天公司有上级领导来检查，我明天要加班做准备工作。这可怎么办呢？"我们很可能会回答道："没事的，工作第一，我们下次再约吧！"这种做法会使我们欣然接受。

其实，拒绝对方一定是有原因的，所以，可以将原因讲述给对方听，这样会比生硬地回答"不行，不可以"容易使对方接受，从而获得对方理解。

在工作中，如果我们无法满足客户的需求，也可以借鉴上述策略给予拒绝。我们要注意两点，一是给出的原因一定是事实并具有说服力。比如，面对一位客户要求次日送货的需求，如果我们的回答是："不好意思，明天我要给其他客户送货，估计时间来不及。"尽管这是真实原因，但这样的拒绝容易给客户厚此薄彼的感觉，客户往往无法理解和谅解我们。面对上述需要拒绝的客户，我们还可以尝试另一种方法："感谢您对我们一如既往的支持，我也特别希望马上将产品送到您面前，非常抱歉的是，新产品的推出受到了很多老顾客的认可，公司正在积极安排人力满足大家的需求。我会马上帮您催一下，力争满足您的要求。"这样的交流，会因恰当的原因而使客户乐于接受。

需要注意的第二点是，在说明原因时要使用"只是"，而不用"但是"，因为"但是"表示转折，会使客户产生失望情绪；而"只是"的转折是较弱的，并透露出自己难以掌控，有为难之意，因此，不会对客户情绪造成较大干扰。

三、转移话题，回避矛盾

在拒绝客户的需求时，也可以通过转移话题的方式，智慧地避开矛盾，以此获得客户的理解。

2020年，在一场商务谈判中，甲、乙双方因产品的价格问题争论了起来。甲方代表说道："对于目前的价格，这已经是我方的底线了，希望贵公司能够理解并接受，否则我们无法进行合作。"乙方代表马上回答道："贵公司提出的其他要求，我们都尽量满足了，但价格确实超出了我们的预期。"听完乙方代表的回答，甲方代表摇摇头说道："看来，我们没有任何讨论的必要了。"说完，甲方代表开始整理手中的文件，准备离开。

这时，乙方中的一位代表站起身说道："大家都讨论了一个上午，想必肚子也饿了，我们附近有家酒楼，做的地方特色菜非常好，你们远道而来，尝尝我们的特色菜好吧，等吃完饭，我们再接着讨论。"甲方接受了乙方的邀请，双方代表暂时休会，一同前去用餐。

待用餐结束，双方重新回到谈判中。经商议最终达成了一致。

在这一案例中，乙方通过转移的策略，最终达成了共识。转移的策略，除转移场所外，还有转移话题等方法。

在职场交往中，我们可以借鉴案例中转移话题的拒绝策略。例如，当客户对我们提出了某个要求，我们又无法满足时，可以通过转移话题的方式来巧妙避开："抱歉，您还有其他需要帮助的吗？"通过这样的方式向客户传递自己的难处，以征得客户的理解。

四、提出建议，给予帮助

面对看电影的邀请，我们还可以这样拒绝："下周还有新电影上映，还是您喜欢的演员主演的。而且影城的会员有新片票价打五折的优惠。咱们下周再一起去好不好？"如果我们在被拒绝时，听到了这样的建议，还会有负面情绪吗？相信，我们会因为对方的诚意而欣然接受拒绝。

这一策略的要点就是提出建议，给予帮助。这是减低客户负面情绪、较快获得客户谅解的行之有效的拒绝策略。

面对拒绝，我们可以使用先肯定后否定；说明原因，得到客户理解；转移话题，回避矛盾的策略。还可以在表达拒绝时，提出建议，给予客户真诚帮助，让客户在被拒绝时心态是平和的，是感到被重视的。

第三节 说服客户的语言策略

在上一节中，我们谈到了拒绝客户的策略，这一节我们一起来分享怎样说服客户。

世界著名成功学家安东尼·罗宾曾说："销售没有成功，不是顾客有问题，而是我们的说服力有问题。"说服客户，是通过我们的言语使客户放弃自己的原有想法，进而接受我们的建议，最终达到说服客户的目的。

一、情感投入法

情感投入法的基础是不能与客户形成对立，而是通过认同对方观点的方式，使对方因被认同而产生比较愉悦的情绪，从而易于接受我们的建议。例如，与客户洽谈时，我们常会遇到价格问题，当客户认为产品价格较高时，我们不能直接否定地说"这个价格还高呀"或者"您不能只看价格"之类的语言，因为，这样的语言会让客户产生对抗情绪，进而导致不悦而无法进行交谈。

运用情感投入的方法，我们可以这样与客户交流："我理解您。大多数老客户在听到这个价格时，和您有一样的感受，也会觉得价格略高。只是他们在使用这一产品后发现性价比还是不错的。"

我们通过这样的言语，使客户保持良好的情绪，为之后的说服工作建立和谐的交往氛围，情感说服法容易使交流向着正向发展。因此，说服客户时，更重要的是要将对方的情绪管理好，这样才有可能使其接受我们的想法和意见。

二、事实说服法

"事实胜于雄辩。"摆事实是交往成功的关键，也是说服对方的良好方法。这种方法是通过阐述事实达到说服客户的目的。比如，我们在介绍自己的产品时，同时和其他类似产品做一比较，往往可以使客户接受我们的建议。

再比如，遇到与客户关于时间的对接问题时，假设客户希望会议在下周一进行，而我们计划在本周五进行，我们可以运用事实说服的方法来与客户沟通："王经理，我们特别期待与您早日见面。您计划的周一进行肯定有您的考虑，只是周一那天单位要迎接上级来检查工作，所以，想与您商量可否将咱们的会议调整至本周五进行？"

在交流中，我们表达了非常期待能与对方早点见面的意愿，又表达了自己已有重要安排这一事实。相信，这样的拒绝是容易使对方欣然接受的。

三、对比说服法

在说服对方时，我们还可以运用对比说服法。

对比说服法会达到使客户自己产生决策的结果，我们在上文中提到的价格的案例，运用对比说服法可以是："在市场中，同等价位的产品所涵盖的服务通常是这四项，而我们的产品所涵盖的服务是五项及一个附加项。您肯定也了解，其他同等产品比我们的价格要高呢。"

再比如，有时客户在A产品与B产品之间犹豫，不知如何选择，在这种情况下，我们也可以运用对比说服的方法。我们可将A、B产品通过一边对比信息、一边进行列表的方式进行对比，对比的内容可以涵盖价格、功能、相同之处、不同之处、主要优点、主要问题等等。这种对比可以帮助客户做出判断，这也是对比说服法的特点所在。

在说服他人时，一定要讲究技巧。情感投入法、事实说服法、对比说服法，这三种方法既可以单独使用，也可以综合运用，综合运用的效果会更好。无论我们采用哪种方法，都要站在客户的角度思考，选择善意的言语，使对方保持愉悦的情绪，方有可能接受我们的建议。相信通过我们的不断学习、思考和实践，说服客户的能力一定会得到提升。

第四节　夸赞客户的语言策略

一位厨师给顾客烧制的烤鸭从来只有一条鸭腿。顾客经常提出意见，领导也多次与这位厨师谈话，但总是无济于事，厨师总是理直气壮地讲："鸭子就是只有一条腿。"

一天，领导请这位厨师到养鸭场参观，想用事实说服法告诉厨师，鸭子有两条腿。到了养鸭场，还没等领导开口，厨师就指着那些单腿独立、惬意休息的鸭子说："你看！我没有说错吧，这些鸭子就是只有一条腿。"

领导听后，看着厨师笑了笑，举起双手用力鼓起掌来，只见那些受到掌声惊吓、单腿站立的鸭子们纷纷跑了起来。

领导很得意地说："你还有什么可说的？鸭子就是两条腿嘛。"

厨师似乎早有准备地反问道："领导，您没有鼓掌时，鸭子是几条腿？"

听到厨师的话，领导突然明白了，厨师的意思是：自己每天工作很辛苦，希望得到领导的赞扬和掌声（图6-1）。

◎ 图6-1

美国哲学家约翰·杜威曾说道："人类天性中最深切的动力是'做个重要人物的欲望'。"如何使每个人的这种内在动力被激活，并使他变为持续不断的自驱力呢？答案是：想要使一个人发挥最大潜能，最好的方法就是给予赞扬和鼓励。任何人都希望自己是不平凡的，都希望自己是优秀的，而且是能够引起他人重视的。美国幽默大师、小说家、作家马克·吐温说："一句好听的赞辞，能使我不吃不喝活上三个月。"

与客户交往的过程也不例外，友好合作，夸赞客户将是我们必须掌握的言语策略。夸赞的语言能够使客户感到自己是受欢迎、受尊重的，也会使客户感到自己的价值得到了认可。这样做会让客户愿意坚定不移地与我们继续交往下去。

一、夸赞要实事求是

夸赞要做到实事求是。只有尊重事实、恰如其分地夸赞才会使客户获得愉悦感。

在与客户的交往中，我们通常可以从客户的外在形象、内在特点、做事风格、办公室陈设，企业经营理念、办公室装修布局等多个方面进行，并给予符合客观事实的夸赞。

陈经理宴请刘经理。

在就餐过程中，刘经理夸赞道："您今天点的菜真是不错，味道很好，关键是您挑选的菜品搭配得特别好，让人有食欲，荤素搭配很合适，营养全面，我觉得您平时也一定是个细致、讲究生活质量的人。"

听到他的肯定，陈经理笑得很开心。

二、夸赞要因人而异

每个人的价值取向不同，因此夸赞对方时，如果能在对方的价值取向上发现其优点并给予赞扬，做到因人而异，便会产生非常好的效果。

比如，面对一位中年女性客户，对于她的夸赞可以是知性有气质、很有品位、公司管理有方、家庭事业美满、孩子很优秀等等。但在这些内容中，一定有对方最重视的内容，比如，若她是一位职场中很能干的女士，我们需要夸赞她公司管理有方；若她是一位学者型女士，就要重点夸赞她的知性、有气质。这样做会产生最大化的效果。

小王刚调至一家新公司，尽管比较陌生，但让她高兴的是，刚到公司就得到快言快语的同事小白的热情欢迎："你真能干，我非常喜欢你，看来我们俩很有缘分。"

听到这些，小王感觉心里热乎乎的，从此，她将小白当作自己的知己。

随着时间的推移，小王发现了问题。小白经常将类似的话说给别人，这使小王对小白的话产生了质疑：她真的喜欢我吗？她真的觉得我能干吗？在她眼里人人都能干啊？

夸赞不能千篇一律，更不能不负责任地信口开河，因人而异的夸赞才会使夸赞的效果达到最佳。

三、夸赞要讲究时效

讲究实效也是效果很好的夸赞策略。当我们发现对方身上的优点时，应立刻传递给对方。若隔了许多天才进行表达，其效果肯定会打折扣。

工作节奏快是银行工作的特点之一。这样的工作状态下，既不影响工作节奏，又能恰当地夸赞客户的好方法有什么呢？

　　曾有位对公柜面人员讲到自己的一次经历：一位企业的会计来柜面办理业务，她出示的材料齐全且印鉴也非常清晰。所以，我就跟她说"您真细心"，对方听后笑着说"谢谢你，应该的"。

　　结果，在此后的多次交往中，这位会计从未出现过丢三落四的情况。

　　日本"推销之神"原一平说："推销的秘诀在于研究人性，研究人性的关键在于了解人的需要，我发现对赞美的渴望是每个人最持久、最深层的需要。"在职场交往中，恰当地夸赞客户会增强彼此间和谐、温暖与美好的感情，同时还会提升我们的业绩，因此，让我们的夸赞多一些，并且实事求是、因人而异、适时地给出夸赞吧！

PART 3

第三辑
收获职场价值的交往礼仪

第七章　办公室中的职场交往

在激烈竞争的职场中取得事业的成功，若单打独斗注定会失败。现代社会中，每一个成功者，都离不开周围人的帮助。领导以他的经验和智慧帮助我们少走弯路，同事以他的共享精神与我们一起成长，客户因为我们的诚信给我们带来更多的订单。让我们以礼相待，以诚信取得共赢。让我们学习常见的职场交往礼仪，成功的路途将不再遥远。

第一节　新老职员的相处

无论是在国家机关、事业单位、国有企业或是私人企业（以下简称"集体"）的发展过程中，避免不了新老职员的交替。为了让新职员能尽快熟悉岗位职责，提高工作效率，用人单位除了会组织新入职员工岗前培训外，大多数还会用以老带新的方式开展工作。这样，新职员就成了老职员的徒弟，新老职员的相处也成为职场的重要内容。

作为老职员，在带新职员的过程中，要注意三个方面。

一、要重视对新职员人品的培养

职场的用人标准是德才兼备。职场用人的通识是有德有才者破格重用，有德无才者培养使用，有才无德者限制录用，无德无才者坚决不用。因此，在以老带新的过程中，新职员人品的培养是基础。关于人品的培养，职业道德十分重要，礼仪修养也很重要，老职员要教新职员学会以下三点：首先，要懂得尊重，尊重是礼仪的基本原则；其次，有效沟通（可参考本书相应章节的内容）；最后，要学会管理自己的情绪，提高自己的情绪商数。

二、要真诚带领新职员系统地学习业务知识

在以老带新的过程中，很关键的一个环节是老职员要带领新职员系统地学习与岗位职责相关的业务知识，做到融会贯通。老职员要具备大局意识，要深刻认识到新职员上手快、工作效率高，单位的发展才会更稳更快，自身的能力也可以得到更好的提升；要真诚对待新职员，可以将自己的经验和比较成熟的思想等毫无保留地与新职员交流，因为真诚待人也是礼仪文化的原则之一，而且教比学更有益于提高专业知识及绩效。但在现实的职场中，还会有少数老职员存在"教会徒弟饿死师傅"等危机感，怕新职员熟悉业务后会伤害到自己的利益，因而会冷落、刁难新职员，仅安排他们做一些端茶倒水、复印拿快递等与业务关系不大的琐碎工作。其实，老职员不必担心新职员会抢走自己的饭碗，因为我们已经走进大数据、互联网＋的新时代，无论有没有新职员，作为老职员都要努力学习新知识，经常更新自己的观念，与时俱进，不断精进，这样才能永远都不会落伍。

三、掌握科学合理的培养方式

"授人以鱼不如授人以渔。"在带新职员的过程中，老职员要掌握科学的培养方式，尊重和挖掘年轻人的能力，这样做可以避免手把手帮带对年轻人能力发挥的限制。比如，老职员将自己之前做过的业务简单介绍给新职员，让新职员对岗位职责有进一步的了解，然后，鼓励新职员把这份职业当成自己的事业来热爱。兴趣是最好的老师，只要找到了工作的乐趣，就会慢慢爱上它，有了热爱就会有源源不断的工作动力。最后，要交代一些简单的工作给新员工进行尝试，使他们逐渐由浅入深接手相关业务。我们还可以教新职员养成做工作记录的好习惯。

在带新职员的过程中，老职员还要掌握合理的培养方法。在带新职员的过程中，要选择新职员能够接受的方法，多点尊重、耐心和包容，少一点指责。新职员一般有两种：第一种是刚走出校门、进入岗位的年轻人，第二种是因工作调动从其他单位调入的职员。第一种新职员，一般是年轻

人，这类年轻人有个性、有想法，也比较敏感，抗挫折能力偏弱，我们要多关注他们的身心健康，适时给予问候关怀，在给他们指出问题时，要先肯定其做得好的地方。在安排工作时，可以用这样的语言："我讲明白了吗？"而不是"你听清楚了吗？"当面对有一定工作经验的第二种新职员时，老职员的建议可以用这样的语言提出："你可以试着先做一下。""你看这样行不行？"

知识拓展

要学会尊重，就要懂得换位思考，可以借助 NLP（身心语言程序学）的预设前提来帮助我们。

NLP 有一条预设前提：每个行为背后都有一个正面的动机。

也就是说，每一个人做任何事情最终都是为了满足自己的一些深层需要。每一个人的行为，对他的潜意识来说，都是当时环境里最符合自己利益的做法。因此，每个行为的背后，都必定有正面的动机，动机不会错，只是有的时候行为不能达到效果（满足背后正面动机的效果）。只要接受一个人的动机，他便会觉得我们接受了他这个人，而只有了解和接受一个人的正面动机，才更容易引导一个人改变他的行为。动机往往都处于潜意识的层面，不容易被发现。找出行为背后的动机，最简单的方法就是问该行为期待得到什么价值。

萨提亚女士说过："所有行为都有目的，我们要区分行为的意图和结果。"

智慧的我们应该具有一双慧眼，能够看到新老职员行为背后的正面意向。

四、新职员快速融入的三个要点

1. 学会尊重是和谐相处的基础

尊重，是礼仪的基本原则，是我们实践职场礼仪的指导性原则，也是新老职员和谐相处的基础。作为新职员，我们也是老职员的徒弟，要有"一日为师终身为父"的意识，要发自内心地尊重带领自己的老职员。通常，新员工入职后，出现关系不融洽的原因并非重大问题，也许就是新职员无意中的一句话、一个小动作、一些细节伤害了老职员。因此，与老职员和谐相处，新职员要首先学会尊重。要尊重老职员的需求、人格、价值等。学会了尊重，就更容易创造融洽和谐的办公环境，激发彼此对工作的热情。当新职员能够怀着尊重他人的念头面对老职员时，就会发现无论是提出的建议，还是完成的工作，获得认可和支持的可能性都会大大增加。

2. 提高执行力是和谐相处的关键

所谓"师傅领进门，修行靠个人"，其中一个方面是作为新职员，我们要提高执行力，执行力是新老职员相处的关键。执行力强，团队工作效率高，领导满意了，老职员自然会感到欣慰并多送经传宝。比如，在接到上级领导或老职员合理的工作安排时，我们第一个想法应该是"服从安排"，而不是去想可能会遇到困难从而直接拒绝或者推脱，如果觉得执行时会遇到困难，可以在认真解读工作任务后向老职员请教。执行力不能简单等同于行动力，遇到看似简单的工作任务，我们也不要盲目地急于行动，"磨刀不误砍柴工"，我们首先要在明确目标和任务、制定实施方案后再开始行动。在执行工作任务的过程中要养成思考的好习惯，对于疑点和难点，要及时请教，工作结束时还要及时分析总结，凝练成果。切忌在思路不清晰的情况下埋头苦干，那样做只会事倍功半，浪费时间和精力。

3. 增强责任心是和谐相处的必修课

多数人都有责任心，但每个人责任心的强弱不同。责任心强的人会将职业当成自己的事业来经营，其收获也是最大的。对于新职员来说，增强责任心是个人发展的必须。让我们一起来看下面的案例。

小黄入职了一家自己心仪的文化传播公司并承担文案策划工作。一天，公司老总安排小黄所在的小组完成一个会展策划，带小黄的陈师傅是一位有18年工作经验的老职员，他安排徒弟小黄试着写一份策划书。小黄根据前些天查阅的学习资料，第二天上午就完成了策划书的初稿，并通过邮件提交给陈师傅审核，陈师傅由于手上还有其他工作，没能及时查看邮件。小黄提交初稿后，也没有因此让自己闲下来，而是继续思考会展策划，并再次查阅相关资料，根据最新思考修改策划书，于下午更新了第二稿。小黄觉得自己的策划书更完善了，于是便与陈师傅沟通，把第二稿发给了陈师傅，并告知陈师傅直接审核第二稿。陈师傅被小黄的努力用功感动了，即刻审核了小黄的策划书，并提出了修改建议。小黄根据陈师傅的建议完成了策划书，并最终被客户采用。

从这个案例中，我们可以看到，小黄的成功，是因为她有很强的责任心。显而易见，陈师傅对小黄是很满意的，公司老总对陈师傅和小黄所在的小组也很满意，因为他们做出了业绩，对公司有贡献。

总之，在新老职员的相处中，我们要把握好尊重、真诚、平等、认同、宽厚、适度等具有普遍性和指导性的原则，在职场中弘扬爱岗敬业的正能量。当我们做到这些的时候，老职员会因听到其他领导和同事对徒弟的褒奖而感到骄傲并收获成就感，新职员也会因为收获良师益友而快乐成长。

第二节　同事之间的合作共赢

事业发展离不开同事之间的合作，没有合作的单打独斗会寸步难行，唯有合作才能共赢。那么，怎样才能合作共赢呢？首先，每个职员都要有团队意识。团队意识可以分为五个层次：理解他人、配合他人、支持他人、帮助他人、赞赏他人。下面，我们通过这五个方面来了解如何更好地与同事合作。

一、学会理解他人有助于实现合作共赢

理解他人，就要求我们要有同理心，设身处地去感受和体谅别人，这是实现有效沟通的关键，也是合作共赢的基础。人与人不可能完全一样，因此，同事之间要多一些理解和包容，求同存异。

理解同事，我们可以从以下三个方面做起：第一，关注同事面临的问题和困难；第二，对同事面临的问题和困难表示理解；第三，给同事提出合理的建议，帮助其解决问题和克服困难。

知识拓展

要学会理解他人，就要认识到每一个人都是独立的个体，可以借助NLP的预设前提来帮助我们理解他人。

NLP有一条预设前提：没有两个人是一样的。

也就是说，不存在两个人的人生经验完全一样，也不存在两个人对同

一件事的看法绝对一致，也不存在两个人的态度和行为模式完全一样。人与人之间的不同，才让这个世界奇妙可贵。所以，自己与别人的看法不同，也是正常的事，我们要尊重和理解别人的不同之处，别人才会尊重我们独特的地方。给别人空间也就是尊重别人的信念和价值观，从而产生良好的沟通关系并实现合作共赢。

二、积极配合他人有助于建立良好关系

同一个单位，以及同一个部门的同事之间，建立良好的工作关系，相互配合，是非常重要的。

在部门领导给下属布置一些机动性工作（非常规性工作）时，可以事先做些调研，广泛征求意见，尊重下属提出的建议和意见，综合考量后再作安排，这样可以促进有效沟通，提高下属对工作的配合度，从而提升工作效率。

与平级同事共同工作时，我们应主动承担自己应尽的责任，要与同事谦逊相处、互相配合、同舟共济，共同为团队建设出力。涉及利益问题时，不要与同事争抢。无私奉献的人，人际关系通常都很好，别人也乐于帮助他；自私自利的人在团队中最易受到排斥。

当今职场，对于团队合作一直倡导"搭接"的理念。"搭接"的含义是同事与同事之间、部门与部门之间的工作没有严格的界限，存在着需要共同完成的工作内容。人们必须选择将自己的手与他人的手握在一起，这就是"搭接"的工作方式。积极配合他人要建立在"搭接"的理念之上。

三、真诚支持他人有助于提升人格魅力

职场中，如何提高我们的人格魅力？如何保持良好的人际关系？如何生活在良好的人际氛围中？这是我们经常要思考的问题。

在人际交往中，喜欢与厌恶是相互的。我们会发现，那些喜欢我们的人，往往也是我们喜欢的人；那些支持我们的人，往往也是我们支持的人。在工作与生活中，我们都有一个共同的想法，就是希望同事承认自己的价值、支持自己、接纳自己、喜欢自己。这需要我们对同事有尊重之情，言行举止体现出友好的态度。

所以，真诚地支持同事，不但是具有团队意识的表现，也是得到同事支持的方法，更是团队合作共赢的关键。

四、热情帮助他人是一种智慧与格局

助人为乐是中华传统美德，热情帮助他人是培养团队意识中比较高的一个层次，也是我们同事之间合作共赢的重要内容。在同事需要时，热情相助表达的是友好的态度，而帮助同事要讲究方法，这也是一种智慧。

下面，我们来分享一则小故事。

一位自认为很有文采的男子来到一个寺院，高声对小和尚喊道："把你们最有文采的和尚叫来，我要和他比一比。"

小和尚一边答应着，一边为他让座、上茶。

茶杯很小，茶水溢了出来，洒在了男子的身上。男子喊道："你怎么用这么小的杯子呀，把我的衣服弄湿了。"

小和尚换了一个稍大些的杯子，但是，茶水还是溢了出来。男子又斥责道："你不能换个大的杯子呀！"

当小和尚再次换杯子，再次倒茶水时，男子突然脸红了起来……

在这则故事中，小和尚在帮助、教育这名男子时，选择了智慧、含蓄的方法。他从头至尾没有一句说教，而是选择了"通过茶水之所以容易溢出，是因为茶杯太小"这一现象来暗示对方，做人做事要虚怀若谷。

热情帮助同事，我们要使用对方易于接受的方法，还要有"不求回报地帮助他人"的格局，这样，我们不但能体验到帮助他人后的快乐，还会以此达到合作共赢的结果。

五、用心赞赏他人有助于促进合作共赢

我们经常说："赠人玫瑰，手有余香。"赞赏在职场交往中能够改善人际关系、促进团结合作。团队成员间的相互赞赏，有利于增强信心、融洽关系，可以更好地为成员带来归属感，提高团队的凝聚力，使团队得到持久、良性、长足的发展。

相信每一个人都曾得到过他人的赞赏，也曾赞赏过他人。但是，我们会发现，有些赞赏并不能打动他人，无法产生积极效果。因此，学会赞赏他人，我们还需要掌握以下三个方面的基本要领和技巧。

第一，赞赏他人要实事求是，不要偏离事实，不浮夸、不吹捧；第二，赞赏他人，应该是真诚的、发自内心的欣赏和喜欢，这样才有可能发现对方的价值；第三，赞赏他人要因人而异，说出对方心里想听到的内容，势必会收到好的效果。

一个人也许没有能力把事情做到最好，但一个团队就能够做到，这就是团队合作共赢的力量。团队成员学会理解、积极配合、真诚支持、热情帮助他人、用心赞赏，就会因合作而共赢。

第三节　尊重同事的隐私

尊重他人的人格尊严和个人隐私，是建设文明社会的重要前提，也是建设社会主义法治国家的基础。伟大的思想家、教育家孔子曾经提出"非礼勿视、非礼勿听、非礼勿言、非礼勿动"，这是关于伦理道德方面的"礼"的提醒，也说明早在古代社会人们就懂得尊重他人隐私。作为一名新时代的职场人，尊重同事的隐私是我们应当遵守的基本礼仪。

尊重同事的隐私，我们要注意以下三个方面。

一、培养尊重他人隐私的意识

首先，我们要了解什么是隐私。隐私包括三方面内容：私人生活秘密、私生活空间以及私生活的状态等。具体内容包括：年龄、职业、学历、联系方式、婚姻状况、收入和财产状况、宗教信仰、指纹、血型、病史等等。

当然，隐私的内容会因为场合、对象的不同，其范畴也会不同。比如，在陌生的场合，姓名、职业等信息是隐私，但是，在校园中，这些就不是隐私；在好朋友之间，婚姻状况对于不同的朋友来说可能是隐私，也可能不是隐私。

其次，要认识到隐私意识是自尊、敬人的一种表现。每个人都有隐私，或许是一件事，或许是一个信息，尊重他人的隐私是我们的责任，我们只有尊重别人的隐私才能保护自己的隐私。我们在关心他人安全的同时，也在为自己创造安全的空间。隐私意识的不断加强是一种进步的表现，尊重他人隐私的人不但使自己拥有了个人空间，还会带来人际吸引力。

最后，我们还要提高依法保护他人隐私权的法律意识。当我们无意中听到或看到他人的隐私时，应当为他人保守秘密。未经本人允许，不得传播他人的隐私。否则，将会侵犯他人的隐私权。

二、学会正确尊重他人隐私

小刘是一家科技公司的行政秘书。一次，她陪总经理出差，去参加一个重要的商业谈判，他们提前到达酒店并办理了入住手续。

一家想建立合作关系的 A 公司想方设法打听到他们住的酒店并且找到了小刘，并向小刘打听总经理所住房间，小刘出于职业习惯没有告诉对方总经理的住处，但最后还是禁不住 A 公司的软磨硬泡，将总经理入住的商务套房的房间号告诉了对方。

A 公司带了许多礼品，准备送给总经理。当时总经理正好在会客厅和 B 公司谈合作，B 公司因此产生了误会，认为总经理品行不端，最终导致总经理与 B 公司的商业谈判失败。

当总经理知道事情的真相后，在公司内部对小刘进行了通报批评。

通过上面的案例我们可以看出：在职场，我们要学会保护所在单位的相关机密，尊重同事的隐私。比如，没有经过允许，不得泄露领导和同事差旅行程等隐私信息，否则将有可能带来严重后果。

当然，我们也不能因他人隐私而失去建立关系的机会，那么，应该怎样做呢？当我们需要与对方建立关系时，可以尝试着这样做。

（1）委婉询问。比如，询问对方"我用什么方法与您联系比较方便呢？"但是，要做好接受对方拒绝的心理准备。此时，如果对方搪塞我们，就不必再继续追问。

（2）通过第三方的协助。比如，如果希望与其他单位的相关人士建立关系，我们可以通过在这一单位工作的好朋友来完成这种心愿。

（3）发送短信或邮件也是比较稳妥的获得他人信息与他人建立联系的做法。

有一天，台湾作家刘墉走在路上，看见对面一人急匆匆地跑过来对他说："刘墉！我刚听说了一件很搞笑的事情，迫不及待地想告诉你啊……"

刘墉淡淡一笑，说："第一，请问这事是你亲眼所见吗？"对方回答：

"不是。"

刘墉又问："第二，是好事还是坏事呢？"对方一脸坏笑，说："不是好事。"

刘墉再问："第三，这事与你我有关吗？"对方疑惑："啊！怎么了？"

最后，刘墉反问："那你觉得既然与你我都没有关系，又不是你亲眼所见的坏事，我干嘛要知道呢？"

从上面的故事我们可以看到，刘墉通过自己的智慧阻止了对方对他人隐私的传播。我们要向刘墉学习，尊重和保护他人的隐私。

在职场交往中，要具有尊重他人隐私的意识。只有懂得尊重同事及他人的隐私，才可能获得他人的尊重，并在职场中成为一个受欢迎的人。

第四节　用他人喜欢的方式相处

世界各国公认中国人是热情、友好的。尤其在 2008 年北京奥运会期间，中国的志愿者们给各国官员及运动员留下了良好印象，这源于我们的志愿者在与各国官员、政要以及运动员的相处中，使用了他人喜欢的方式，表达了中国人的热情与友好，因此获得了多方的赞誉。

那么，如何用他人喜欢的方式与之相处呢？我们要从以下三个方面做起。

一、适度的热情能给他人带来愉悦

适度的热情能给他人带来愉悦的感受，站在他人的角度，用他人喜欢的方式相处才能得到好的结果。

在一次聚餐中，一位好心的同事 A 张罗着为身旁的同事 B 布菜。在聚餐结束时，同事 A 发现对方碟子中的肉菜还有很多，最后他才知道，这位同事 B 虽然是汉族，但他母亲是回族，所以他从小就跟着母亲不吃猪肉……

通过上面这个小故事，我们发现：过度的热情，尤其是在不了解对方具体情况时的过度热情，可能会让他人处于尴尬的境地。因此，职场中，为了与他人更加和谐、友好地相处，就需要我们保持适度的热情才好。

二、重视沟通中对方的回应

在职场与他人交往的过程中，同样的话语，若用不同的方式说出来，将会达到不同的效果。所以，我们要从对方的习惯和需求出发，以对方喜欢的方式进行交流。

小红走进一家餐馆，点了一份汤，服务员马上将汤端了上来。服务员刚走开，小红就嚷嚷道："对不起，这汤我没法喝。"于是服务员急急忙忙又重新给她上了一份汤，小红还是说："对不起，这汤我也没法喝。"一脸无奈的服务员只好叫来了经理。

经理毕恭毕敬地朝小红点点头，说道："女士，您好！这道汤是本店的特色，深受新老顾客青睐，难道您不喜欢？"小红说道："我是说，没有汤匙，我没法喝呀！"

从上面的故事中我们可以看到：在与客人小红的沟通过程中，服务员的做法虽说是比较诚恳的，但她没有真正注意到对方的回应，也没有进一步了解对方的需求，所以他们之间的沟通就会出现问题。我们在职场中与人沟通时，如果不重视倾听与观察、分析、理解对方的回应，沟通就会成为无意义的沟通。

三、用同理心体验对方的感受

美国心理学家罗杰斯针对人与人之间的交流质量提出了同理心的概念。同理心是指设身处地体验他人的处境，对他人的情绪和心境保持敏感和理解。在与他人交流的过程中，体验到对方的内心世界和感受，并能对对方的感情做出恰当的反应。

在工作中，我们会发现这样的情形：对方做错了事情，却不以为然。我们试图帮助对方，却总也达不到目的。那么，此时我们该怎么办呢？

首先，我们不要埋怨对方，而是告诫自己：也许是自己的判断出了问题，也许是我们没有找到问题的原因。积极地找到原因，找到对方能够接受的解决方法，才是我们要做的。

设身处地为他人着想，了解他人的态度和观点是合作成功的关键，更是我们与对方进行和谐融洽交流的基础。在和他人相处的过程中，我们不能仅从自己的意愿和角度出发，更不能将自己的意愿强加于人，这是我们必须遵守的交往原则，也是我们使用他人喜欢的方式与之相处的重要前提。

职场交往中，只要我们学会使用同理心去体验对方的感受，从对方的回应与角度找到有效沟通的方式，用适度的热情与他人相处，这样的交往不仅是对方喜欢的，更能给对方留下良好的印象。因此，努力寻找并使用他人喜欢的方式与他人相处，就能使自己成为职场中受欢迎的人。

第五节　关心同事的喜怒哀乐

一天只有 24 个小时，除去睡眠时间（7～8 小时）、上班路上花费的时间（1～2 小时），我们每天与同事相处的时间要比和家人相处的时间更长。因此，维护好同事间的人际关系非常重要。在职场，想要维护好同事间的关系，就要求我们学会关心同事的喜怒哀乐。对同事的"喜"，要表示祝贺；对同事的"怒"，要表示理解；对同事的"哀"，要表示感同身受；对同事的"乐"，要让自己也乐在其中。这就是关心。

关心同事的喜怒哀乐，我们要做到以下三个方面。

一、学会觉察同事的喜怒哀乐

每个人喜怒哀乐的表现形式并不一样。比如，有的人遇到开心的事情会唱歌，有的人却是在伤心难过时才唱歌；心情不好的时候有的人选择吃甜食，也有的人选择独处……因此，在工作之余，我们要通过倾听与观察，学会觉察身边同事的行为方式，并通过对方的行为觉察他们的喜怒哀乐。

单纯觉察同事的喜怒哀乐是不够的，还要在尊重他人隐私的前提下，给予同事适当的关心和帮助。

有一天，某公司信息中心的李主管遇到后勤处的王蕾，他觉察到一向开朗乐观的王蕾闷闷不乐，好像有什么烦心事。李主管便热心地询问她。

面对真诚关心她的李主管，王蕾说出了真相，原来王蕾的儿子刚考上大学，学的是软件专业，因为专业课程学习的需要，老师推荐学生购买的笔记本电脑配置较高，买一台新的专业电脑要超过万元。同专业的同学都买了电脑，而王蕾因家庭经济困难、负担重，一直没给儿子买笔记本电脑，影响到儿子的学习。李主管了解到王蕾能承受的电脑价位是 6000 元以内后，陪着王蕾的儿子到电脑城帮他配置了一台符合学校要求的二手笔记本电脑。为了确保电脑的稳定性，李主管还将电脑进行了 72 小时以上的测试。

在之后的工作中，王蕾越发积极地全身心投入工作中，把信息中心的后勤工作完成得井井有条。

通过上述案例，我们发现关心同事其实就是关心工作。关心同事的喜怒哀乐，让我们从学会觉察做起。

二、感受和理解同事的想法

面对同事，随着年龄和人生阅历的不同，不同的人会有不同的想法。比如，遇到问题时，有些人可能会考虑让领导、同事、环境适应自己；当遇到不顺心的事情时，有些人可能不会考虑是自己出了问题，而是推卸责任，觉得问题都是别人的。甚至有些比较固执的人在遇到工作瓶颈时，会选择逃避——用换个工作单位等消极方式来处理问题。

事实上，在职场中没有大局意识和自私的人到哪里都不会受欢迎。而那些能够感受和理解领导及同事想法的人，不但豁达，也因善解人意，比较容易得到进步。随着新时代的发展，人们的思想也在进步，越来越多的人意识到要热爱自己的工作，要把工作当成自己的事业，要学会适应领导、同事和环境，感受和理解领导及同事的想法，关心同事的喜怒哀乐，做一个灵活又温暖的人。

三、对同事无微不至的关心

真诚是礼仪的基本原则，关心同事的喜怒哀乐，要本着真诚的原则，给予同事无微不至的关心。

孩子给了我重生的力量

有位女老师被诊断为肝癌，医生说，她可能从此要告别讲台。这对于身体一直健康，从没有请过一天病假的老师来说，犹如晴天霹雳。通过前后思量，她决定利用寒假的时间住院手术。手术后，她坚持进行康复治疗，并重新回到了课堂。

因为做了术后化疗，她的头发掉光了，担心吓到学生，她上课的时候就戴了一顶假发。遇到天气热的时候，假发不透气，有时候，汗就顺着脸颊滴下来。这样过了没多久，班里就出现了一个又一个光头男孩。

这些孩子，他们并没有直接去告诉老师不要戴假发了，而是选择了自己也剃光头的方式去陪伴老师。孩子们暖心的举动不仅温暖了他们的老师，也温暖了无数人的心。

心理学家荣格有这样一个公式：我＋我们＝完整的我。任何人都是不能孤立生存的，每个人都需要和周围的人共同面对困难。在职场中，要学会觉察同事的喜怒哀乐，感受和理解同事的想法，对同事无微不至地关心，与同事互相扶持、互相帮助，共同营造积极上进的工作氛围。

第六节　学习同事的长处

向同事学习是取得成功的一条捷径。中国古代思想家、教育家孔子曾说过："三人行，必有我师焉。"（《论语·述而篇》）"见贤思齐焉。"（《论语·里仁篇》）这说明了每一个人身上都有值得我们学习的地方。取别人之长补自己之短，能让我们在相应的领域中进步更快。

从礼仪的角度来分析，向同事学习，是尊重他人的能力及尊重客观事实的表现。学习同事的长处，我们可以从以下几个方面做起。

一、要有空杯心态

所谓空杯心态，是要把自己想象成一个空着的杯子。因为，如果是装满东西的杯子，就什么也装不进去了。下面，我们分享一个小故事。

相传，知了原来是不会飞的。一天，它看见一只大雁在空中自由自在地飞翔，就请求大雁教自己学习飞行，大雁高兴地答应了它。

学习飞行是很辛苦的事，知了怕吃苦，一会儿东张西望，一会儿跑东窜西，学得很不耐烦。大雁耐心地给它讲应该怎样飞，它刚刚听了几句，就说道："知了！知了！"大雁让它练习飞行，它刚刚飞了几次，就自满地嚷着："知了！知了！"

很快，秋天到了，大雁要飞回南方去了。知了很想和大雁一起展翅高飞。可是，它扑棱着翅膀，却怎么也飞不高。

知了望着高飞的大雁，十分懊悔自己当初没有努力练习。可是，已经晚了，它只好自叹道："迟了！迟了！"

人也是如此。从这个故事中我们发现：自满使人目光短浅、安于现状，在社会发展中落伍。现代社会，科技发展一日千里，职场竞争日趋激烈。我们不能仅因眼前取得的小小成绩就骄傲自满，而应与时俱进，时刻保持空杯心态，养成虚心学习他人长处的好习惯，以免因故事里的"知了"，造成"迟了"的感叹。"逆水行舟，不进则退。"不学习，将很快在日新月异的职场竞争中被淘汰。

二、要客观地看待自己的不足

职场新人小王，入职了自己心仪的科技公司，成为程序员。入职不久，公司安排小王进入一个 ERP（企业资源规划）二次开发项目组。

一天晚上，项目组开会讨论客户需求，由于客户的需求比较复杂，会议一直开到晚上 12 点才结束，这时，需要有人整理会议记录，会议记录涉及很多流程图，只有把流程图画出来，才能较好地跟客户沟通和确认。主管在分配工作时，有点担心地问小王："你会用 Visio 吗？"小王毫不犹豫地说："我可以学。"这四个字，虽简单却很有分量。主管发现了小王身上认真好学的闪光点，很快就把工作任务布置下去，并亲自指导他画 Visio。

小王悟性高，在主管的指导下进步很快。很快，小王按要求把会议记录交给了主管。不久，小王凭着自己的努力好学，成为公司的技术骨干。

我们经常说："尺有所短，寸有所长。"每个人都有自己的长处和短处，这是不以人的意志为转移的客观事实。正因如此，我们不能只看重自己而轻视他人，如果我们看不到他人身上的优点和自己身上的缺点，就会少了向别人学习的自觉性。长此以往，我们的缺点就会越来越多，最终甚至会导致失败。因此，我们要客观看待自己的不足，并且虚心请教同事的长处，才能取得更大的进步。

从上面的案例中，我们可以看到小王能客观看待自己的不足，并虚心向前辈学习请教，最终掌握了技术并取得很大的进步。假如小王在会议上因自己不懂而拒绝了主管的安排，那么，他将失去学习进步的良好时机。

三、要正确对待和自己能力相当的同事

有些人认为，比自己水平高很多的人，不会给自己带来很大压力，同时，也认为比自己差很多的人，不会给自己带来很大压力。竞争与互相排斥往往来自和自己年龄、学历、业务水平等方面势均力敌的人。

科学研究表明，如果拥有强大的人际关系支持系统，人们达成目标的概率会大大提高。人际关系具有真实的、有形的和可测量的力量，这种力量称为"他人的力量"。我们如果善于借助他人的力量，学会抱团取暖，个人成长就会更快，做事也会更加高效；反之，我们的力量就会被削弱，成长慢、效率低。

有一句老话："朋友多了路好走。"因此，在职场中，我们要有双赢意识，学会保持一颗平淡与谦卑的心，冷静、客观地看待与自己能力相当的同事，与他们一起组队努力、互相学习、互相交流、互相鼓励，促进彼此共同成长。

四、要认识到每一位同事都有闪光点

学习优秀人物很容易，大多数人都能做到。但是，向比自己差的人学习则很容易被忽视。其实，对方在某一方面处于劣势，并不表示他在其他方面也处于劣势，所以我们要虚心地向我们所接触的所有人学习。

韩愈曾在他的名篇《师说》中写道："孔子师郯子、苌弘、师襄、老聃。郯子之徒，其贤不及孔子。孔子曰：三人行，必有我师。"孔子之所以能虚心向比自己差的人请教，是因为他能发现别人身上的闪光点，从不以自己的博学而轻视别人的长处。

学习同事的长处，我们要有空杯心态，学会客观地看待自己的不足，

正确对待和自己能力相当的同事，还要认识到每一位同事都有闪光点，只有这样才能真正看到并学到别人的长处，不然就会视而不见，无从学起。更重要的是，在向同事学习的过程中，要付诸实际行动、知行合一，这样才能真正在学习的过程中不断成长。

第七节　包容同事的不足

包容，是礼仪的基本原则之一。"人谁无过，过而能改，善莫大焉。"（《左传·宣公二年》）在职场交往中，当遇到同事出现差错时，我们也应本着宽容的原则，宽以待人，切忌抓住别人的错误喋喋不休。

包容同事的不足，可以从以下三个方面做起。

一、客观认识同事的不足之处

在职场上，我们有时会用自己的思想去揣度别人，缺少了人际沟通中认知的客观性，从而造成主观臆断。比如，我们会对自己喜欢的人或事物越看越喜欢，越看优点越多；而对自己不喜欢的人或事物越看越厌烦，越看缺点越多。这就是心理学的投射效应。

某科技公司的软件工程师小李是个编程天才，做起事来却是个"马大哈"，他多次因为处理客户需求时丢三落四、工作不到位而被客户投诉。很多项目主管都不喜欢他，都不愿意接受他进入项目组。

王主管是新来开发项目组的负责人，他没有在意小李的过去，愉快地接受了小李，让他进入了自己的项目组。在大家的共同努力下，项目很快上线，试运行了3个月，客户反应良好。但在验收的前几天，系统突然出现启动迟缓，客户投诉了项目组。

王主管召集项目组成员开会，并重新认真地检查了客户提供的参数，最终发现是因为小李的"马大哈"漏掉了客户的关键需求，导致系统运行一段时间后就会启动缓慢。

小李知道又是自己的马虎导致的问题，非常愧疚。之后，小李立刻重新调整了参数，连夜加班更新了系统，并且多次认真检查，客户最终非常满意。最后，项目顺利地通过了验收。通过这件事，小李感触很深，因为王主管给了他改过的机会，之后，小李逐渐改掉了自己"马大哈"的坏习惯，并成为公司最受欢迎的高级工程师之一。

从上面的案例可以看到，我们在与同事交往的过程中，要保持理性、克服偏见，用辩证的方法看待问题，避免受投射效应的不良影响，这样才能给自己创造一个良好的发展空间。

二、面对非原则性问题做到宽宏大量

在职场中，我们在遇到不愉快的事情时，如果不属于原则性问题，需要选择宽容大度的态度。下面，我们分享一则经典的故事——廉颇与蔺相如的故事。

战国时期，廉颇是赵国有名的良将，他战功赫赫，被拜为上卿，蔺相如"完璧归赵"有功，被封为上大夫。不久，又在渑池秦王与赵王相会的时候，维护了赵王的尊严，因此也被提升为上卿，且位居廉颇之上。

廉颇对此不服，耿耿于怀，处处为难蔺相如并扬言说："我遇见相如，一定要羞辱他。"廉颇的这些话传到了蔺相如耳朵里。

此后，每次相遇，蔺相如都远远回避。蔺相如的门客对他的退让很不解，蔺相如说道："以秦王的威势，我都敢在朝廷上呵斥他，羞辱他的群臣，我蔺相如虽然无能，难道会怕廉将军吗？我想到，

◎图7-1

强大的秦国之所以不敢对赵国发兵，就是因为有我和廉颇将军在，如果我们二人相斗，定不能共存，会两败俱伤。"

蔺相如的这番话传到了廉颇的耳朵里。廉颇便背着荆条向蔺相如请罪，从此，廉颇和蔺相如成了很要好的朋友（图7-1）。这两个人一文一武，同心协力为国家办事，秦国因此更不敢欺侮赵国了。"负荆请罪"也就成了一句成语，表示向别人道歉、承认错误的意思。

我们要有蔺相如那样的胸怀，做宽容大度的人。在无原则性的是非面前，如果矛盾的双方互不相让，其结果只能是双方互相伤害，这是于己于人都不利的事情。

三、面对原则性问题要讲究方法

在与同事的相处中，也会遇到对方触犯到我们的原则和底线的事情。所谓的原则多指每个人在对待问题以及做事的时候，能够容忍和做到的底线要求。若超过了这个底线就是原则性问题。当出现这类问题时，我们要讲究方式方法，一方面维护自己的形象，另一方面也给对方留下认识问题、纠正错误的余地。

下面，分享一则与我们古代大文豪苏轼有关的故事。

◎图7-2

宋朝时，苏轼在熙宁四年任杭州通判。为官三年中，他很乐于微服私游。有一天，他来到一座寺院游玩。开始时，方丈把他看成一般的客人来招待，怠慢地对苏轼说："坐。"又转过头对小沙弥说："茶。"苏轼坐了下来，小和尚也很快端来一碗很普通的茶。

在喝茶、聊天的过程中，方丈感到来人谈吐不凡，像是一位很有来头的人，便和蔼地改口说："请坐。"并重新命令小沙弥："泡茶。"

最后，方丈明白了，此人原来是大名鼎鼎的苏轼。他急忙起身，恭恭敬敬地说道："请上座。"并高声唤来小沙弥："泡好茶。"

在临别时，方丈捧上文房四宝请求苏轼留字。苏轼思忖片刻，提笔写了这样一副对联："坐，请坐，请上座；茶，泡茶，泡好茶（图7-2）。"

在上面的故事中，苏轼用智慧的方法暗示方丈，"见人下菜碟"的做事方法触犯了自己的底线，同时，还保护了方丈的自尊心。我们在与同事的相处中，也要学习苏轼的智慧，不仅起到了很好的教育作用，还照顾了对方的感受，达到了双赢的效果。

包容同事的不足，我们首先要学会客观地认识同事身上的不足，遇到非原则性的问题，做到宽宏大量，力争不与同事计较；遇到原则性问题，我们也要讲究处理问题的方式方法。总之，我们要承认和尊重差异，多角度、全方位地客观了解身边的同事，学会换位思考，并不断完善自己，避免"以己之心，度人之腹"，这样一来，我们就会成为受同事欢迎的人。

第八节　接打办公电话的礼仪

电话是职场中必不可少的通信工具。一次礼貌的接听，可能会将准客户变成客户；而一次失礼的电话，也可能会让客户投入竞争者的怀抱。无论是接听电话还是拨打电话，遵守接打电话的礼仪规范、养成文明用语的好习惯是非常重要的。下面，我们来了解接打办公电话的必备礼仪。

一、接听电话的礼仪规范

（1）接听固定电话时，我们要在铃声响起三声内拿起听筒进行接听；因故未能及时接听时，则应在接听时进行道歉。

（2）微笑接听电话（图7-3）。我们的情绪是可以通过电话传递的，微笑对声音是有直接影响的，愉悦的声音能带给对方愉悦的感受。

◎ 图7-3

（3）接电话时，我们要主动通报自己的单位、姓名，并亲切问候客户。避免有些客户打错电话而无法及时告知，浪费彼此的时间。在接到打错的电话时，应当宽容待人，回复对方："很遗憾，您打错电话了。"切忌一言不发"砰！"的一声挂断电话。

（4）要确认客户的单位和姓名，这样有利于之后的交流。

（5）如果是与工作相关的客户来电，我们要仔细询问来电事项。应在电话机旁常备便签纸和笔，随时做好电话记录。

（6）对方讲述完来电事项后，为确保信息准确，我们要汇总并确认来电事项。对通话中的地点与人名、与数字相关的信息、重要事情或重要问题等内容要进行"复诵"，并请对方确认，避免记录错误。

（7）如果自己有事情不宜长谈，需要中止通话时，应向对方说明原因，并告知对方："因5分钟后有个部门会议，半小时左右结束，会后我会马上给您回电话。"中止通话时，应恭候对方先挂断电话。

（8）接电话时，如果对方要找的人不在，我们应礼貌地询问对方是否需要帮忙转达。如确实需要帮忙转告，记得要做好留言记录，记录时注意以下几点。

①要从留言者的角度来记录，有疑问的地方要立刻确认。

②来电时间、来电者的姓名、留言内容要书写清楚。

③记录结束后，应当向留言者复述留言要点，请对方确认。

④将留言条交给当事人的时候，还应同时口头传达一次。

如果对方要找的人刚好出差了，而对方又有紧急的事情，可在通话后直接和出差同事取得联系，由出差人再和对方联系。

（9）如果接到从本公司外部打来的询问或调查公司内部情况的电话，应当先记下对方的电话号码，告知对方过一会儿再回电话说明，然后报告上级，并在得到指示之后再做处理。

（10）如果在公司内部有自己的专线电话时，遇到自己长时间外出，应启用电话录音或采用拜托同事转告的方式，清楚说明外出时间与联系方式，以免影响工作。

（11）礼貌地结束并挂断电话。通话结束后，要检查话筒是否放好，避免下一次来电因"占线"而无法正常接听。

二、拨打电话的礼仪要点

（1）电话拨通后，如果铃响三四声后无人接听，不要急于挂断电话，要耐心等到铃响自动结束后再挂断。

（2）接通电话时，要主动通报自己的单位、姓名。如果预计谈话时间可能较长，应当首先询问对方是否方便。

（3）要确认客户并问候对方，问候对方时，举止和言谈都要得体大方，让对方在通话环境中感受到尊重。

（4）要简洁明了说明来电事项，给对方留下高素质的好印象。

（5）打电话时，如果需要请另一位接听电话，应礼貌地表达，比如："麻烦您帮我转一下王磊，好吗？"切忌用命令的语气说："叫王磊接电话！"

（6）如果没有紧急事件，不要在工作以外的时间打电话，以免影响他人的用餐和休息。

（7）通话过程中，如果线路突然中断，应当由打电话的人进行重拨。

（8）如果电话拨通后发现拨错了号码，一定要和对方说："对不起。打错了，再见。"

三、使用移动电话的礼仪

随着互联网的飞速发展，移动电话已成为人们在生活、职场中的必备工具，它给我们的工作带来了极大的方便。为了塑造良好的职业形象，我们在使用移动电话时，应当注意以下两点。

（1）在使用移动电话时，我们必须考虑周围的环境，不能影响其他人。

（2）与他人见面或就餐时，如果有重要的电话，要在铃响后说"对不起，我接个电话"，然后到方便的地方接听。

学会接打电话，是职场礼仪的一个重要内容。职场交往中，无论是主动地拨打电话还是被动地接听电话，我们都要态度谦和、彬彬有礼，要懂得把握好通话的时间、地点、内容与分寸，分清主次、注重规范，使得每一次的通话都能做到时间适宜、内容简练、高效规范。

第八章　会议中的职场交往

> 凡研究事理而为之解决，一人谓之独思，二人谓之对话，三人以上而循有一定规则者谓之会议。
>
> —— 孙中山《民权初步》

第一节　科学的会议组织策划

会议，是指三人以上遵循一定的议程所举行的一种集会活动。会议是人们为了解决某个共同的问题或出于一定目的聚集在一起，在限定的时间和地点，按照一定的程序有组织、有领导、有日的地进行讨论、交流的活动。

随着社会的发展，人类的交往也呈现多层次、多形式的特征。而会议已经成为人们相互沟通的重要方式。会议是各类组织提升形象、传播和发布信息的重要方式。清晰的会议划分、明确的会议定位、正确的会议命名、科学的组织策划，不但体现了一场会议的专业性，更能够彰显企业的整体形象。

举办会议，首先就要了解和明确所举办会议的类型，然后再根据会议类型给予精准的定位、策划和组织。

一、会议的种类

1. 按照会议的性质和内容分类

（1）法定性或制度规定性会议：如职代会、妇代会、股东大会等。

（2）决策性会议：董事会议、理事会议、行政会议等。

（3）工作性质会议：动员大会、工作布置会、经验交流会、现场办公会、总结会、联席会等。

（4）专业性会议：如研讨会、论坛、答辩会、专题会、鉴定会等。

（5）告知性会议：如表彰会、纪念会、庆祝会、庆功会、命名会等。

（6）商务性会议：如招商会、贸易洽谈会、产品推介会、促销会等。

（7）联谊性会议：如茶话会、团拜会、恳谈会、宴会等。

（8）信息性会议：如新闻发布会、记者招待会、报告、咨询会等。

2. 按照会议的区域分类

按区域分类指的是按照会议中的参会代表来自的地区范围进行分类，可分为：国际会议、全国会议、区域会议、单位或部门会议等。

3. 按照会议的规模分类

会议的规模即参加会议的人数多少，可以将会议分为小型会议、中型会议、大型会议及特大型会议等。一般来说，小型会议出席人数少则几人，多则几十人，但不超过100人；中型会议出席人数在100～1000人之间；大型会议人数在1000～10000人之间；特大型会议人数在1万人以上。

4. 按照会议的周期分类

以会议是否定期举办进行分类，可分为定期会议与不定期会议。

5. 按照会议的组织形式分类

根据会议的组织形式不同，可分为常规会议、电话会议、电视会议、网络会议等。

二、组织策划会议

会议的管理与策划可以分为五个步骤：会前准备、会议开始、会议进行、会议结束及会后跟踪。会务管理是核心，活动管理是目标。因此，要想成功举办一场高效而完整的会议，前期科学的组织策划（会前准备）是成功办会的关键。

关于会议前期的科学组织与策划主要有以下十个方面的工作。

1. 确定会议主题并制订方案

（1）确定会议主题。会议的主题就是会议需要达成的目标和需要解决的主要问题，是会议的主旨和灵魂。

（2）撰写会议方案。会议方案是组织会议的总安排，主要包括会议名称、目的、内容、时间、地点、参会人员、人数（包括邀请嘉宾、主讲人、主持人、参加人员等）、日程及议程、组织机构、职责分工、筹备程序、会场布置、会议预算等内容。会议方案要遵循精简节约、科学筹划、简单清晰、可操作性强的原则，并按相关规定报经相关领导严格审定。

2. 拟发会议通知

会议通知包括会议名称、议题、时间（包括会议会期）、地点、参加人员及要求（即注意事项）。会议通知可以通过电话、短信、微信、书面、邮件等完成，根据具体情况的不同采用一种或多种方式。本着高度负责的态度，确保会议通知及时准确地送达每一位参会者，并保留报名回执，以便明确参加人员、单位职务、联系方式，便于会务人员进行准确统计掌握具体情况。

3. 起草会议文件

会前必须准备好会议所用的各项文件材料（如会议指南、开幕词、闭幕词、工作报告、发言稿等），做到内容完整、反复核对、备份充足。

4. 确定参会人员并安排好接待工作

（1）对参会人员名单要认真落实、仔细核对，并打印纸质版进行确认。

（2）参会人员的交通、食宿、医疗、安保等各方面的具体工作，应指定专人负责，在人、财、物方面都做好细致、妥当的安排。

（3）根据会议性质拟定领导及嘉宾的出席安排，报请领导同意后，逐一进行电话通知。内容包括：会议时间、地点、议程，并帮助衔接、督促发言稿的起草与报送，确保及时送到相关领导手中。

5. 预订会场

为了保证会议能够按照预期安排正常进行，要提前预订会场。会场的预订要根据时间、参会人数、会议主题、会议室大小、地理位置、预算价格、设备等全盘综合考虑。会场确定之后要立即与相关管理服务部门联系，并安排做好前期会场准备工作。

6. 布置会场及物料准备

（1）会场布置。会场布置要与会议的内容相匹配，根据会议内容选择会场布置风格。总体要求是规范和谐、庄重大方，并与会议主题和内容相一致。主席台及设备是重点布置内容。其他还包括室内外的主题条幅标语、会议背景板、宣传海报、签到背景板、签到台桌椅及签到物料、会场导引牌、地面指引牌、彩带彩旗、电脑、音响、投影、打印设备、桌椅桌布桌签、座区图、空调、灯光照明、会议礼品、文具茶具、鲜花绿植等。

（2）编印会议须知。会议须知的编排要准确周密、合理简洁。主要内容包括：会议纪律要求、日程及议程安排、作息时间、参会人员名单、分组名单、食宿或乘车安排、值班电话、会议工作人员名单及联系方式、注意事项等。

（3）制作会议证件。根据会议需要制作代表证、出（列）席证、出入证、工作证、胸卡、请柬、车辆通行证等各类证件。证件制作要结合会议主题和内容，遵循美观大方、经济适用原则，要易于识别、方便管理、利于安全。

7.组织协调会议用车

大型会议活动，需要借用或租用车辆。要安排专人负责车辆的调度，车辆较多时还要对车辆编号、分组，以方便调度。

8.安排新闻报道

需要新闻报道的会议，要提前通知有关宣传部门或新闻单位，在会场安排好新闻宣传人员专座，并做好协调衔接。

9.安排会场安保和交通疏导

会前要安排相关部门做好会场安保和交通疏导工作，防止会议过程中出现意外情况。规模较大的会议，由于到会车辆较多，要安排交警人员在会场附近进行交通疏导。

10.制定突发性事件预案

为应对突发情况要制定突发性事件预案，包括医疗救护、电力保障、工程维修等。

会议方案确定后，根据方案分解任务，制定会议筹备进程时间表，规定完成时限，将责任落实到人，各司其职，并在会议开始前进行至少三次全面自查，确保会议运行万无一失。

《六韬》有云："凡谋之道，周密为宝。"凡事预则立，不预则废。会前做好充足的准备，周密策划，科学组织，把握好每一个环节，做好每一个细节，是会议成功的基础与前提。同时，成功的会议组织策划能够确保会议的高效实施。

第二节　良好高效的会议组织

　　科学细致的会议策划是保证一场会议取得预期目的与效果的前提，高效的会议组织、精确的执行力度是保证会议圆满举办的关键。否则，再完美的会议策划都将付之东流。在会议中，每一项议程和环节，都需要会议组织者及工作人员严格遵守，并在实施过程中做到认真、细致、严谨，确保议程实施过程中每一环节的工作人员都能够明确权责并按时完成任务，只有这样才可能保证一场会议的高效运行。为了确保会议的顺利开展，会议组织者应从会议开始、会议进行、会议结束以及会后跟踪四个方面进行会议的组织与实施。

一、会前组织

　　会前组织是指根据会议策划进行会议的会前部署与会前检查。

　　1. 会前部署

　　会议部署常常以"碰头会"的形式展开，通常是由会议的承办部门组织，由参会的各部门工作人员参与，可以再次梳理会议方案的细节，逐一明确会议流程中的具体事项和要求，使会议的相关议程具体到人、落实到事、精准到时，做到职责分明，时限清晰。

　　2. 会前检查

　　会前检查可以分为场内检查和场外检查两大部分。场内工作人员需要在会前检查会场环境、设备设施、音响效果、音乐曲目、广告物料、会议资料、场地灯光、温度、通风、茶水供应、安全措施等等。场外工作人员要在会前检查安保服务、医疗救护、车辆配备与停放场地、食宿安全等环节。要全方位严谨细致地检查到位，对落实不到位或具有安全隐患的环节，及时发现、及时督促、及时整改。

　　3. 会议签到准备

　　会议签到是会议组织中不可缺少的重要环节。在会前要做好会议签到的准备工作，安排好签到、材料分发、引导入座、礼品派送、后续安排等工作。要做好签到接待预案，例如，针对特别的嘉宾与领导，要在会议开始前半小时再次联系确认，以确保无缺席情况出现，进入会场要有专人负责全程接待；会议中遇到突发状况，比如领导临时不能参加会议、主席台座位问题、发言稿时间及内容问题、颁奖顺序的调整修改等，要及时汇报领导并处理，面对参会的新闻媒体工作人员要妥善安排。这些预案都要在会前进行部署和检查，相关人员要进行签到接待的演练。

二、会中组织

会中组织是指在会议进行的过程中进行组织和管理工作，保证会议有序、顺畅地按计划进行。

1.组织会议进程

会议中，主持人应根据事前议定的会议议程，控制好会议的节奏和时间，并根据会议的性质，即时调整会议的气氛。

2.保障设施设备

举办大型现场会议或视频会议时，组织者应随时观察各种设施设备的运行情况，会议中应由专人负责麦克风、调音台、投影仪、视频设备等硬件的调试，一旦发现问题必须及时汇报并解决，遇到突发事件时应当按照会前应急处理预案进行处理。

3.做好会议记录

无论何种规模的会议，都应安排专人进行会议的记录、摄影、摄像、录音等工作，全程记录留档保存。会期较长的重要会议，还要及时编写会议简报，报道会议的动态情况。

三、会后组织

会后组织是指在会议结束后，要组织好离会服务工作，以保证会议的善始善终，避免出现虎头蛇尾的现象。

1.组织好参会人员的送别工作

会议结束后，会场内需要组织和引导各级参会者有序退场；会场外，要组织好车辆的安全离场工作，规范引导各类车辆按顺序离开，避免离场时出现拥挤现象。会后返程组织工作会给参会人员留下长时间的深刻印象，绝不能掉以轻心。

对于外地的参会嘉宾，应及时联系并按照会前安排的返程计划，协助嘉宾做好酒店的退房及送站的工作。

2. 组织会场清理工作

会议结束后，要及时拆卸、撤走、清扫会场内外的临时性布置，归还借用、租用的设备、会议用品、用具等，恢复场地原貌并保持整洁；会议中涉及的文件、资料、会议记录等都需及时进行回收整理，并妥善、安全地保管好。

3. 组织会议财务结算工作

会议结束后，需要及时结算会议组织过程中产生的各项费用，如场地租赁费、设备租赁费、住宿费、餐饮费和劳务费等；并与参会人员做到账款两清、准确无误。要妥善保管相关合同、账目收据，防止混乱丢失。

四、会后跟踪

1. 会议文件的收集归档

职场中的会议常常会形成大量的文件及资料，会后一定要及时整理，按要求归档。其中，机密文件要做到一份不少地全部回收，有价值的文件要汇编成册、立卷存档，需要参会人员互相借阅学习的相关文件则必须进行签名登记，多余无用的文件按有关规定进行销毁。

2. 撰写会议纪要

会议结束后，要及时进行会议记录、会议文件及相关材料的整理工作，并通过对会议精神的准确把握，归纳并概括会议的内容和成果，做好会议纪要工作。

3. 持续跟踪会议决策的落实情况

一场重要的会议之后，组织者对于会议决策的传达要做到准确、及时、到位。组织者要按照会议纪要中需要落实与改进的事项，进行项目跟进和督导检查，并向上级领导汇报相关进展。

高质量的会议离不开科学的会议策划方案、高效的会议组织过程，以及执行力强的会务人员。做好会议的会前组织、会中组织、会后组织，并对会议决策落实情况进行持续跟踪和督促，能够让我们的职场会议更有质量、更有实效、更有价值、更有意义。

第三节　会议中的位次规则

中国素有"礼仪之邦"的美称，自古以来中国人就十分注重礼仪礼节，并有着一套完整的礼仪规范。随着时代的变迁，中国传统礼仪中的位次尊卑与排序规则也在与时俱进，以适应现代人频繁的社会交往。在职场礼仪中，会议中的位次安排就有一系列具体的规则。

一、大型会议中的位次规则

1.会场座次安排

会场座次通常分为左、中、右三个区域。通常会场最前排位置应安排没有在主席台就座的领导或嘉宾就座；其余的会议代表应依次安排在后面区域落座，并根据会场情况集中安排。整体的位次排列规则以面对主席台为准，前排高于后排，中心高于两侧。

如果列席人员较多，可根据会议性质是政务还是商务，将参会人员安排在左右两边区域的适当位置；如果会议中，有需要表彰的领奖人员，则应按照授奖顺序，集中安排在会场左侧或者右侧便于走动的位置。另外，对一些年老体弱、行动不便的代表应予以照顾，要尽量安排在靠近通道、便于进出的位置。媒体记者和工作人员一般安排在会场后侧。

2.会议主席台的座次安排

主席台座次安排应当根据会议的性质、规模来确定，领导的位次安排具有一定的严肃性，不能出现错误。在大中型会议中，安排主席台领导的位次时，通常按照以下三种方法。

（1）按照国内政务场合礼仪规范，以面向观众为准，遵循"居中为上、左高右低"的原则安排位次，2号领导人位于1号领导人的左侧。图8-1是按照国内政务礼仪的规范要求，当领导人数为单数时，主席台座次的排列方法；图8-2是当领导人数为双数时，主席台座次的排列方法。

（2）按照商务礼仪及涉外礼仪的规范进行座次排序时，也是以面向观众为准，遵循"居中为上，右高左低"的原则安排位次。图8-3是按照商务礼仪及涉外礼仪的规则，当领导人数为单数时主席台座次的排列方法；

图 8-4 是当领导人数为双数时主席台座次的排列方法。

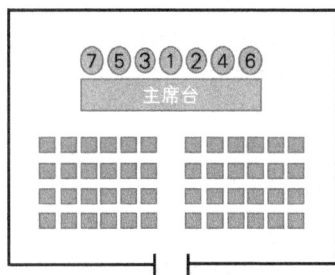

◎ 图8-1

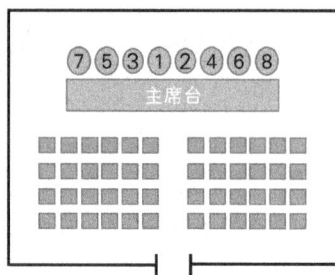

◎ 图8-2

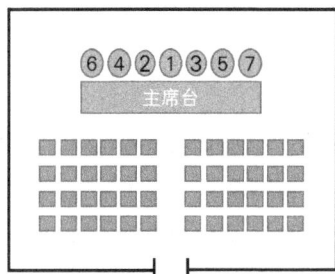

◎ 图8-3

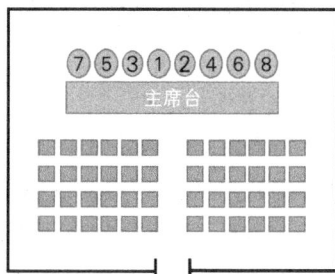

◎ 图8-4

在遵循上述两种主席台位次安排的规则时，还有一个共性的原则，就是当主席台的座位安排为两排及以上时，遵循"前排高于后排、中央高于两侧"的原则。

二、小型会议中的位次规则

小型会议的位次安排，一般遵循下列五个原则。

（1）面门为上。面对房门的座位，其位次高于背对门的座位。

（2）居中为上。居于中央的座位，其位次高于两侧。

（3）政务场合，以左为上，即以面门的方向为准，左侧的座位要高于右侧座位；在商务场合及涉外会议中，以右为上，即以面门的方向为准，右侧座位的排序高于左侧的座位。

按照政务场合的位次规则，7人参加的小型长桌会议座次排列见图 8-5；按照商务场合及涉外礼仪的位次规则，双方各 5 人进行谈判时，双方相对而坐，客方高于主方，因此处于尊位的客方 5 人位于面对房门的位置就座，见图 8-6。

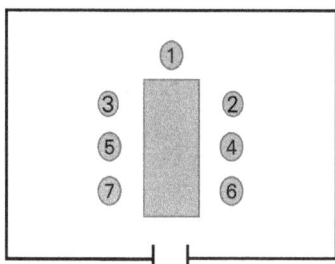 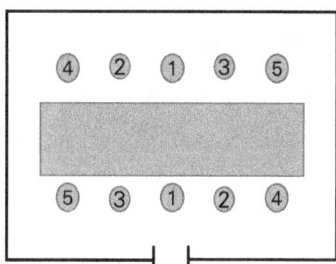

◎ 图8-5　　　　　　　　　　　◎ 图8-6

（4）远门为上。距离门远的座位，排序通常高于距离门近的座位。

（5）依景为上，即会议室内的中心座位往往背依室内的字画、装饰墙等主要景致。

职场会议具体安排座位时，还需要根据场地的具体情况做综合的考虑。在重要会议的会前，组织者应先安排好位次，并在每位就座者的桌前摆放写有参会者姓名的桌签，便于会议中参会人员位次的统筹安排。

会议中的位次安排对于每一位参会者来说意义重大，他决定了参会人员是否落座于适宜的座位上。无论是会议组织者还是参会者，会议位次规则都是职场人士需要熟练掌握的必修课，一定要认真对待。这不仅是整个会议有序进行的重要保障，也会使每一位参会人员心情舒畅。

第四节　参会人员的礼仪要求

古人云："礼者敬人也。"在会议当中，通过礼仪规范来保障会议的有序高效进行是非常有必要的。

一、形象要符合会议要求

参加会议时，无论主持人还是领导者都应重视自己的参会形象，应做到庄重大方。同时，所有参会人员的着装也应符合自己的与会身份。

1. 主持人的着装

主持人的着装应较为正式，根据季节和会议性质的不同，可选择正装或商务休闲装。

2. 领导者的着装

作为会议领导者或是会议的发言者，一定要对个人着装进行合理的选择。根据会议的正式程度，选择恰当的正装或是商务休闲装，做到衣冠整齐、仪态庄重、精神饱满。

3. 参会人员的着装

参会人员应做到服装整洁，切忌不修边幅、过于随便。如果是户外会议等特殊会议，要事先询问主办单位穿何种服装较为得体。应根据会议性质与会议场合，选择恰当、规范的参会服饰。

二、严格遵守会议制度

参加会议时，所有参会者都要守时、守约、守纪律。

1. 守时

严格遵守时间，准时赴会。参加会议时，至少比会议规定的时间提前10分钟入场。不能迟到，否则是对他人不尊重的表现，同时也会影响会议的正常进行。入场后，应按指定位置就座。特别是主持人，最少要提前半小时入场，做好会议前的准备工作。

2. 守约

所有参会者不仅要准时参会，还应按照会议的约定流程有序参会。如果会议有签到程序，应认真履行签到手续；因特殊情况不能参加的话，必须提前向会议组织者请假，经同意并做好相应的安排，不得无故缺席。

3. 守纪律

会议开始前，参会人员要关掉手机或将手机调到振动状态，尤其不能接打电话；会议开始之后要专心参会，不可交头接耳、翻看无关书报、吃零食、摆弄小玩意儿、用手机或电脑上网娱乐、打瞌睡等；不能早退，尽量不要中途离开会场。如遇特殊情况必须离开，要轻手轻脚，尽量不影响其他人。如果确实需要长时间离开或提前退场，应征询会议组织者的意见，得到允许才能离开。

三、仪态举止要规范

参加会议时，要注意自己的仪态举止，并在会议进行中做到认真倾听，所有参会者在他人讲话结束后要礼貌鼓掌致意。

1. 主持人要做到仪态得体

职场会议中，无论规模大小，主持人应当精神饱满，步伐稳健有力，行走的步度、步速视会议的性质而做相应调整，同时要根据会议的特点使用恰当的肢体语言；站着或坐着主持时，应当保持正确的站姿或坐姿，不能倚靠桌椅、身体歪斜或出现其他不雅动作；在台上不要和会场上的熟人打招呼或寒暄、闲谈，遇到与熟人四目相视时，可微笑或点头致意；在主持会议过程中，应当与参会人员进行礼貌的目光交流，不能只看稿子不看人，或始终只看某一个人或某几个人。说话时的语速、语调、音量、表情等要与会议的主题相吻合。

2. 领导者要做到仪态端正

会议中，领导者站立发言时要保持挺拔的站姿，在落座时要身体正直，双臂稍前伸，双手自然放于桌面；在站立持稿发言时，假如没有讲台的话，可以双手持稿件的底部或中部，稿件最上端的位置刚好位于下巴之下胸部之上，这样既方便阅读，又方便与观众进行目光交流，并且要时常抬头环视会场，切忌长时间埋头读稿，旁若无人；发言完毕，要对参会人员的倾听表示感谢。

3. 一般参会者动作举止要稳重大方

参会过程中，参会者都应保持良好的坐姿，切忌东倒西歪、东张西望或趴在桌子上。不能用手抓挠身体的任何部位，比如，抓头发、抓耳挠腮等，也不能双脚乱抖、不停抬腕看手表等；更不能脱掉鞋子，把脚放在椅子上。

另外，所有参会者都应遵守会议议程，礼貌发言。会议指定发言人应尊重听众，并控制好发言时间。议程安排之外的发言者，应先举手示意，待主持人同意后方可发言。发言时应尊重他人，语言简练、观点明确、态度友好，不要随便打断别人的发言或与他人发生口角，不要贬损他人人格；会议结束后，所有参会者应按顺序离开会场，不要蜂拥而出或横冲直撞。

四、会议进行中的礼仪

1. 对主持人的要求

会议主持人是会议举办成功的关键，起着举足轻重的作用，直接影响着会议的成败与否。

（1）会议主持人最重要的准备工作就是事先拟好主持词。主持词是主持人用来主持会议的文字资料，是为会议服务的，它涉及会议主题、会议目的、发言者的姓名和职务、会议任务、会议议程、会议结果等，起草时一定要语言平实、准确精练、言简意赅，起草好后主持人还要做到熟练掌握、了然于胸。

（2）会议主持的作用是承上启下、穿针引线，无缝连接整个会议的流程。主持人要严格按照议程进行，控制时间、控制气氛、控制局面，保证会议的有序进行，做好会议的"导航员"和"调控器"。为了确保会议时间紧凑、节奏明快，主持人要"惜时如金、意到即止"，切忌没完没了喧宾夺主。

（3）主持人要具备良好的心理素质和过硬的专业能力，要能够灵活应付会议中的突发状况，做好与会者互动的桥梁，灵活控制讨论方向，主动引导和帮助发言人，让会议能够顺利进行。

2. 对领导者的要求

领导者在会议中起着主导的作用，领导者的讲话对会议来讲至关重要。

（1）领导者在会议中的讲话要做到目的明确、议题清晰，语言不仅要准确精练，而且要精彩生动，要言之有物、言之有理、言之有味，并且要精心构思和组织好开头语，先声夺人，开始就吸引住参会者。

（2）领导者在讲话中要随时关注参会者的状态，注意与大家的互动交流（包括语言和眼神），积极调动大家的情绪，控制好会议的气氛，不要拿着发言稿长时间埋头照本宣科。要善于调动大家的积极性，激发士气，以增强责任心，提高参会者的主人翁意识。

（3）领导者要注意把握讲话的时间，既要放得开又要收得住，切忌没完没了啰唆重复。结束语就像开头语一样很重要，好的结尾，能给人余音绕梁、回味无穷的感觉，也可发人深思、催人奋进。因此，结束语要做到精悍有力，有号召性。

3. 对参会者的要求

参会者的参会状态，直接影响会议的效果。

（1）参会者要做好会前准备。要提前了解会议的议题，并按照要求准备好相关资料和文具；需要发言的参会者要提早围绕议题收集信息、确定观点，精心拟定发言稿，并在会下多次练习。

（2）参会者在会议中要积极参与、主动思考，要做到人到、心到、脑到、口到、手到；要主动地在会中参与发言、讨论，相互取长补短以求得共识。

（3）参会者要准确、完整、清晰地做好会议记录，并在会议结束后及时整理；跟自己有关的决议或会议要求，或者需要自己参与执行的任务，一定要记好要求完成的时间、完成的标准、汇报人及合作人等重要信息。

《孙子兵法》有云："上下同欲者胜。"一场科学高效的会议离不开会议的领导者、主持人、参会者上上下下的团结与配合，只有大家准确定位、同心协力、各司其职，具备高度的责任心和精益求精的态度，严格遵守会议的规范要求，会中积极反应与参与，才能保证一场会议的圆满成功。

第九章　接待中的职场交往

在职场接待工作中，礼仪能为我们带来很大的帮助，在这一章中，我们将共同分享如何尊重来访客户，以及称呼、介绍、引领、交往中的适宜距离、位次、茶礼、送别等方面的职场交往礼仪规范。

第一节　尊重来访客户

在客户服务中，有一种说法是"客户永远是对的"。在日常生活中，面对来访客人我们应以礼相待。在职场中，每一位来访客户都是我们宝贵的资源，我们都要以礼相待。尊重来访客户是一种职业素养，更是职业道德的体现。在职场交往中，尊重每一位来访客户，是我们应当学会并做好的事情。

一、尊重的重要性

1. 尊重是礼仪的核心

礼仪是人与人在交往中表达相互之间尊重的行为规范，是通过外在的形式表达彼此之间尊重的核心。礼仪并非一成不变的仪式行为，其核心是要表达对他人的尊重。缺乏尊重的核心，礼仪就会变成徒有其表的虚伪形式。例如，在接待客户时，因发自内心的尊重而洋溢在脸上的笑容，会让客户有如沐春风之感，而缺乏尊重的坏笑或冷笑，则会让客户避之唯恐不及。

2. 尊重是人类需求的较高层次

在亚伯拉罕·马斯洛提出的需求层次理论中，将人的需求分为了五个层次：生理需求、安全需求、社交需求、尊重需求和自我实现需求。其中尊重需求是属于人类较高层次的需求，尊重需求又分为内部尊重和外部尊重。内部尊重是指一个人希望在各种不同情境中有实力、能胜任、充满信心、能独立自主。总之，内部尊重就是人的自尊。外部尊重是指一个人希望有地位、有威信，受到别人的尊重、信赖和高度评价。尊重需求得到满足，能使人对自己充满信心，对社会满腔热情，更能体验到自己活着的用处和价值。因此，面对来访客户我们也要满足其被尊重的需求，才能促进来访目的的达成。

二、尊重客户的四个策略

1. 尊重客户的价值

人的价值往往是多方面的，职场中面对客户时，我们应主要抓住客户价值的两个方面，一是客户的社会价值，二是客户的自我价值。

尊重客户的社会价值是指客户对社会或他人所作的贡献和承担的社会责任，我们应看在眼中并予以尊重；尊重客户的自我价值是指我们在与客户交往中，应尊重客户的个人能力、成就与社会地位。

每一位职业人对待工作的努力与勤奋，不仅仅是希望通过自己的努力为社会贡献力量，同时，得到社会的肯定、认可与回报也是每一位职业人的内心期盼。因此，尊重客户，我们应首先从尊重客户的价值做起。

2. 尊重客户的人格

职场交往中，应尊重每一位客户的人格。无论是中小企业客户，还是跨国机构 VIP 客户，其人格是平等的。例如，香港富豪李嘉诚在下车时不慎将一元钱掉下，随即屈身去拾，旁边一服务生看到了，上前帮他拾起。李嘉诚收起一元钱后，给了服务生 200 元酬金。而这 200 元酬金，实际上是李嘉诚对服务生劳动的尊重和报答。人生而平等，我们应尊重每一位客户的人格。

3. 尊重客户的需求

通过马斯洛的需求理论我们了解到，面对客户不同层级的合理需求，我们都要尽量予以满足。被尊重是客户相对较高层级的需求，当我们不仅能满足客户的基本需求，还能满足其被尊重的精神需求时，客户更容易对我们的工作感到满意。

在某地旅游推介会的接待活动中，一名接待人员受到了6位澳门贵宾的好评。这位接待人员主要负责6位贵宾的接待服务工作，包括接送、引领、用餐陪伴以及在活动过程中对当地文化进行介绍。期间，他有意识地观察了贵宾们的习惯，并将其用于后续的接待工作中。比如，6位贵宾在车程中路过什么地方时会特别感兴趣，用餐时喜欢吃什么口味的菜品，餐后喜欢吃什么水果等等，接待员都做了详细记录。之后，当再次路过他们感兴趣的地方时，他进行了重点讲解，当贵宾再次用餐时，接待员会主动送上他们喜欢的水果。

在满足客户的需求时，有哪些规律可循呢？第一，需要主动培养自己发现客户需求的意识；第二，要尽己所能、真诚地帮助客户满足其相关需求；第三，在满足客户基本需求的前提下，要努力做到超越客户的需求，从精神层面为客户带来超乎预期的惊喜体验。

4. 尊重客户的权益

尊重客户的权益，首先应明确客户具备哪些不容触及的权益，主要包括客户的隐私、宗教信仰、人格尊严等等。在职场，与客户交往时，可能会因工作的原因掌握客户的一些隐私信息，这就需要职业人必须拥有主动保护他人隐私的意识，并严格做到不问、不传。对于客户的宗教信仰，应做到不评论，并且顺应和满足客户的选择。

在职场中，我们总会和不同类型的客户打交道，而尊重客户是我们与其形成融洽交往氛围的基础。尊重客户的价值，尊重客户的人格，尊重客户的需求，尊重客户的权益是我们尊重客户的重要组成部分，缺一不可。因此，与客户交往中，我们要谦虚友好、以礼待人、与人为善，要真诚地理解客户、尊重客户。

第二节　称呼客户有技巧

在职场中，对客户的称呼相当重要，如何称呼，表达着自己对客户的尊重，还可以体现出客户的价值。客户的身份会随着职业生涯的发展，所处场合、环境的不同而发生变化，因此，在不同时间、不同地点、不同场合，我们对其称呼自然是不同的。如陆薪宇老师，大学毕业之后刚刚成为一名职业院校教师时，同事、学生都称呼其为"陆老师"，之后大家渐渐熟悉了，便会称其"薪宇老师"。

一次，某旅游公司女经理带着新员工去考察一家合作酒店，接待人员是餐饮部主管，见到女经理后十分热情，称呼其为"美女经理"，之后还屡次用"美女"称呼，致使女经理心生不快，便不与其多说话，而是有意识地只跟自己的下属进行交流。这位主管很快反应过来了，主动改变了称呼："经理，您看我们酒店……"

职场交往中，不同的称呼可以反映出人们不同的状态，而每个人对他人如何称呼自己都十分敏感，所以，我们在称呼客户时，要掌握好称呼的三个技巧。

一、清楚对方的身份

在职场称呼中，清楚对方的身份非常重要，因为对方的称谓很有可能会随着时间、经历、职务的变化而发生变化，要及时发现并了解对方准确的身份与称谓，这样才会使职场交往中的氛围更加和谐。

中高职院校每年会参加行业协会举办的专业技能大赛，一次，某校在赛前准备环节需新购置一些器材物品，于是分管教学的王校长带着一位专业教师陆老师和两位参赛学生一起到学校指定的采购点选购器材。接待人员是一位中年女士，她看到王校长便立刻寒暄道："王老师好，好多年不见了，您还是没什么变化，您有多少年没有来了……"王校长只是点了点头，接待人员一边走一边介绍着产品："王老师，我们这几年增添了……"这时，一位聪明的学生反应过来说："王校长……"听到学生这样的称呼，接待人员有些尴尬。

在以上案例中，接待员忽略了她口中的"王老师"早已成为"王校长"。因此，在称呼对方时，要通过观察或是询问搞清楚客户的正确称谓，避免出现上述案例中的类似问题。

二、考虑所处的环境

在上述王校长的案例中，接待人员面对的是王校长、陆老师以及两位学生，称呼王校长为"王老师"就显得较为随意。下属和学生都在的情况下，领导的身份变化不为人知，自然会影响自己在下属和学生心中的职业形象，王校长就会非常介意。如果当天，没有陆老师和两位学生在场，那么称呼校长为"王老师"，可能王校长也会欣然接受。因此，职场中称呼他人时，要考虑双方所处的具体环境并选择恰当的称呼。

三、注意所处的场合

职场交往中，无论私下与客户的关系多么要好，在工作场合，我们都要称呼客户的职衔、职称，在不清楚对方的职衔、职称时，选择礼仪性的称谓是比较得体、规范的方法。

1. 职衔性称谓

当对方有职衔时，我们一定要选择职衔性的称谓。比如，称呼一位总经理，可以选择"总经理""邱总经理""邱××总经理"等不同方式，这三种称谓的正式程度是依次递增的。在职场交往中，如果客户是一位总经理，称呼对方"总经理"或者"邱总经理"，不但能够表达出对客户的尊重，还能够体现相互之间亲切、和谐的关系。在介绍客户与公司的其他同事相识时，选择"这位是邱总经理"的方式，会带来郑重其事的感觉。

2. 职称、学衔性的称谓

对于有技术职称和学衔的客户，可以直接以其职称及学衔称呼对方，也可以在职称与学衔前加上姓氏，或在职称与学衔前加上姓名。比如"工程师""刘工程师""刘××工程师"。

3.礼仪性称谓

常用的礼仪性称谓有"先生""小姐""女士""夫人""太太"等。

"先生"的称谓适用于所有男性。面对女性的称谓，我们需要注意，对于未婚或外表特征比较时尚的女士，一般适于使用"小姐"的称谓；对于已婚或不清楚对方是否已婚，以及外在气质比较知性的女性，一般适合使用"女士"的称谓；"夫人""太太"的称谓适用于已婚的女性。在职场中，当我们了解客户有职衔、职称、学衔时，一般不再选择礼仪性的称谓。

当我们需要加上客户的姓氏或名字一起称呼时，一定不能读错，否则会给客户带来不受重视和不愉快的感觉。所以，对不熟悉的字以及姓名中的生僻字、多音字，我们一定要在前期做好了解，并准确发音。

小小的称呼，却藏着大大的学问。称呼客户时，我们不能张口就来，需要经过斟酌和考量，争取使用客户喜欢的称谓，避免使用错误或使对方产生不快的称谓，这样才能表达出对客户的尊重。

第三节　重视自我介绍

一次，在某单位与合作银行召开的季度联席会上，该单位的陆经理看到银行的业务经理后即刻起身打招呼，但出于多种原因，竟一时语塞忘记了这位有过一面之缘的经理的姓名。此时，这位经理边伸手边对陆经理说："陆经理您好，我是农商行李俊宏，和李彦宏差一个字，我调来没多久您就休假了，之前我们见过，还记得吗？很高兴又见面了，以后还请您多多支持我们的工作。"这一问候使陆经理不仅瞬间如释重负，还感受到了李经理的热情态度，于是连忙点头说："太好了，又与您见面了，咱们相互支持……"与此同时，他们身旁陆续有同事进入会场，其中有一位该单位的老局长，这位银行李经理同样主动上前问候，这时局长说："你就是李俊宏，刚刚听到你介绍了，跟李彦宏差一个字，单位里的同事都说你的业务能力强，我也来认识认识真人……"很显然，这位银行经理通过主动的自我介绍，给局长留下了非常好的印象。

自我介绍就是主动向他人说明自身情况，是促使双方从陌生到相识的有效方法。在职场中，自我介绍可以缩短自己与对方之间的距离。而且，一个让对方印象深刻的自我介绍，还可以拓宽我们的职场交往范围，加快彼此之间的了解。

一、自我介绍的内容

在与他人初次见面时，自我介绍的内容通常包括姓名、就职单位、职务三个要素。比如，一位老师到其他院校办理公务时可以这样自我介绍："您好，我是××大学旅游系的老师，我叫蔡洁。"在进行自我介绍时，介绍的内容要简洁规范，如果发现接待方有兴趣进一步了解我们时，可以适当地增加介绍的内容，但一定要选择对方感兴趣、想了解的内容进行介绍。如果有名片，应用双手将名片递送给对方，名片上的非重点内容不必重复进行口头介绍。

自我介绍完成后，最好加一句结束语，比如"很高兴见到您"等。这样的语言既能表达出自己结识对方的欣喜之情，还能暗示对方"我的介绍结束了"。

二、自我介绍有策略

自我介绍的策略有以下四个方面。

1. 主动介绍

在职场中，尤其在拜访客户时，主动自我介绍可以给对方留下热情、主动、有礼貌的好印象。同时，参加活动及出席相关会议时，为了扩大自己的交往范围，结识各方人士，我们需要面带微笑，主动将自己介绍给对方。在介绍时，因位高者有优先知情权，所以，位低者应主动向位高者介绍自己。

2. 适时进行

关于自我介绍的"适时"主要指两个方面的内容，一方面是指自我介绍的时间要尽量短，一般不要超过半分钟。时间长了容易使人产生啰唆感或是记不住介绍的内容。

另一方面是指不要因为自我介绍而妨碍了对方的工作。拜访客户时，按照拜访的程序，应首先推开房门，之后完成自我介绍，如果我们发现对方正在伏案工作，或是房间里还有其他人，此时，应先询问对方，是否需要等一会儿再来拜访，然后根据对方做出应答的情况，再决定是否需要进行自我介绍。

3. 讲究技巧

在完成自我介绍的过程中，一定要充满自信、落落大方。自信来自流畅的语言、热情的语气和恰当的语调，同时还需要发自内心的微笑和规范的体态。

在进行自我介绍时，要实事求是，既不要太过于谦恭，也不要太过于夸大。在此基础上，我们还可以选择幽默风趣、自谦得体的方式。对介绍内容中容易出错的地方，可以进行重点解释或说明。比如，姓氏中的"陆"字，要告诉对方是陆地海洋的"陆"，还是公路的"路"等。

4. 遵循原则

在职场自我介绍时，我们应遵循介绍的原则：尊者有优先知情权，地位低的人要先做介绍，请地位高的人先了解自己的情况。比如，在一位科长和一位处长见面时，科长应该主动向处长介绍自己。服务人员在为客户服务时，应先向客户介绍自己。

在职场中，得体的自我介绍可以留给对方很好的第一印象。一个得体的自我介绍，会成为我们的职场"通行证"，能促进我们与陌生人之间的有效沟通。一个好的印象往往就是从大方得体的自我介绍开始的，让自我介绍成为我们成就事业的"助推器"，帮助我们取得事业的成功。

第四节　如何介绍他人相识

一次，人社局的小王去参加一个创业者座谈会。主办方工作人员将小王引荐给邻座的与会者："这是小王，是非常能干的姑娘。小王，这是版画风项目的陈总。"之后，主办方工作人员就忙着招呼其他参会者了。距离会议开始还有一会儿，陈总便和小王聊了起来。陈总说道："今天上午，我还专门去市民服务中心的人社局就业促进科，咨询在疫情期间国家企业有没有政策支持，工作人员态度特别不好，还满嘴的官腔。我问她有没有纸质的宣传卡，他找了半天，可不耐烦了……"

听着听着，小王的笑容渐渐僵在了脸上，许久不知道该怎样回应陈总。那么，出现这样尴尬的局面，是什么原因造成的呢？如果介绍者告诉陈总，小王是代表人社局就业促进科来参会的，陈总还会这样直言不讳吗？

很快，陈总意识到小王的反应，于是便询问小王是做哪个行业的，当听到小王回答"我是人社局就业促进科的"时，陈总马上向小王致歉。

所以，为互不相识的人做介绍，是不可轻视的职场交往的重要环节。要讲究介绍的规则，尤其不可缺少应有的介绍内容，我们需要注意以下三个方面。

一、介绍的内容

"张总，您好！这是三阶成师项目的创始人吕艳芝老师。""吕老师，这是东方集团的张薇总经理。"

这是职场交往中，我们经常要做的事情。不难发现，在职场中为他人做介绍时，要准确介绍双方的姓名、职务或职称、工作单位三个关键信息。

在遇到被介绍双方可能会建立长期合作关系时，还可以做详细介绍。最好能将双方的成绩等告知，为双方提供更多的共同话题，这样可以为之后的交流提供帮助。像前文提到的参加座谈会时，因对方不了解情况而说一些不适宜的语言，就会使彼此都很尴尬；如果能找到共同兴趣或话题，就可以避免无话可说的冷场局面。

二、介绍的顺序

在为他人做介绍时要遵守"尊者优先了解他人"的原则。比如，先将职位低者介绍给职位高者，再将职位高者介绍给职位低者；先将自己公司的同事介绍给合作公司来访的客人，再把合作公司来访的客人介绍给自己的同事；先将新员工介绍给老同事，再将老同事介绍给新员工；先将公司的同事介绍给客户，再将客户介绍给同事等。

在为他人做介绍时还需要注意，如果被介绍的双方都与我们很熟，我们也应当使用尊称来称呼对方。比如："老向，这是我的同事珊珊。"这样的介绍完成后，双方都不知该如何称呼对方。所以，我们应该这样介绍："向总，您好！这是我的同事李珊。"

三、介绍时的手势

为他人做介绍时，我们不能用"一指禅"，就是用一根手指指向对方，这是十分不礼貌的做法。正确的做法是手指自然并拢伸出，指向被介绍者。介绍的手势的具体规范是：打出手势的手臂与手掌为一条直线，四指并拢，大拇指略内收，掌心朝向侧前方，另一只手臂垂放于体侧。手势的高度应该在被介绍者的胸和腰之间。

◎ 为他人做介绍

被介绍的双方在相识之后，要进行适当的问候、寒暄。比如："您好，李珊，很高兴与您相识。""谢谢您，向总，见到您很高兴。"这样就可以加深相互间的印象，表达出自己乐于结识的意愿，同时也是有礼貌的表现。

在期待与他人相识的时候，切记不能冒失地去询问对方："你叫什么名字？"主动相识的意愿是很好的，但是直接去问别人的名字是不礼貌的。在期待结识对方时，我们也需要用委婉的语言来表达，比如："打扰您了，我是陆薪宇，请问怎样称呼您呢？"

介绍他人相识是我们在职场中常常遇到的事情。为他人做介绍与我们的自我介绍同样重要，恰当到位的介绍都是我们给他人留下良好印象的关键，同时也是体现自己修养的时刻。我们要掌握为他人做介绍的规则，为进一步的交往打好基础。

第五节　完成引领的三个细节

某旅游古镇将举行一场隆重的颁奖仪式，特邀礼仪培训师陆老师提前一天到现场考察，并辅导礼仪人员进行颁奖仪式彩排。陆老师准时到达古镇，负责接待的是一名年轻的工作人员，她十分热情地带陆老师去查看颁奖仪式的场地。

作为热门旅游地的古镇，一路上来往穿梭的游客很多，但这位工作人员的步伐较快，一会儿的工夫陆老师就被引领人员落在了后边，两人很快就失散了。对于第一次来到古镇的陆老师来说，由于对周围环境很陌生，他便选择原地等待引领工作人员。所幸的是没过多久，工作人员便快步返回并连忙说道："陆老师，不好意思，刚才我走得太快，把您落下了。"

在这个案例中，工作人员只管赶路，忽略了关照陆老师，工作人员的引领是失职的。

在职场中，到底应该怎样做才能更好地完成引领呢？

在我们引领他人时，经常回身关照被引领者是一个很好的方法。要根据被引领者的步伐速度来调整自己的步速，这样做，被引领者便可以轻松地跟随。

为表达对客人的重视与敬意，在规格较高的职场活动中，我们可以选择侧身引领的方法。在侧身引领客人时，我们需要以腰为轴，将上体转向被引领者，面朝对方并保持微笑，侧身的角度以被引领者能够在自己的视线中为宜。在引领过程中应适时做出引领的手势，给出被引领者行走方向的指引。在完成水平引领时，打出的手势要规范。在手势动作到位的同时，要伴随相应的引领语言，比如"您好，这边请"，之后开始走向引领的目标位置。需要注意的是，打出手势后便要引领客人走起来，手势保持2秒左右收回。引领时要根据被引领者的步速，随时调整自己的步伐以适应对方。引领的目的不仅仅是到达应有的位置，而是通过积极的语言等与对方进行交流，使对方获得被重视的愉悦感。

在职场中做到规范地引领他人，需要注意完成以下三个细节。

一、不同区域的引领

引领中，与被引领者的位置关系很重要，我们要根据不同的区域做出不同的选择。

1.走廊的引领

在走廊引领客人时，要行走在被引领者的左前方，与其保持1米左右的距离。这样做不仅遵守了以右为尊的礼仪规则，同时也防止对面走来的人与被引领者发生碰撞，达到保护对方的目的。

2.进出电梯的引领

在进出电梯时，通常会遇到两种情况。一种是有专人控制的电梯。这时应请被引领者先进入电梯；在电梯到达时，要请被引领者先走出电梯。第二种是无专人控制的电梯。这时的做法是引领人员应先进入电梯并用手指或胳膊挡住电梯门，防止电梯门自动关闭，之后请被引领者进入电梯；当电梯到达时，同样要用手指或胳膊挡住电梯门，并示意被引领者先走出电梯。

◎ 走廊的引领

3. 大堂或上下主席台的引领

在大堂或上下主席台时，引领人员要走在外侧，请被引领者走在内侧，内侧就是距离大堂或主席台中心点较近的位置，这是以内为尊的原则。

4. 上下楼梯的引领

在上下楼梯时，应请被引领者走在高处。比如，由走廊引领转向上楼梯时，我们应先停住自己的脚步，凝视着对方说道："您先请。"下楼梯时，我们要走在前面，被引领者走在后面（即相对较高处）。这样做都是将高处留给了对方，体现出对客人的尊重，同时也起到保护被引领者安全的作用。此时遵循的是以上为尊的原则。

5. 进出房间的引领

进出房间的引领，分为房间有人和房间无人两种情况。在房间无人时，要遵循客人先进先出的原则。具体做法是：引领人员打开房门后，请客人先进；出房间时请客人先出。在房间有人时，首先要敲门，请客人在门口稍待。在听到应声后再推开房门，此时，我们要先走进房间，请示领导："您好！张总，客人已经到了。"在争得同意后自己要站立于房门一侧，请客人进入房间，我们在其后跟进。

二、适时提醒和关照

在引领过程中，遇到像拐弯、有台阶或是即将到达目标位置时，都需要及时提醒被引领者。比如，在即将到达目标位置时，需及时提醒被引领者："我们马上就要到了。"这样可使对方有心理准备。

在乘坐电梯时，如果被引领者人数较多，我们需要提前提示对方："出电梯后请稍等。"或者提前告知："出电梯后，请大家左转。"这样就能避免先走出电梯的被引领者不知所措的情形。

如果遇到人多拥挤或是路况不太好的情况，要及时提示并关照对方："前方人多，请大家小心"或是"路况不太好，请注意安全"等。

三、灵活选择恰当的引领方式

在职场交往中，引领的方式并非一成不变，要根据被引领者的意愿灵活选择恰当的引领方式。比如，在引领中，当发现被引领者有交谈的意愿时，我们可以变换为与被引领者并肩行走。再比如，上台阶时，部分被引领者希望我们走在高处引路，此时，我们需要听从被引领者的建议。

引领他人是职场中经常要完成的事情，引领的过程不仅要让被引领者感到受重视，还有一个重要的目的就是保证被引领者的安全。掌握好引领时的三个细节要领，能够让我们的引领工作顺畅进行，以便于后续工作的展开，避免出现因引领不当造成尴尬或者不愉快。

第六节　由握手开启职场之旅

握手是人与人之间传递礼貌、友好、尊重的表达方式。在史前时期，人类的祖先以打猎为生，在他们的生活中四处都暗藏着危险。因此，先人的手中多是备有利器的。当不同部落的人相遇时，如果双方并无恶意，他们便会伸出自己的手并打开手掌，向对方表示自己手中没有石头或是其他武器，以示善意与友好。在社会发展过程中，这种见面的方式沿袭了下来，并发展为今天的国际通行礼节——握手。

握手是职场交往中最常用的见面问候礼节，无论同事间、上下级之间、主人与客户之间，当双方被介绍相识时、分别时、达成合作或签约时，规范得体地与对方行握手礼，成为表达友好、尊重的良好方式。

那么，怎样使我们的握手能够准确表达友好、合作、尊重的意愿呢？我们需要从以下五个方面做起。

一、握手的顺序

我们或许见过这样的尴尬局面：在职场面试中，面试者在进入面试房间后，便热情地主动伸出手，想与面试官握手，而面试官往往回应道："请坐吧。"那么，为什么考官回避握手呢？因为，握手的第一个重要规则是身份高的一方应该先伸手，这位面试者违反了这一规则。

1.顺序的规范

握手时，关于伸手的先后顺序规则是：身份高者要先伸手，因为地位高者有优先选择权。

比如，在前面的面试案例中，作为期待就职的面试者来说，位高者自然是面试官。先伸手的面试者表达的并不是热情，而是不清楚规则。其实，这不是面试者希望传递的信息。因此，一定要明确握手时哪一方先伸手的规范要求。

在多人握手时，其顺序也应规范得体。比如，与我们交往的企业有三位代表，分别是总经理、副总经理、部门经理，那么，此时的握手顺序应遵循由尊而卑，即从身份高者至身份低者依次进行。在多人交往时还有一种情况，比如，会场中人数较多，且不容易分辨出对方地位的高低，此时应遵循由近而远的顺序进行握手，而不能跳跃式或选择性地握手，这是握手时非常重要的礼节，不容忽视。

2.握手顺序规则的应用

握手的规范顺序是身份高者居前，但也有一些特殊情况需要我们明确其规范做法。比如，有客人前来拜访时，伸手的顺序是不同的。

主客之间，在身份相同时，其规则是：在客人到达时，应由主人先伸手表达对客人的热情欢迎；当客人离开时，规范是由客人先伸手，此时，若是主人先伸手，则会让客人感受到主人是否急于让自己离开。

二、握手的规范动作

握手的规范动作是：双方相距 70cm 左右，采用标准站姿或 V 形脚位的站姿，目视对方，面带微笑，上体前倾 15～30 度，伸出右手，四指并拢，大拇指自然张开，双方双手虎口相交，手掌相握，用力适度，上下震动 2～3次（图 9-1）。

握手时整体姿态要自然，如果他人走来要与我们握手，我们正在座位上坐着，此时要起身。

在与他人握手时，手掌要垂直于地面。这一动作表达的是和谐平等的意

◎ 图9-1

愿；若是掌心略向上，则表示谦恭、谨慎，这往往是面对尊者、长者时的握手方式；还有一种做法是掌心向下，这种方式容易传递出自高自大，以及要掌控对方的心理状态，是我们在职场交往中应该杜绝的握手方式。

三、握手的力度与时间

在职场中与他人握手时，为了向对方表示热情与友好，手部的力量控制在稍用力为宜。在握手时，如对方用力过大，我们的体验一定是负面的，因用力过猛的握手会传递出示威、挑衅之意，甚至是疼痛感。所以，握手时既不能过分用力，让对方有负面体验，也不能无动于衷、毫不用力，使对方有敷衍了事的感觉。

与他人握手的时间也应引起重视，不宜过短或过长，初次见面的握手时间应控制在 3 秒钟以内为宜。

在职场交往中，双手稍触即离的握手，因时间过短，会给人一种敷衍、不信任，以及怀有戒心之感，是不可取的。反之，与对方握手的时间过长，尤其是握住异性或初次见面者的手长久不放，则会使对方心生反感。

四、握手时的语言

与对方握手时，应神态专注，双目注视对方的双眼，表达热情、友好。握手时，除面带微笑外，还应有语言问候，如"您好，我是×××，请您多多关照""很高兴认识您""久仰久仰，今天终于有幸相识"等等。

五、握手时的禁忌

1.忌握手时戴墨镜与手套

在与他人握手时，如戴墨镜应及时摘下，注视对方，完成握手才能表达友好与尊重的情感。

职场交往中，在与人握手时均不应戴手套，我们之所以在会面时选择握手的方式，就是为了在彼此的双手接触时传递出自己的内心情感。而戴着手套的握手则意味着我们并不情愿与对方进行情感交流。因此，一定要摘下手套与对方握手。

◎ 握手的礼仪

有一种特殊情况，是在握手时可以不用摘掉手套的，就是正式场合中女士着配有薄纱手套的礼服时，此时的手套是礼服的一部分，在握手时不需要摘下。

2. 忌心不在焉

握手时，切不可心不在焉、三心二意，甚至傲慢高冷。当对方向我们伸出友谊之手时，如果迟迟不握或是一边握手一边东张西望，甚至在与一人握手时还在和其他人打招呼，这都是极为失礼的做法。

3. 忌交叉式握手

在职场交往中，有时会出现多人同时握手，此时要特别注意，不要出现交叉握手的情况。当自己伸手时若发现他人已伸手，则应主动收回并致歉；待他人与自己完成握手后，再伸手与别人相握。交叉式握手是一种失礼的行为。在某些国家，交叉握手会被看作是最无礼且不吉利的事情。

握手是职场交往中必不可少的礼节，我们用握手表达相互的友好，用握手化解与他人之间的隔阂，用握手加深双方的理解与信任，也会用握手表达我们内心的尊敬、景仰、祝贺、鼓励、合作、不舍、欣喜。只有规范的握手，才能传递出与对方相握的美好情感，让我们用规范的握手开启自己的职场之旅。

第七节　传递正能量的名片

职场人士需要与同行或是客户进行交流，而名片在职场交往中起着传递必要信息的作用，尤其对于初次见面而言，名片更是必不可少的交流工具。在职场中，接收名片方可以从名片内容中了解到我们的基本情况，从而可以更迅速地拉近距离。在传递一张名片的同时，也传递了向对方表达尊重、友好、希望与之交往的善意。

一、何为名片

名片是标示其姓名、归属、岗位及联络方法的一张卡片，中国古代就用"刺""谒"等作为名片来使用。名

> **典籍中记录的"名片"**
>
> 《咳余丛考》中记载："古人通名，本用削木疏字，汉时谓之谒，汉末谓之刺，汉以后虽用纸，而仍相沿曰刺。"
>
> ——清代学者赵翼

片虽小，但在古今中外的职场交往中扮演着重要角色。名片就像一封介绍信，它用简短的信息准确地介绍了一个人。可以说递送名片是与陌生人相识时，最为快速、有效的一种自我介绍。

从另一个角度来讲，名片是一位职业人身份与社会地位的标志，是不可缺少的交际工具。

1. 制作名片的注意事项

名片的排版和材质有诸多选择，名片多为横版或竖版的长方形，尺寸在 5.5cm×9cm 左右，不宜过大或过小，这是为了便于保存。另外由于名片夹或名片册都有着统一的尺寸规格，因此，过大、过小或者异形的名片，往往让他人不易存放。

关于名片的材质，最佳选择是卡片纸，利于环保的再生纸更好。名片应注重实用性原则，选择不易丢失、磨损、折叠，且文字清晰可辨的材质为宜。不建议名片过于追求个性或时尚，如贵金属类、相片纸、木质等材质。

名片作为职业人个人形象的展示或一个企业的标识，从美观度上应有所考量，名片的色彩要控制在三种之内。因颜色过多，容易给人留下眼花缭乱、杂乱无章的印象。

名片应有的内容有三个方面。第一，关于归属的信息，即所在单位的信息，包括单位全称、所在部门和企业标志；第二，个人信息，包括自己的姓名、职务等内容；第三，联络方式，包括单位地址、办公电话、传真号码、移动电话、邮箱地址等信息。

2. 使用名片的注意事项

（1）足量携带。首先，平时要养成随身携带名片的习惯。参加一项职场活动前，要对活动环节以及参与人数有所了解，携带足量的名片，做到有备无患。

（2）名片不能有污损。名片相当于一个人的脸面，因此不能将有破损、褶皱或是有污染、涂写过的名片送给他人，以免给他人留下随意、不规范、不专业的印象。

（3）名片的存放。名片不能放置于钱包中，也不能随意散落在公文包或是置于裤兜内。当我们递送名片时，若从钱包、裤兜等处取出名片，会给对方留下不够专业的印象。我们需要准备存放名片的包（夹、册），专门用来存放名片。

二、递送名片的规则

在使用名片时，每一次递出的不仅是名片本身，也表达出想要与对方结识及交往的意愿，这些意愿会通过递送名片时的规范动作进行传递。

1.递送的顺序

递送名片时，要注意尊卑有序，顺序与为他人做介绍时的"尊者优先了解他人"的原则相同。地位低的人要先把名片递给地位高的人。比如，下级先递给上级，主人先递给客人。

在面对多人时，应按照对方职务高低递送名片，即按照职务从高到低的顺序递送。如果人数较多，不好分辨职务高低，可以从离自己较近的客人开始，由近至远。在面对圆桌落座时，要按照顺时针方向依次进行名片的递送，跳跃、选择性地进行名片递送是极其不礼貌的行为。

2.递送的动作

将名片递至他人时，规范的动作是：将名片上的文字正向朝向对方，使对方能最便捷地看到名片上的内容。同时，要用双手拇指和食指持名片离自己较近的两个上角，之后身体略前倾，双手递送至对方（图9-2）。

◎ 图9-2

3.递送的表情与语言

递送名片时，微笑是传递情感最直接的表情。与此同时，要加之适当的言语辅助名片的递送，如"请您多多指教""希望能多多合作"等。如果此时面无表情或没有寒暄的语言，会让对方感觉名片的递送只是程序过程，这样递送名片就失去了它应有的意义。

三、接收名片的规则

接收对方名片也同样要遵守规范。递送名片，代表对方愿意将自身信息传递给我们，也可以说明对方信任我们，想与我们相识。那么，如何规范地接受对方的名片呢？

1.起身相迎

接收他人名片时，不论多忙都要暂停手里的事情，起身相迎才显得重视。

对名片不重视，实际上是对名片主人的不重视。试想，当我们把名片递至对方时，对方还忙着手里的事情，甚至说"好，放在那儿吧"，我们会作何感想呢？因此，起身相迎是对对方最基本的礼貌表达。当然，面带微笑，双手接过对方的名片也是必不可少的礼节。

2. 表示感谢

接收对方名片时，要有所回应并表示谢意，如对方说"请多指教"，我们应回应"不客气，我们多联系"或者"很高兴认识您"等。没有言语的交流往往很难让对方了解我们的本意，甚至导致误解。如果语言不当也会让对方感觉不舒服，如对方说"请多指教"，我们回答"好""行"，这样的回答会给人傲慢的感觉，不仅难以拉近距离，反而会使双方关系疏远。

3. 仔细阅读

接过对方名片一定要看，为什么呢？认真阅读对方的名片是表示对对方重视的重要方式。试想我们把名片递给了对方，结果对方将其放在了桌子上，转身问我们贵姓时，我们有什么感受？其次，名片上的信息会帮助我们选择适合的交往方式，以此开启愉悦的交流。反之，如果因没有认真阅读而搞错了对方的单位、职务、姓名，这是失敬于人的，更是不重视对方的表现。

4. 放置到位

当我们阅读对方的名片后，要及时将名片放置于名片包（夹、册）里，同样，这可以使对方感受到我们对他的重视。不能将对方的名片随便乱扔，更不能拿在手中把玩，因为这都是非常失礼的行为。

随着时代的发展，电子名片也逐渐在职场中流行起来，比如微信名片。当我们得到对方的微信名片时，会感受到对方与我们有更进一步交往的意愿，并且微信名片除了起着纸质名片的作用外，还在日后的交往中起到即时联络、增进情感、传递信息、文书往来等作用。

无论何种类型的名片，都是职场交往中不可或缺的重要工具。在递送与接收的过程中我们发现，它不仅仅是我们的介绍信，更是我们向他人表达尊重、传递善意、表示友好、获得重视的重要途径。每一张名片传递的同时，也是在传递着正能量。

第八节　职场交往的适宜距离

我们常听到这样一句话："距离产生美。"当然，这里的距离概念是广义的。在职场中，人与人之间选择适宜的社交距离确实可以产生美感，这样的适宜距离有助于推动我们事业的顺利发展。

一位心理学家曾在一个面积很大的图书阅览室内研究人际距离的问题。实验是这样进行的，在阅览室只有一位阅读者时，他搬了一把椅子，坐在距离这位读者非常近的地方。这个实验重复进行了 80 次，他发现当他如此近距离地坐在读者旁边时，会引起对方的反感和不满。实验中他还发现，有的读者离开了座位，换到远处落座；有的读者不满地翻着白眼离开了；还有的读者直接质问："干什么呀？"

通过这个实验，我们不难发现，人与人之间的交往是需要保持一定的空间距离的。每个人都有一个自我空间，当有人进入自我空间时，便会产生一种抵触或不舒服、不安全的感觉，尤其是当陌生人进入时，这种感觉会更加强烈。

在职场交往中也是如此，不恰当的距离会让对方反感并使自己失去机会。

在某酒会活动中，一家公司的女总裁正在使用手机处理问题，这时，一位陌生男士突然走了过去，并且在距离她非常近的地方停了下来。致使女总裁下意识地退了一步，她还看了一眼自己的包包。男士看到她这样的举动后解释说自己并无恶意，只是想做个自我介绍，相互认识一下，看看是否有机会合作。

相信，最后的结果我们都已经清楚了，女总裁回答道："抱歉！我还有事……"然后，便转身离开了。

案例中的这位男士，因为没有把握好与陌生人之间的交往距离，造成了女总裁的反感。那么，在职场交往中，怎样的距离才是适宜的呢？我们需要了解三种常见的人际交往距离。

一、亲密距离

亲密距离是人际交往中最小的距离，这种距离大约在 0.5 米以内，会出现肌肤之间的接触，相互间还会感受到对方的体温、气息。因此，通常发生在情侣、夫妻、父子或要好的闺蜜之间。类似肌肤的接触，比如，挽臂、牵手、促膝长谈等都是亲密无间的表现。

亲密的距离适用于私密性的交往，并且只适宜于情感密切的人之间。在职场中，互相之间，尤其是异性之间，如果选择亲密距离，是很不雅观的。在同性之间出现这种亲密的接触，也只限于无话不谈的知心朋友，这种超乎一般同事之间的亲密距离，在职场中应慎重选择。在职场交往中，要特别注意的是，如果不是十分亲密的关系，却又闯入对方的亲密距离之内，必定会引起对方的反感甚至厌恶。

二、社交距离

社交距离比亲密距离要远，适用于职场交往，其范围在 0.5 ～ 1.5 米之间。通常在工作场合或社交场合，我们需要保持这种距离。

比如，在工作中，领导呼唤我们到他的办公室谈话，我们进门之后应当站在距离领导 0.5 ～ 1.5 米的位置。领导多是坐在办公桌后面，而桌子的宽度一般都会在社交距离的范围内，也就是说，我们和领导之间的距离不要小于桌子的宽度，否则领导就会有"这个员工真没有规矩"的感觉。再比如，服务大厅的工作人员在为客人办理业务时，或者销售员在给客人介绍产品性能时，都需要与对方保持 0.5 米以上的距离，而不要进入对方的私人空间。反之，如果距离大于 1.5 米，对方可能会感觉自己被怠慢了。

社交距离能够很好地营造出正式、庄重的交往氛围，是职场人士需要掌握的最佳距离。

三、公众距离

公众距离通常是指在参与庆典活动、大型会议、宣讲时，主席台上的发言人与台下观众之间保持的距离，其范围大约为 1.5 米以上。

在职场交往中，我们还需要考虑交往对象的性格和具体的情境等因素。

比如，性格开朗的人更喜欢他人接近自己，如果在交往中刻意与其保持距离，反而容易使对方产生被冷落的感觉；而性格内向、不善言谈的人不喜欢别人距离自己太近，对自我空间的要求较高，当别人主动接近时会使他们产生反感。面对这类性格的人，我们就需要给他们足够的自我空间，让对方感到舒适，这样才更有助于后续的交往。

在人与人的交往中，空间距离的远近可以反映出交往双方的关系。因此，选择正确的交往距离是非常重要的事情。把握人际距离，我们不仅需要具备距离意识，掌握适宜距离的礼仪规范，还要根据不同的交往对象、不同的场合做出适宜的判断与选择。适宜的人际距离会使交往双方都感到舒适、安全，这样的氛围有助于交往的顺利发展。

第九节　职场接待的位次规则

有一个词语叫作"虚左以待"，它出自魏国时期发生的一则故事，意思是由主人亲自赶马车，把左边的席位留给尊贵的客人。中国"以左为尊"的习惯自古沿用至今，比如，使用八仙桌用餐的家庭，传统习惯是北为上、左为上，所以落座在北面及左侧位置的往往是家中有威望的人。

而在西方，人们习惯"以右为尊"，对于这种习惯的解释有很多种，其中一种说法是古代的君王们是有佩剑的，佩剑通常配在君王的左侧腰间，剑柄向右。因此，君王会安排自己非常信任、可靠的人站在自己的右手边，以防止不可靠的人拔出腰上的剑来伤害自己，"以右为尊"的习俗就这样产生了。

无论是中国的"以左为尊"，还是西方的"以右为尊"，都是希望人与人之间的交往能够顺畅、愉快地进行。在现今的职场中，面对商务性质的活动，比如会见、会谈、乘车等，往往遵循"以右为尊"的国际通则进行位次排列，而政务性质的活动位次安排会遵循"以左为尊"的规则。大家可以参照本书相关章节的内容。

一、正式会见中的位次排列

在职场中，以商务场合为例，正式会见的位次排列为面向房门，主宾应落座于主人的右侧，主人落座于主宾的左侧。双方的随从人员按照身份的高低，由距离主宾和主人自近向远依次排列（图9-3）。

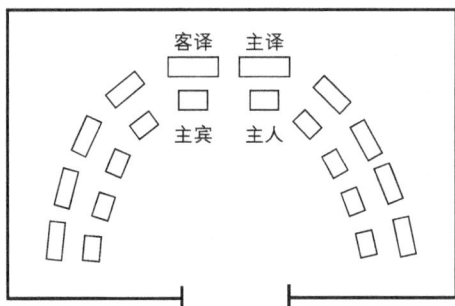

◎ 图9-3

二、正式会谈中的位次排列

在正式商务会谈中，会谈双方通常会在会议桌的两侧相向落座，这里的规则可参考本书图8-5所示内容，当房门和会议桌为平行关系时，按照"面门为尊、居中为尊、以右为尊"的规则进行座次排列。

如果房门与会议桌是垂直关系，要以面向房间为准，右手一侧为客方位置，左手一侧为主方位置（图9-4）。

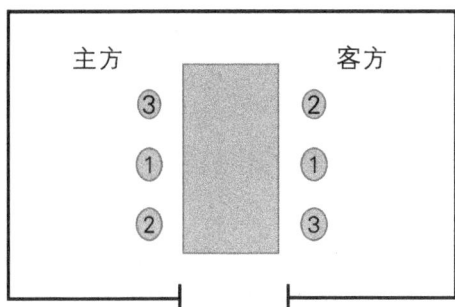

◎ 图9-4

三、接待中乘车的位次排列

在职场中，无论是日常工作还是参加各类活动，经常会遇到与同事或客户共同乘坐轿车的情况。这时，以使用频率最高的五人座轿车为例，通常有两种位次排列的方式。

（1）当主人亲自驾车时，其位次排列由高至低依次为：副驾驶座、后排右座、后排左座、后排中座（图9-5）。

◎ 图9-5

（2）当专职司机驾车时，其位次排列由高至低依次为：后排右座、后排左座、后排中座、副驾驶座（图9-6）。

◎ 图9-6

职场交往能够体现一个人的专业能力与交往水平，而会见、会谈、乘车时的位次规则，是我们在职场交往中必须掌握的礼仪规范。当然，我们还需要根据接待时的具体情况做综合考虑，比如，若第一主宾乘车的习惯是落座于副驾驶的位置，我们就应该尊重客人的选择。

第十节 接待中的茶礼规范

茶是职场交往中的常备品。中国人以茶待客的习俗历史久远，它蕴含着主人对客人的热情与尊重。

在职场接待中，主客双方往往是从一杯茶开启交谈的，因此，接待中的茶礼规范也是我们在接待工作中必须掌握的，主要有以下两个方面的规范。

一、奉茶

在职场待客时，应在客人到来之后，及时主动地奉上茶水。尽管现代社会工作节奏加快，很多奉茶待客的礼节已进行了简化，但是，传统奉茶需要把握的"净"与"敬"两个原则，依然适用于现今的职场交往。

（1）为客人上茶前，我们的双手要干净清洁，招待客人的茶具要清洗干净。日常为客人沏茶时，可以使用玻璃杯或瓷杯，其中带盖子和碟子的瓷杯三件套，是职场接待中规格较高的待客茶具。无论哪种茶具，在使用前均需检查有无残破、裂纹，应没有茶垢、污垢等。泡茶时，不能直接用手抓取茶叶，而应使用专用的茶匙取茶。

（2）当我们需要同时向多个茶杯斟茶时，需注意保持每个杯内的茶水量一致。在中国有"茶满欺客"的讲究，所以杯内的茶水斟至七八分满为宜。

（3）客人较多时，要讲究奉茶的顺序，要先为尊者奉茶，以客为先，也就是先为客方奉茶，从第一主宾开始至其他宾客，为客人奉茶后再为主方人员由高到低进行奉茶。

（4）为客人奉茶时，还需要注意动作的规范，应使用右手持杯，左手附在杯底，手指不能触碰杯口。茶杯应置于客人的右前方桌面上，如有杯耳时应将杯耳朝向客人右手方向45度角，以方便客人取用。

（5）给客人奉茶时应使用敬语："请您用茶。"如果在主客交流过程中添水，则是不需要开口的，以免打断对方。

（6）为客人奉茶时动作要轻、稳，不能让茶具相互碰撞发出声音。如

使用有杯盖的茶具，上茶或续水后应捏住盖钮，将杯盖
向杯耳方向移动，使杯口留出缝隙。这样能够使水温更
快下降，便于入口。

（7）交流过程中，要留心观察客人的茶水余量，不
要等到茶水喝得见底时才续水，应在客人喝几口之后或
杯内约余三分之一时及时续水。

（8）在职场交流过程中，如果我们是被接待方，在
主人奉茶、续水时，应向主人表示感谢。

◎ 奉茶的礼仪

二、品茶

在职场交往中，无论接待还是拜访，或是在会议、会谈、会见活动中，
宾主双方都会举杯饮茶，在我们饮茶的过程中也需要遵守礼仪，做到礼貌
品茶。

（1）饮茶时应将茶杯端起送至口边喝茶，不能低头或向前探头去接近
茶杯。

（2）如茶水过烫，不能直接用嘴去吹，应等茶水温度合适时再端起茶
杯品饮。

（3）喝茶不单单是为了解渴，不论我们所用茶具的杯体是大是小，我
们是否口渴，都不能一口将茶水饮尽，需要一口一口品饮才是正确的。使
用小型品茗杯时，需要三口完成品饮，第一口试茶，观其色；第二口闻茶，
闻其香；第三口慢慢啜饮，品其味。

（4）喝红茶时如果要加糖，应使用公用的小勺子或夹子将糖放入红茶
中，之后用自己杯碟上的小勺轻轻搅拌。不论是喝红茶或是奶茶，都不能
用小勺舀着喝，也不能将插着勺子的杯子直接端起来喝，搅拌完毕之后应
将小勺放回杯碟上，然后再端起杯子品饮。

随着中国茶文化的传播，人们对茶的认识越来越广，茶也深受更多职
场人士的喜爱，在职场交往中更是有"待客不可无茶"的礼节。所以，茶
礼也是我们在职场接待中必须掌握的礼仪常识。

第十一节　送别客户的步骤

当回忆起与他人的某次会面时，我们可能会更容易想起送别时的情景与细节。在心理学上，将人们留给交往对象的最后印象称作"末轮效应"。在交往过程中，我们既要重视树立良好的第一印象，也不能忽略给对方留下的最后印象。而讲究送别客户的礼仪，是留下最后印象的关键内容，在一定程度上，最后的送别步骤可以决定对方对我们的印象能否持续。

一天中午，小陆跟同事一起用餐，地点是单位附近一家新开的中餐馆。从他们一进门，服务员的微笑致意、热情问候，以及规范的引领手势，都让他们对这家餐馆服务很满意，因此大家的心情都非常愉悦。对用餐过程中的服务，大家也感觉非常满意，其中一位同事还当即发了朋友圈，为这家餐厅点赞。

用餐结束，在大家带着快乐的心情准备离开时，却又觉得有些失望了，原因是服务员在大家走出餐馆的大门时没有任何表示，结账之后，服务员所有的热情与周到全部消失了，这让人感觉非常失望，大家顿时没有了"改天再来"的热情。

显然，所有的好印象都在最后的送别环节被摧毁了。所以，在职场交往中，我们一定要讲究送别客户的细节及步骤，做好以下几件事。

一、在愉快的氛围中结束交流

曾听到某位职员抱怨："这个客户太能聊了，该处理的事情都处理完了，也已经聊了很长时间，我本来就很忙。可是又不好直接催着他离开。"这位职员担心伤及客户，说明他是比较有修养的。从另一个角度思考，客户乐于和他交流，他应该为此感到高兴。

其实，在实际工作中，如果确实有事情，我们可以选择比较简洁、委婉的方式让客户主动并高兴地离开。比如态度友好地跟客户说："和您聊天让我非常愉快，我学到了不少东西，如果等一下公司不安排开会的话，我们还可以继续下去。"这种委婉的结束方法是让客户比较容易接受的。

二、对客户的到来表示感谢

客户到来时，我们要热情地问候，离开时同样需要用心地道别，声音仍然要保持如同迎接客户时那样热情，甚至还可以更加热烈一些，给客户留下深刻的印象。客户在繁忙的工作中，抽出时间来与我们见面，是对我们工作非常大的支持和肯定，所以，我们一定要真心感谢客户的来访。比如，在客户临走时真诚地说："您的到来让我十分高兴，非常感谢您对我们工作的支持和肯定……"一句"有温度"的真诚道别及答谢，也是我们维系与客户关系的良好方式。此时，如果有恰当的礼品赠送，会让客户更长久地回想起本次见面的情景。

三、送别客户

送别客户时，无论工作有多繁忙，均要停下手里的工作并起身离座，但要注意我们须在客户起身后再起身，否则会有催促客户离去之嫌。

送别客户时，可以送到办公室外，也可以根据具体情况送得再远一些。送别时，要为客户打开房门，待对方走出房门之后，自己再走出去。

送别客户时，如果需要陪同客户走一段路，要走在客户的左侧，并选择与客户并肩行走。在与对方道别之后，需要在原地稍作停留，因为道别后多数人有回头再次道别的习惯，所以我们应停留至客户完全离开视线范围内再离开。

曾有一位汽车销售员分享了自己的经历：

有一次，因一直站在雨中目送客户离开，当客户开车调头路过时依然看到她站在雨中热情地微笑着，客户觉得很感动，当即又将车开进 4S 店的停车场，直接进门把刚刚还在犹豫的车辆交了定金。从那以后，这位销售员更加重视从迎接到送别的每一个细节，通过努力，她还成为店里的销售明星。

◎ 送别客户的礼仪

在职场交往中，为客户提供服务时要做到有始有终，客户到来时享受到的贵宾礼遇，在离开的时候也应同样享受到。所以，我们一定不能忽略送别客户的每一个步骤，要给客户留下完整的好印象，这样才能为今后的合作与交流打下坚实的基础。

第十章　拜访中的职场交往

> 往而不来，非礼也；来而不往，亦非礼也。
>
> ——《礼记·曲礼》

第一节　拜访前的准备工作

在职场交往中，成功的拜访来自方方面面，其中一个方面是重视礼仪、遵守规范，这样做不仅让受访者对我们产生训练有素、有亲和力的良好印象，同时也展示了企业的良好形象，从而提升了企业在行业中的竞争力。

凌风是一家移动设备公司的业务经理，出于业务需要他时常要到客户公司拜访，与客户沟通感情、进行业务洽谈、开会谈判和签署合约。但凌风本人比较随性，不拘小节。有一次，客户与凌风约好了第二天早上9：30在客户所在公司洽谈业务。可是凌风前一晚喝酒喝多了，第二天早上起床很晚，没来得及仔细检查公文包中的资料，就匆匆来到对方公司开始会谈，此时，凌风才发现合同没有带来。对方公司代表对凌风的失误非常不满，认为凌风小瞧自己的公司，同时认为他所代表的公司并没有合作的诚意。由于这次会谈失败，对方公司把上千万的合作机会给了其他公司。由于类似的情况经常在凌风身上发生，最终的结果是，他被公司辞退了。

凌风的失败说明了拜访当中的一个重要问题，就是进行拜访之前需要做好充分的准备。只有准备好才有可能达到拜访的目的，否则一个小小的失误，就可以让所有的努力付诸东流，这是拜访中的大忌。在职场交往中，拜访之前一定要准备充分。这就需要我们做到以下几个方面。

一、提前预约

职场中无论出于哪一种目的的拜访，事先有约是非常必要的，"不速之客"往往会让对方产生反感。未经预约的来访者会破坏对方的既定计划和安排，令对方手忙脚乱。反之，事先预约有助于对方及时做好准备，提前做好安排，这样可以提高拜访的有效率和成功率。

常见的预约方式有：电话预约和当面预约。在电话预约时，需要注意在预约过程中保持委婉的口气，礼貌问候对方，同时自报家门，用商量的语气询问对方是否有空接受拜访，若对方有别的安排不能预约，仍要保持良好的心态，可以再预约其他时间。打电话预约的时间宜选择工作时间，避开用餐、午休和节假日等时间，预约时要说明拜访的内容，这样对方可提前有所准备。当然也可当面预约，就是在上一次会面结束时，提前预约下一次拜访的时间。

二、了解客户信息

根据拜访的目的和内容，我们应当提前了解客户的姓名、性别、职位、单位、年龄、在企业和行业所处地位、专业度、兴趣爱好、联络方式等。除此之外，还需要了解客户的办公场所地址、行车路线等相关信息。如果深入调研，我们还可以了解客户的民族、籍贯、学历、经历等相关信息。对客户的信息掌握越全面，越有助于在拜访中拉近与客户之间的距离，从而与客户展开愉悦的会谈，进而达到拜访的目的和效果。

三、拜访形象准备

人们常说"细节决定成败"，良好的职业形象会给受访者带来良好的印象。相反，糟糕的职业形象，会让对方不愿意进一步与拜访者深入接触。无论是女士还是男士，形象对于拜访时第一印象的形成相当重要。因此，在拜访之前，我们一定要做好形象准备。

拜访时着装要整洁、大方、庄重、得体，要根据时间、场合、目的选择适宜的服装。比如，去施工现场拜访工程师，选择西装并不是一个很好的做法，而穿着夹克衫会比较适宜。当然，根据服装选择相应的配件也十分必要。还要注意保持服饰穿搭合理、规范。在拜访前还需要修饰仪容，保持干净清爽。

女士宜化适宜拜访的淡妆（具体方法可参考本书相关内容），头发梳理整齐无乱发，长发可根据拜访的性质选择盘发、包发或扎马尾。指甲要求长短适宜、干净利索，女士不涂有明显颜色的指甲油。男士保持面部清爽，发型梳理整洁，指甲修剪整齐并干净卫生。

四、资料和物品准备

职场交往中的拜访多会涉及业务往来，这就要求拜访者一定要带齐资料。业务交谈时，相应的文件资料是客户做出判断时最直观的依据。例如，销售人员在销售商品时，如果能把己方的产品与同类竞争对手的产品进行对比，将文字化或者图片化的信息摆在客户面前，可以大幅增强说服力。丰富的资料也可避免谈话中的冷场局面。拜访者在拜访之前，不仅要将资料准备齐全，还需提前熟悉所有资料，避免在拜访中出现一问三不知的情况。

1. 拜访资料准备清单举例

（1）拜访所需的产品说明书、目录书、广告资料、其他公司同类产品相关资料、数据对比资料等。

（2）单位证明、客户名录及客户意见记录本、照片集等资料。

（3）订单、合同等文件。

2. 拜访物品准备清单举例

（1）身份证、名片。

（2）样品、赠品、小礼品。

（3）电脑、硬盘、U盘、读卡器、翻页笔。

（4）笔记本、黑色水性笔或钢笔。

五、出差准备

如果被拜访单位在外地，就会涉及出差的问题，出差是一种特殊情况的拜访。除了上述准备工作外，车辆安排、交通线路、航班信息、住宿、餐饮预订等都应该提前了解或者确认，要熟悉单位出差报销规定并严格按照规定办理。

另外，个人用具也应提前备好，包括服饰、洗漱用品、常备药、各种充电器、女士护肤品及化妆品或男士剃须用品等都需准备齐全。

六、心理准备

除了上述准备工作，心理准备也是非常重要的。初次拜访不熟悉的客户，很有可能出现紧张情绪，这就需要我们调整好心态，克服紧张心理。公司产品的相关信息均须努力钻研并熟记，对竞争对手的信息也须加以研究、分析，这样才能做到知己知彼，增加拜访时的自信心。另外，掌握拜访的主要内容也可以有效克服自己的胆怯和紧张心理。深呼吸、数颜色、背诵乘法口诀表等都是不错的调节心理的方法。

拜访的礼节主要体现在微小的细节上，为了让拜访顺利、成功，我们需要提前预约，并在形象、资料、物品、心理等各方面做好准备，注重每一个细节，让工作做到万无一失，这样才能成为有素质、有修养、准备充分、信心十足的拜访者。

第二节　拜访时的时间管理

现代社会人们惜时如金，时间的安排也特别紧凑。因此，在拜访他人时，时间观念就显得尤为重要。与对方约定拜访时间之前需要多方面考虑，约定之后需要准时赴约，没有特殊情况不能无故失约，这些都是职场交往中最起码的礼仪。

韦方强是一家大型生产设备公司的总经理。有一次，他得知某著名大公司的总经理王亚南正在本市进行实地考察，寻求合作伙伴。于是，韦方强多方努力，调动各方面资源，终于在市政府的帮助下，寻得了与王总经理会面的机会，这让韦方强很快乐。更让他喜出望外的是，对方也对他的企业很感兴趣，合作意向浓厚，并希望双方能够尽早见面。于是，双方约定次日早9：30在王总经理公司驻本市的办事处见面会谈。

第二天，韦方强恨不得早点见到王总经理，于是，他比预先约定的时间提前30分钟到达王总经理公司的办事处。而此时，王总经理正在约见另一位当地企业家代表李总经理。由于王总经理和李总经理的公司互为竞争对手，韦方强的提前到来，让双方觉得非常尴尬，也让王总经理觉得相当不愉快。

在等候的过程中，由于性子急，韦方强时常来回走动，不时询问王总经理秘书会谈何时结束，还多次走近王总经理和李总经理会谈的办公室，引得王总经理更加不悦。好不容易等到王总经理与李总经理会谈结束，王总经理还未来得及把李总经理送走，韦方强就迫不及待地来到王总经理面前。韦方强的这些行为，引起了王总经理的强烈不满，在礼节性地与韦方强谈了 10 分钟之后，韦方强就被王总经理礼貌地送走了。

事后，韦方强想要再次拜访王总经理，王总经理都以各种理由拒绝了。韦方强期待的双方合作最终没能成功。

韦方强因没有处理好会面的时间问题，最终导致拜访的失败，这样的情形在职场中时有发生。为了增加职场交往中拜访的成功率，拜访时的时间管理要符合以下礼仪规范。

一、选择适宜的会面时间

拜访时的时间选择通常是双方，特别是对方适宜和方便的时间。职场交往中的拜访必须考虑到主方是否方便，要做到客随主便，也就是要特别考虑主方的时间。不考虑主方时间的拜访是注定不会成功的。与此同时，不仅需要协商双方会客的具体时间，还需要协商会面持续的时长。

少数职场人士常常不考虑对方什么时间方便，直接登门拜访，这样就可能一次次地吃闭门羹。即使勉强见到对方，往往也不会达到预期的目的。为了提高拜访的成功率，预约恰当的拜访时间是非常重要的。一般拜访时间可选在早上 9～11 点，以及下午 3～4 点。另外，还应考虑对方所处的行业和企业的工作特点，以此来选择适宜的拜访时间。

二、准时赴约

如果双方已经约定好了会面时间，就要做到准时拜访。提前造访或是迟到，都会打乱对方的工作计划，这是严重的失礼行为。我们应当准时抵达双方事先约好的地点，不应随意更改拜访时间。到达的时间一般比预约时间提前 10 分钟为宜，这里需要考虑进入对方单位门岗的时间。如果在约定时间整点抵达，让对方等待，那也是非常失礼的。当然，也不应过早抵达，这样会打乱对方的计划，影响对方的工作节奏，会使对方感觉手足无措，继而产生反感。

拜访中，如果因为特殊情况或交通堵塞等不可控情况，不能准时抵达，至少提前 30 分钟告知对方自己可能无法准时抵达并说明具体原因，并告知对方自己预计到达的时间，同时，对自己不能准时抵达表示诚挚的歉意，否则对方会对拜访的态度产生怀疑。若迟到又实在无法提前通知对方，应在事后诚心诚意地正式道歉。这时需要注意，不要摆出很多理由为自己的失约行为辩解，这样会给对方留下推卸责任的印象。致歉时，还应礼貌询问自己的过失是否给对方的安排带来影响，并尽可能安排相应的补救措施。

三、耐心等待

拜访时，抵达约定地点之后要向接待人员告知自己的姓名和单位，还要说明情况，同时递上自己的名片，以便接待人员安排会面。如果拜访对象因特殊情况，不能立即接受拜访，这时需要在对方接待人员安排的指定地点耐心等候，不要打扰其他员工工作。如果对方没有安排指定地点等待，也可就近自行寻找位置，或询问接待人员，在哪里等待较为合适，并留下联系方式，以免出现对方找不到自己的情况。等待期间不应多次询问接待人员何时可以会面，也不应在对方公司随意走动。如果等待时间过长，也不要着急，可以思考拜访的主题和内容，这样可使后面的交谈更有针对性。此时依然要保持风度，不宜出现频繁询问、抱怨等行为。

四、拜访时长有度

职场中，无论拜访者还是受访者，大家的时间安排往往都比较紧张。因此，从尊重他人的角度考虑，拜访时长一般以半小时到一小时为宜，长时间的拜访会打扰对方的工作和安排。职场中重要且正式的拜访，要按照双方提前议定的时长进行，不可单方面拖长拜访的时长。

面对职场交往中的拜访，我们应注意选择适宜的拜访时间，做到准时抵达、耐心等待，并把握好拜访的时长，这些做法都是尊重对方的表现，能够体现出拜访者的修养，增进双方的感情，促成双方的合作。

第三节 拜访时的落座规范

在职场交往中，成败往往来自细节。在拜访他人时，要重视准备、守时守约。抵达拜访地点时，更要从细节上重视自身的礼仪，特别是初次拜访时，从见面到落座的这段时间里，要特别注意自己的言行举止，注重"首因效应"。这样做有利于受访者对拜访者形成良好的第一印象，有利于后面的会谈顺利开展。为此，在拜访时的落座规范方面，需要我们处理好以下几个方面。

一、把握好进门前后的几分钟

在职场拜访的过程中，需要特别注意进门这个关键时刻。因为这短短的几分钟，就有可能让对方感受到我们的内在修养与职场经验。首先，在进入对方办公室或约定地点之前，应再次检查自己的仪容服饰。在夏天，需要擦拭汗水，在雨雪天，要擦拭掉身上的雨雪，擦干净鞋子，还要检查口腔是否有异物异味等。女士要提前补好妆，以在拜访者面前呈现出最饱满的精神面貌。而这所有的一切，都需要提前在洗手间完成。也就是说，是否能够提前到达、妥当处理，都体现出拜访者的整体素养。当然，文件资料也需再次做简单的检查，并确保手机调至静音或关机状态。

若对方公司没有专门的接待人员，拜访者就需自行来到受访者所在办公室或者接待室门前。若此时房门是关着的，应礼貌地用食指轻敲房门，敲门时，要力度适当，间隔有序，敲三下之后等待对方回应，之后静待3秒左右。若对方没有回应，可以重复之前的动作，再次敲门。如有回应，则应轻推房门进入。若对方询问身份，则应先问候对方，再清晰准确地报出自己的姓名及身份，回答："张经理好！我是××公司的职员××。"这里需要注意的是，若仓促地敲门、摇晃把手等，都是非常粗鲁的行为。即使房门是开着或者虚掩的，也应礼貌地敲门，待主人允许之后再进入。

如果对方公司有专门的接待人员，我们已经递上名片并通报了受访者的职务与姓名，应礼貌地听从接待人员安排进入受访者所在办公室或者接待室。如果是冬天，需将大衣、围巾、手套等寄存在前台。若前台无法寄存，则应整理好衣物并搭放于左臂，这样可以避免与受访者见面握手时手忙脚乱。在被引入办公室或者接待室后，应对接待人员表示感谢。

二、注重落座前的礼仪

进入对方办公室或接待室后，应做到"非礼勿视、非礼勿听、非礼勿言、非礼勿动"，就是不可东张西望，探听他人谈话，随意提问或评论，更不可随意乱摸乱动。见到受访者时要主动热情地打招呼，并适当寒暄。如果是第一次拜访，还需要主动递上自己的名片，并做自我介绍及说明来访目的。若对方主动伸手准备握手，这时应礼貌与对方相握。如果室内还有其他人，应——与之礼貌地问候和行礼。我们要恰如其分地表现，才能为之后的交谈打下良好的基础。

三、遵守落座时的规范

在职场拜访中，与主人见面之后若未得到主人同意，切不可贸然落座，需等待主人示意后再入座。在主人没有入座时，自己更是不能先落座。此时的做法是：在主人邀请入座后，用言语表达感谢，等待主人先落座后自己再随之落座。

有时，主人会出于谦恭将尊位让给我们，这时应自谦地请主人坐在尊位。拜访中，通常沙发的中间位置、离门较远且方便的位置为尊位。有时主人会请拜访者自行落座，没有为拜访者指定座位，此时我们应根据情况选择落座，并注意把尊位留给主人。

在职场交往中，面对办公桌落座时的位置关系一般有以下三种。

1. 桌角座次

在职场中，尤其是首次拜访时，拜访者可与主人分别坐在同一个桌角的两边，即桌角座次（图 10-1）。桌角可以起到屏障的作用，给双方带来安全感，并且落座的距离也不太远，易形成和谐的交谈氛围，易使交谈比较轻松地进行，并且双方更容易达成协议。

◎图10-1

在职场拜访时，接待访客的区域通常是办公室或接待室，室内常见一个长沙发和一到两个单人沙发并配有茶几，主人一般会坐在单人沙发上，若有两个面对面的单人沙发，拜访者应先判断两个沙发中哪一个是尊位，通常离门较远的为尊，这个位置是主人的，我们可选择坐在长沙发靠近主人位置的一侧。如果是多人拜访，应按照身份高低，在长沙发上由内到两侧依次入座。

2. 合作座次

所谓合作座次，就是拜访者与主人肩并肩平行落座，这说明双方关系较为亲密，通常是合作伙伴或是同事关系。如拜访者与受访者已经建立了良好的关系，可以选择合作座次落座。

3. 对立座次

对立座次是拜访者与受访者面对面的落座方式。会谈时，谈判的双方会选择这种落座方式。显然这种方式不太适合拜访时的交流，因此，拜访中要尽量避免这种对立的座次安排。

四、重视落座之后的礼仪

落座之后，公文包等随身携带的物品应放于自己的背后或者脚边，不能随意乱放。落座之后主人一般会奉上饮品，这时要双手接，并对主人表示感谢。饮品要等身份高者或者其他客人动手后自己再取用。同时，要做到客随主便，绝不可对主人提供的饮品提过多要求或进行评论。

周刚是一名银行的销售经理。有一次，周刚去拜访一位重要客户。时值冬天，天气寒冷，周刚一路冒着风雪从寒风刺骨的室外来到客户的办公室。敲门之后，王总经理亲自过来帮他开门，这让周刚很开心。双方落座后，王总的秘书前来询问周刚和王总需要喝什么饮品，并告知公司里有热咖啡和红茶，这时周刚却说："没有绿茶呀，我一般都习惯喝绿茶的，实在没有绿茶，就喝红茶吧。"不一会儿，秘书就将红茶沏好送到了周刚手中，周刚从秘书手里接过茶水，也没有对秘书表示感谢，就一边暖手一边直接喝了起来。由于寒冷，他在喝完了一杯热茶后，紧接着又让王总秘书帮他再沏一杯，并且转告秘书，少放点茶叶，意思是上一杯茶沏得太浓了，自己喜欢喝味道淡的茶。秘书连忙向周刚道歉，赶紧重新沏来一杯茶。周刚接过茶又自顾自地喝了起来。看到周刚这样，王总的脸色由晴转阴，态度也没有开始那么热情了。最后，周刚期待的合同也没有谈成功。

周刚一直不明白，开始还好好的，为什么后来就搞砸了。到底哪里出了问题？

在这个案例中，王总不接受周刚的原因是其对秘书奉上的红茶提出了异议，而且还自顾自地先喝了起来，比较失礼。

落座之后，我们的一言一行、一举一动，仍然要以主人为先、以工作为重，落座的仪态及坐姿等应符合礼仪规范。

职场交往中的拜访，往往决胜于细微之处。拜访者的一言一行、一举一动，都关系到拜访的成败。注重拜访时的落座规范，充分展示了拜访者的礼貌和素养，使拜访者的言谈举止给主人留下良好印象，双方才有可能进一步深入接触。

第四节　拜访时的交流合作

在职场拜访中，当双方落座之后，就进入了拜访的正题——会面交流。这时，要让对方了解自己的目的和想法，同时，也要了解对方的目的和想法，双方需做到双向沟通。我们在拜访时，应秉承交流合作的原则，依据拜访对象的特点及时调整自己的交流方式。这也是迅速缩短双方距离、实现平等交流最为有效的方法。为了保证双方交流合作的成功，一定要遵守礼敬主人、平等互利两个原则。

一、交流中要尊重被拜访者

在交流的过程中，要尽可能排除一切负面干扰，始终尊重主人。文明的语言、诚挚的微笑、积极的合作态度、得体的举止等，都有助于快速消除我们与主人之间的隔阂，达到交流合作的目的。

在发言时要善于向主人表达友善的情感，言辞与态度尽量不要引起对方的不快。会面交流的主要工作是陈述自己的目的与立场，提出己方的条件，在这个问题上，拜访者采用审慎务实的态度、讲究信誉，是会面交流中较好的选择。交流的过程中，拜访者应既不过分自卑、曲意逢迎，也不自以为是，在谈话时表现出咄咄逼人的气势。要掌握分寸，否则会适得其反，让对方反感。如果在会谈中需要拍照、录音、录像等，应事先征得主人同意，否则不得拍照、录音、录像。礼敬对方、保持自信、秉承交流合作的精神才能保证会面交流的顺利进行。

二、交流中应做到平等互利

会面交流中如需进行合作磋商，双方的交流应在合理合法的前提下，互利互惠。但是，互利互惠必须以守法为前提，而不能有私下交易甚至隐形交易。

拜访者要清楚，任何一次交流都没有绝对的胜者和败者，双方交流时，合作是通过各方面的相互商议来实现的，实现合作与双赢才是职场交流的目的。在双方进行交流时，应该理解对方的处境，提出符合双方实际的要求，既不把要求提到超过对方能力和限度的程度，也不要为了合作，一味放低自己的要求，甚至失去底线。用积极的态度进行商讨，使双方的交流在友好的气氛下达成一致，这样更容易促成合作。

三、交流时应做到举止得体大方

在尊重主人、平等互利两个原则指导下，我们要在交流中做到大方得体、态度友好、语言文明、举止彬彬有礼。

1. 注重交流时的语言

为了不浪费彼此时间，当双方开始会面交流之后，就应尽快进入主题。我们应用简洁、清晰的语言直接说出自己的想法，不要说无关紧要的话。在主人讲话时，则需认真倾听，除必要的记录，不做其他无关的事情。我们应在对方发言告一段落或结束后再提出问题，尽量不要中间插话和打断他人的发言，对于对方的论点有听不清或者不明白的地方，可以礼貌地请对方做出解释。自己发言完毕，也要礼貌地请对方谈谈看法。当我们因为一个问题和主人有一些争执时，不可直接生硬地否定对方。

我们不能把自己的想法强加于人，而应认真分析对方的观点和选择，求同存异寻求合作。在遇到原则性或者对错明显的问题时，我们应该礼貌地回答并说出自己的观点。交流时，若是自己发言，要将内容及资料进行整理，做到思路清晰、态度从容、轻松流利地阐述自己的观点，切不可词不达意，这样容易让主人觉得我们的准备不够充分。

职场交流中还需注意不要谈及收入状况、年龄大小、婚姻状况、个人健康、家庭情况、过往经历等问题。夸赞的话语对于职场人来说非常重要，恰当的赞美能在会面交流中发挥积极的影响。需要我们注意的是，夸赞要真诚，注意对象、注意时效、注意对方心情并把握尺度。如果对方心情欠佳，拜访者还表现出刻意逢迎，只会让对方觉得虚伪，继而产生反感。

与对方交流时，应尽可能多地使用一些谦语、敬语和礼貌用语，不说脏话，不说低俗的话；注意掌握好语音、语气、语速、语调、音量，随时注意对方反应，根据对方反应来调整内容，这些都是职场修养的体现。除此之外，还需慎用人称代词，"我"的使用过多，会让对方觉得你是以自己为中心，不顾及对方的利益和感受，多使用"您"会更好。

2. 注重交流时的肢体语言

在职场交往中，我们的肢体动作往往比语言更能展示出自己的态度，所以，在职场会面交流中，不要忽视自己的肢体语言（具体内容可参考本书的相关章节）。

职场拜访中的交流形式多种多样，不论我们面对的是哪一种形式的交流，都应以礼相待、平等沟通、言谈得体、举止大方，这样才能让拜访交流得以顺利进行，取得拜访的成功。

第五节　礼貌结束拜访的细节

忙碌的职场中，拜访时一定要做到掌握时间、依照规范、遵守约定、及时告辞，不做难辞之客，这是职场人的基本素养。在拜访的最后阶段要注意自己的礼貌礼节，注重这一时间的言行举止，做到善始善终。我们要努力在受访者心中留下完美的印象，在拜访的最后阶段，礼貌地结束拜访需要注意以下细节。

一、停留时间有讲究

在职场拜访时，通常事先都已做好准备，在拜访之前就已经确定好拜访目的和拜访时间，我们应避免出现长时间逗留在对方公司或单位的情况。

在他人公司或单位不谈正事，无谓消磨时间，会让对方厌恶，是非常失礼的行为。通常情况下，如果双方没有特殊约定或无重要的事情商量，前文中我们曾经提到，拜访的时间以半小时到 1 小时为宜，初次拜访的时间最好不要超过半小时。切不可在拜访中滔滔不绝，漫无边际地闲聊。若双方对拜访时间事前已经做好约定，拜访者应尽可能在约定时间内结束拜访，严守约定，绝不能单方面延长拜访时间；若无重要事情商量，主人又没有特别挽留，拜访者应在事情商量结束后，及时结束拜访。

二、适时主动结束拜访

按照拜访礼仪的惯例，主动结束拜访的人应是拜访者。一般情况下，拜访者在拜访内容完成后，就应该主动结束拜访。切不可没有任何征兆地突然起身离开，应等双方把话说完，并做适当暗示后再结束拜访。也不要在受访者或者其他人说完一段话后，立即提出结束拜访，这样会让说话人觉得拜访者对自己不耐烦或不满意。所以，在我们发言后提出结束拜访会更适宜。这期间若表现出打哈欠、伸懒腰等行为，也会让对方觉得拜访者不耐烦了。

结束会谈，比较好的做法是用一些动作来暗示对方自己希望结束此次拜访，例如，可以把茶杯的杯盖盖好，把茶杯或咖啡杯稍稍推移开一些，也可以把受访者的名片收进名片夹或公文包里，或者把使用过的文件轻轻地收拾起来，放到文件包或文件夹中等。这时需要注意，拜访者切不可频繁看表或快速收拾物品。

待双方认同并结束拜访后，我们可以慢慢站起身，礼貌地与对方和周围的其他工作人员握手并表示感谢后，再离开。

我们也要特别注意受访者的动作表情，如果受访者出现困倦、数次看表等行为，拜访者要知趣地自行告辞离开。若双方已经把事情谈完，这时来了其他的客人，我们要做到"前客让后客"，应与客人礼貌打招呼后离开。受访者在提出结束之后，要尽快起身告辞，若受访者给出"再坐坐吧""多聊会儿"等客套话，切不可当真，没有特殊的事情，就应按时道别离开，这才是符合礼仪规范的行为。

三、告辞时的感谢与道别

在结束拜访之前，拜访者应该用真诚的语言向对方表示谢意。可以给出诸如"感谢您百忙中接受我的拜访""感谢您的热情接待""打扰了"等话语；也可以是"和您交谈很愉快呀""时间过得真快呀""请您以后多多指教""希望我们合作愉快"等话语。如果周围还有其他工作人员，也应用微笑和语言表示感谢，在走出受访者单位或公司的过程中，遇到有眼神接触的工作人员应用眼神与微笑礼貌致谢，对引领和接待过自己的工作人员，可以用一句真诚的"谢谢"表示对对方的感谢。

拜访结束时，受访者通常会把我们送到办公室门口、电梯口或公司的办公区门口等，我们应该礼貌地请受访者留步，并再次握手道别。

职场中的相互拜访是最普遍的职场交往行为，是职场人士联络业务、沟通感情的重要方式。在职场拜访的过程中注意拜访的礼仪，对于促进双方交流、沟通情感、增进友谊、加强合作都有着十分显著的作用，可使双方的交流更顺利。我们应在拜访过程中，坚持通过恰当的礼貌、礼节让对方感受到尊重与重视，从而对我们留下好印象，将有助于双方达成交往和合作的目的。

第十一章　餐厅中的职场交往

在宴席上，最能让人开胃的是主人的礼节。

——萨士比亚

餐厅中的职场交往体现在宴请中的迎来送往与餐饮礼仪之中。宴请是职场交往中经常会涉及的一种活动形式。职场中的宴请，从落座的位置、上菜的顺序、菜肴的搭配、酒水的选择到不同餐具的使用等，都有严格的礼仪规范。职场中的宴请会因活动内容、活动对象的不同而具有复杂性和特殊性。它并非随意的吃吃喝喝，而是通过宴请加强双方交流和增进彼此的合作。

第一节　坐在哪一桌有讲究

餐饮礼仪，因宴请的性质、目的的不同而不同，不同地区的餐饮礼仪也是千差万别。职场中的宴请首先要注意的是安排宾主坐在正确的桌次。在宴请中，落座失误就可能贻笑大方、损害形象，甚至会影响到双方后续的交往与合作。那么，在宴请中应该如何安排桌次呢？

小王大学毕业之后，来到 A 公司行政部工作。经过几年勤勤恳恳的工作，被公司提拔为办公室主任。有一天，公司接待一个前来投资的合作考察团队，经理把本次的接待任务交给了小王。小王准备得很认真，可是由于对桌次礼仪不了解，还是把对方的落座桌次给弄错了。小王以为挨着门的桌次有利于进出，于是便把投资方的人员安排在了进门的桌次位置。当时由于忙着迎接客人，大家都没有注意到这个问题。等到客人到来入座后，一切都已经来不及调整了。这次投资项目的合作最终以失败告终，后来，小王也因工作失误被调离了行政部。

工作勤勤恳恳的小王，在这次宴请接待中出现了这样的错误，就是因为他没有掌握好职场必备的宴请礼仪常识。如果将投资方的考察团队安排在应有的落座桌次，就会增加使合作取得圆满结果的可能性。因此，中餐宴请时的桌次安排，一定要符合礼仪规范。

一、桌次排列的规则

在职场宴请时，中餐宴会一般采用圆桌，中型及以上的宴请会出现多桌的情况。中餐的桌次排列，要根据宴会厅的场地情况和餐桌数量来确定。桌次的尊卑顺序遵循居中为尊、面门为尊、右高左低、近高远低的原则。

二、桌次排列的方法

宴请时，主桌是我们的方向标，所以，首先要辨别出哪张桌子是主桌。桌次排列的尊卑次序，会有以下两种情况。

第一种情况是由两桌组成的小型宴请。这种情况下，有两种排列形式：一是两桌横排，二是两桌竖排。当两桌横排时，是以面对正门来确定桌次，规则是"以右为尊，以左为卑"，这种排列方法称为"面门定位"，即面对正门的右手一侧为主桌。当两桌竖排时，则以距离正门的远近来确定桌次的尊卑，规则是"以远为尊，以近为卑"，这种排列方法称为"以远为上"。即面对正门，距离门最远的那一桌为主桌。具体排列方法如图 11-1、图 11-2 所示。

第二种情况是三桌或三桌以上的宴请。在安排多桌宴请的桌次时，除了要考虑"面门定位""以右为尊""以远为上"的原则外，还要兼顾其他各桌距离主桌的远近。通常距离主桌越近，桌次越高；距离主桌越远，桌次越低。这种排列方法称为"主桌定位"。

如当三桌时，以面向房门为准，距门远的桌次为主桌，主桌的右侧为次桌，左边为第三桌（图 11-3）。

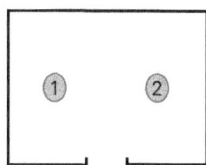

两桌横排

◎ 图11-1

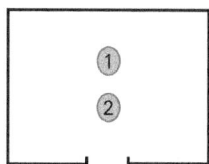

两桌竖排

◎ 图11-2

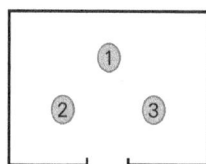

三桌排列

◎ 图11-3

当出现四桌时，可以排成菱形。排列方法是以面向房门为准，离门最远的为主桌，主桌的右侧为第二桌次，左侧为第三桌次，离门最近的是第四桌（图11-4）；还可以排成方形，排列方法是以面门为准，离门远的一排，右侧为主桌，左侧为第二桌；离门近的一排，右侧为第三桌，左边为第四桌（图11-5）。

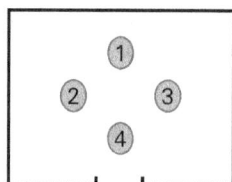

四桌排列

◎ 图11-4

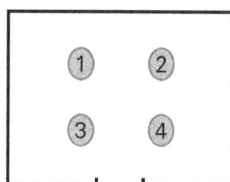

四桌排列

◎ 图11-5

五桌时的排列为：应当排为轴心环绕的形式，以面向房门为准，居中的为主桌，离门较远的，位于右侧的为第二桌，左侧为第三桌，而距门较近的，位于右侧的为第四桌，左侧为第五桌（图11-6）；五桌时还可以排为梅花形，以面向房门为准，离门最远的为主桌，距主桌近的，位于右侧的为第二桌，左侧为第三桌，靠近门的，位于右侧的为第四桌，左侧为第五桌（图11-7）。

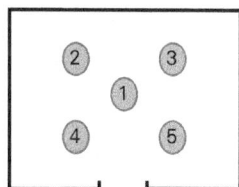

五桌排列

◎ 图11-6

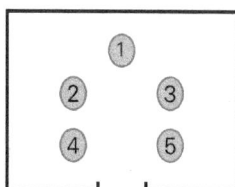

五桌排列

◎ 图11-7

三、寻找桌次的方法

为了确保赴宴者及时、准确地找到自己所在的桌次，我们可以采用以下方法进行标识。

（1）可在请柬上注明对方所在的桌次。

（2）宴会厅大门口设置本次宴会桌次排列示意图。

（3）在每张餐桌上摆放桌次牌。

（4）安排专人对本次的赴宴者进行引导。

在职场宴请中，尊位的桌次是主人或者东道主给予赴宴者的礼遇，桌次正确了，赴宴者也会安心、愉快；桌次乱了，宴会的氛围也会被打乱。所以，关注与实践桌次礼仪，代表的不仅是我们对客人的尊重与诚意，更是通过宴请表达"希望合作共赢"的态度。与此同时，宴请也就起到了沟通信息、促进合作、增进友谊的作用。

第二节　坐在哪一席有讲究

在宴请时，要将上级领导或者尊贵的主宾安排在哪个席位就座呢？在赴宴时，我们能准确地找到自己应该落座的席位吗？在职场宴请中，我们不仅要掌握桌次的正确排列方法，还要掌握每一桌的席位排列方法。

在上一节中，我们分享了在中餐赴宴时桌次的排列。这一节，我们来分享中餐赴宴时坐在哪一席，才不失礼貌和分寸。

一次，小张参加公司为一位70岁VIP客户举行的寿宴，他来到现场时，参加宴会的人已经基本就绪了。小张想尽快找个空位坐下来，可是目光所及之处没有空位。

突然，小张看到一席空座，就赶紧走过去并落座，落座后与同桌的客人打招呼，同桌的客人尽管都给予了回应，但表情都很勉强。小张也没有多想，安下心来等待开席。过了一会儿，小张感觉众人都将目光转向他，他很纳闷。这时，有一位先生指了指他身后，小张转过身一看，只见后方墙壁上竟挂着巨大的红色"寿"字，原来小王情急之下竟坐了寿星的位置，他顿时感到脸上火辣辣的，尴尬地站了起来，在他人指点下找了个位置坐下。

小张由于疏忽大意，一不小心喧宾夺主误占了"寿星位"，众人"关注"的眼光里掺杂着责备与不悦。尽管小张此举是无心之过，但在场的其他人都会觉得小张欠思考，比较冒失。

参加宴会时，我们务必要了解在一张餐桌旁，主人、主宾及其他人员应该坐在哪里，然后再按照自己的身份及角色入座，切不可像小张一样做出"喧宾夺座"的行为。

一、座次排列的原则

中餐餐桌上的具体座位次序有主次尊卑之分。在排列座次时，应遵循以下几个原则：第一，宴会的主人要面门而坐并位于主桌。第二，同一张餐桌上的其他座位次序应根据距离主人的远近来定尊卑，规则是以近为尊，以远为卑。第三，如果宴请是两桌及以上时，每桌均应有一位主人并与主桌的主人同方向而坐。第四，以各桌主人面向作为参照物，主宾应落座于主人的右侧。

当主宾身份高于主人时，为表示尊重，可以安排主宾坐在主人的位子上，主人则坐在主宾的位子上。另外，因为中餐一般采用的是圆桌，因此，每张餐桌上所安排的用餐人数一般限制在 10 人以内，以双数为佳，每张餐桌上如果超过 10 人就餐，则会显得拥挤，而且也不利于主人照顾客人。

二、座次排列方法

餐桌位次的具体安排可以分为以下几种情况。

（1）每桌只有一位主人时，主宾在主人右侧落座，副主宾在主人左侧落座，其他宾客座次以此方法类推（图 11-8）。

（2）每桌有两位主人时，第一主人面门居中而坐，第二主人则与第一主人相对而坐。这时，主宾和副主宾分别落座于第一主人的右侧和左侧，第三和第四主宾分别落座于第二主人的右侧和左侧，其他位置可以安排主方的其他陪同人员或是和其他来宾交错落座（图 11-9）。

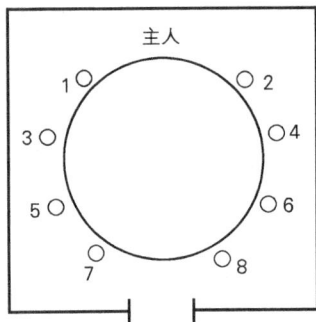

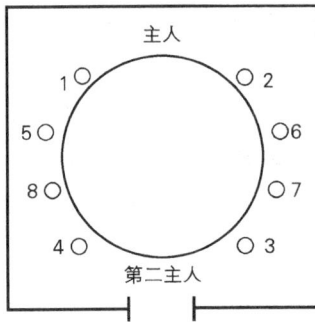

◎ 图11-8   ◎ 图11-9

三、入座的礼仪

选择好了正确的席位落座后，下面几个入座的礼仪需要我们掌握。

1. 私人物品妥善放置

车钥匙、手套、手机、手提包等物品属于私人物品，不要放在餐桌上。可将手套等物品放进手提包内，手提包可以挂在包架上，也可置于身旁地面上。大件物品可以寄存在餐厅前台。

2. 保持得体坐姿

应按照礼仪规范入座并保持良好的坐姿，进餐时身体与桌子边沿保持约一拳的距离。用餐过程中，如果两只胳膊往外张开，必定会使左右两边的同席者感到不便，这样的姿势会给人一种很不礼貌而且粗俗的感觉，要杜绝。

3. 勿在餐桌旁整理形象

在宴会中，有些女士习惯性地补妆、整理头发、整理服饰，这些行为在宴席中都是不雅观的，会使其他同席者心生反感。

在职场宴请中，主人或宴请的主办方需要积极、认真地遵照礼仪规范排列好每一位宾客的席位，让每位客人都有宾至如归的感觉。当我们作为客人赴宴时，也需听从主人或宴请主办方的安排，落座在属于自己的席位上。这样做，才能让宴请多一些和谐，少一些尴尬。在餐桌上懂得正确的席次礼仪，会给我们的职场交往增添几分色彩，有利于维护良好的职场人际关系。

第三节　便宴席次安排的具体方法

在职场宴请时，10人以下的便宴更为常见。正式宴请与便宴的席次安排原则是一致的，但在具体安排上比正式宴请更加灵活。尽管如此，我们也要注意不可过于随意，避免让对方感到不被重视。

小张毕业不久，便在苏州一家企业上班了。周末，他来到上海找小王。小王在一家上海企业工作，小张大学四年级的时候曾在小王所在的单位实习过，小王是他曾经的同事、现在的朋友。

那天，当他和小王等几个朋友走进餐厅后，小王就请小张落座于居中的座位。当时他并没有太过在意，坐下来后才意识到自己坐在了上位。小张觉得，作为主人的小王居中而坐更合适，于是便起身相让。这时小王却对小张说："我坐哪里不重要，重要的是我们大家因工作而结缘，今天你就是我们当中最重要的人。"这句话，顿时让小张感到一股暖意。这样的座位安排，让他感觉到了被尊重与被关照，小张参加的这顿用餐深深地印在了他的记忆中。

这顿午餐，只是朋友间的一次简单用餐，餐桌上得体的席次礼节却加深了彼此的情谊。

一、何为便宴

宴会按照规格来划分，可以分为国宴、正式宴会、便宴和家宴四种形式。

在职场中进行的宴请活动，多为正式宴会和便宴。便宴是一种非正式的宴会形式，多为一位主人邀请客人，三三两两相约一起吃个饭，这是常有的事情。在落座的时候，大家稍作礼让便达成了一致意见，席间也不会有人做正式讲话。便宴最大的特点是自由、轻松，是宴请氛围较放松、亲切的一种宴会形式。便宴对菜肴数量没有特定要求，可根据参加宴会的人员数量进行安排。便宴既可以安排在宴会厅，也可在家中举行。但因为主客双方多因工作而聚，所以，即使在家里举行，也要按照职场餐饮礼仪的规范来安排席次。

二、便宴席次安排的具体方法

一般情况下，因为参加的人数较少，所以便宴的席位安排主要涉及落座位次的排列问题，往往与桌次没有太大的关系。在特殊情况下，如果要考虑桌次排列问题，则可以参照本章第一节中的内容来进行。

便宴席次安排的具体方法如下：

第一，右高左低。当两人一同并排就座或当我们单独宴请一位客人时，要以右为上，即让客人坐在自己的右手边（图 11-10）。居右而坐者要比居左而坐者优先受到照顾，这样安排席次可以让对方感受到我们的细心与敬重。

第二，中座为尊。当三人或者多人一同就餐时，居于中座者在位次上要高于两侧（图 11-11）。所以，我们要让客人坐在中间的席位上。

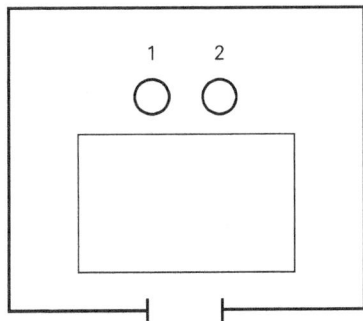

◎ 图11-10

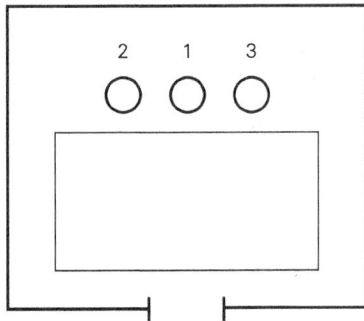

◎ 图11-11

第三，面门为上。面门为上是指用餐时，依照礼仪惯例，面对正门就座者为尊者（图 11-12）。

第四，观景为佳。在高档餐厅用餐时，其室内外往往有优美的景致，室内会有高雅的演出，可供用餐者进行观赏，这时就会以观赏角度最佳的位置为尊位（图 11-13）。

第五，临墙为好。临墙为好指的是在某些餐厅就餐时，为了防止服务生和其他人的干扰，通常以靠墙的位置为尊位（图 11-14），这样才不会被打扰。

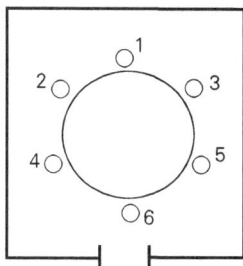
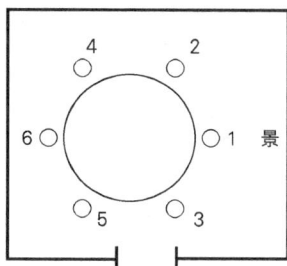
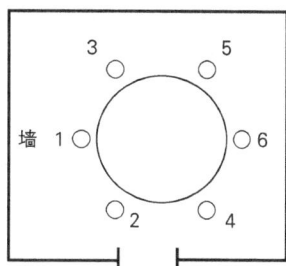

◎ 图11-12　　　　　　　◎ 图11-13　　　　　　　◎ 图11-14

在职场交往中，宴请时的席次礼节是不容忽视的，在避免对方感到拘谨的同时也要不失礼貌，这样才能使彼此之间的交往顺利进行。便宴虽是一种简单轻松、比较日常的宴请，但也同样需要通过细节的处理使对方获得被尊重的体验。因此，我们在安排便宴时也应掌握席次排列的具体方法，这样才能让自己的人际关系处于持续上升的良性循环中。

第四节　如何确定宴请菜单

职场中的宴请，其菜单的确定是一个很关键的环节。菜单中，如果菜肴安排的数量太少，会让客人觉得有怠慢之感；如果菜肴安排的数量过多，又会造成浪费。菜单中，若全是荤菜，会太油腻；若全是素菜，则客人会认为主人不大方。在确定菜单时，如果触犯对方的饮食禁忌，宴请更会功亏一篑。另外，菜单的确定看似简单，实则并不容易，因为每个人的饮食习惯和喜好不同，如何确定一份好的宴请菜单，获得客人的喜欢和认同，还真不是一件容易的事。因此，在宴请之前，需要首先了解客人的饮食喜好与禁忌，然后再确定宴请的菜单。

一、点餐很重要

张林是一家大公司的总经理助理。一次，公司要正式宴请大客户李总等一行人，答谢他们一直以来对公司的支持。张林提前安排好了宴请的酒店和菜单。在宴请开始前，张林再次向酒店落实了本次宴请的宴会厅和菜单，为晚上的正式宴请做好了准备。同时，张林找到了对方公司公关部王经理，详细说明了晚宴的地点和时间，当听到王经理说李总是山西人，不太喜欢海鲜，非常爱吃面食时，张林又给酒店打电话，重新调整了晚宴的菜单。宴请在张林的精心安排下顺利进行，宾主双方都很满意，客户不断夸奖菜品的味道很好，正合他们的胃口。用餐中，服务员还给大家现场制作特色拉面。客人看到后高兴地说，你们的工作做得真细致。

张林的宴请安排，既让宾客赞不绝口，又得到了上级领导的肯定，这是因为他掌握了职场宴请中点菜的原则与技巧。下面我们就来看看如何才能确定一份满意的菜单。

二、宴请菜单的确定

在职场宴请中，菜单的拟定要结合宴请的形式、档次、时间、季节以及宴请对象的喜好和禁忌等因素。对于菜单的确定，我们需要做到以下几个方面。

1. 明确宴请的目的

宴请的目的通常是多样的，例如，有高规格待客的，有因业务而聚的，有接风庆祝的。在职场宴请中，宴请的菜品选择应当与宴请的目的一致。比如，规格高的宴请，其菜品也要讲究。

2. 重视客人的饮食喜好与禁忌

在确定菜单时，要了解并掌握客人的习惯及禁忌，做到不冒犯对方。

3. 关注客人的喜好

在确定菜单时，要考虑客人的喜好。比如，有的客人喜欢海鲜，有的偏爱肉食等等。

4. 了解餐厅特色

餐厅的特色菜通常也是它的招牌菜，是餐厅用来吸引客人味蕾的重要菜品，也是彰显餐厅特色的主要菜品。因此，在确定菜单时，务必记得询问餐厅的特色菜，使自己对该餐厅的整体菜品特点做到心中有数。恰到好处的特色菜将使整个宴请的菜单更有档次与特点。

5. 荤素搭配适当

在确定菜单时，对海鲜、畜肉、禽肉、豆类及其制品、蔬菜和水果等菜品应全面考虑，肉类不宜太多，菜单中应有三分之一以上是绿色蔬菜和豆制品，通过荤素搭配可以保证营养的均衡。

6. 口味搭配合理

在菜单中，要讲究一桌菜的五味俱全，酸、甜、苦、辣、咸等各种口味菜肴的搭配，要努力照顾到大多数就餐者的喜好。菜品之间要搭配合理，咸淡互补、鲜辣不克，让每道菜的特色都发挥到极致。

7. 冷热搭配适当

宴请菜品中，冷菜及冷食不宜过多，但也不可全是热菜，凉菜与热菜的比例可控制在 1∶2 或 1∶3 左右。

8. 不同档次的菜肴互搭

以十人一桌的宴请菜单为例，高档的菜肴通常安排两至三个即可，在中低价位菜肴中选取该餐厅的一些特色菜，这样能给赴宴者留下深刻的印象，从而达到宾主尽欢的目的。

9. 汤和点心要合理搭配

宴请时，通常要根据聚餐的人数和预算水平合理选择菜肴，要保证一人一菜，外加一汤和一两样点心即可。在选择点心时，一般是咸点配咸汤，甜点配甜汤。

在隆重的宴会上，主人选定的菜单也可在精心书写后，给每人发一份，这样，用餐者不仅可以做到心中有数，而且还可以感受到宴请方的认真和用心。

宴请中菜单的确定是一门学问，更是一门艺术。科学地点好一桌色香味俱佳的菜肴，不但能使用餐者心情愉悦，同时还能反映出点菜人的素养和水平。

菜品融合了地域风格、饮食文化，以及个人的品位和喜好。因此，在宴请之前要做好准备工作，关注并了解客人的饮食喜好和禁忌，这样才能点出令宾主双方都满意的菜品。

第五节　中餐餐具使用有讲究

在职场中，参加宴会是在所难免的。因此，掌握必备的餐桌礼仪有利于促进人际关系，我们要通晓中餐宴会中各种餐具的使用礼仪。

中餐餐具有筷、勺、碗、盘、水杯等，每一种餐具在使用时都有讲究和禁忌。

一、筷子的使用方法和禁忌

筷子，是中餐最主要的餐具。筷子的主要功能是用来夹取食物或菜肴。使用筷子的正确方法是以右手持握，以拇指、食指、中指三指的前部捏住一根筷子，大拇指中部和无名指夹住另一根筷子。在使用筷子取菜用餐时，需要注意以下几个细节。

（1）不要将筷子插放在食物、菜肴之中，这样做很容易让人有祭祀的感觉，同时，也不要把筷子当成西餐里的叉子去叉取食物。

（2）在与人交谈时，应放下筷子再讲话，切忌用筷子敲击其他用具及在半空中舞动。

（3）在夹菜前或夹完菜后不要用舌头去舔筷子，这样会给人一种很不文雅的印象。

（4）在夹菜时，不要用筷子在菜肴中翻来翻去，随意搅动。同时，也不要用自己用过的筷子为别人夹菜。

（5）不能将筷子直接放在餐桌上或横放在碗、盘之上，尤其不能放在公用的碗、盘之上，而要将筷子放于筷子座上。若没有筷子座，则可以放在自己所用的碗、碟盘的边沿。

（6）不要以筷子代劳它事，比如剔牙、挠痒等。

二、餐匙的使用方法和禁忌

餐匙又称勺子，它的主要作用是舀取食物、菜肴、汤、羹等，还可以在进餐时辅助筷子取用食物。在使用餐匙时，需要注意以下几个细节。

（1）暂时不使用餐匙时，要将餐匙放在自己的食碟上，不要把它直接放在餐桌上。

（2）用餐匙取用食物后，应立即食用，不要再将食物倒回原处。

（3）取用过烫的食物时，不能用餐匙将食物翻来翻去，更不能用嘴去吹。

（4）在用餐匙就餐时，不要将勺子完全入口，也不要反复吸吮餐匙上的食物。

（5）在用餐匙取菜或取汤时，不要将其盛得太满，以免汤汁滴到桌上或是自己的衣服上。在盛起菜肴或汤时应稍稍停留片刻，在不会滴落汤汁时再食用。

三、碗的使用方法和禁忌

碗，主要是用于盛放主食、汤羹，在使用碗时，要注意以下几个细节。

（1）取食碗内盛放的食物时，应以筷、匙加以辅助，不可用嘴直接使用或者啜饮。

（2）不能将非食物类物品扔进暂时不用的碗中。

（3）不可将碗倒扣过来放在桌子上。

（4）碗内若还剩有食物时，不能将剩余食物直接倒进嘴中，更不能将舌头伸到碗里舔食。

四、盘子的使用方法和禁忌

盘子，主要用来盛放食物，比较小的盘子又称食碟。在用餐中，食碟主要用来盛放从菜盘中取出的食物，在使用时应注意以下几个细节。

（1）不要将多种食物放在一起，这样既不雅观也容易串味。

（2）不要一次取太多食物放在盘子中，以免给人一种贪吃的感觉。

（3）不要将入口的食物残渣、骨头、鱼刺等吐在桌子上，应将其放置在盘子的前端（离桌子中心近的位置），等待服务人员收走，这里要特别提醒的是不宜将残渣和菜肴混在一起，否则整个盘子将会一片狼藉。

五、水杯的使用方法及禁忌

中餐中所使用的水杯主要是用于盛放清水、果汁或饮料。使用水杯时需要注意以下几个细节。

（1）水杯不能用于盛酒，盛酒应使用酒杯。

（2）若水杯里没有水时，不要倒扣水杯。

（3）喝入口中的水和饮料不能再吐回杯中。

六、湿巾的使用方法及禁忌

在高档的中餐厅用餐时，餐厅会为每一位用餐者准备湿巾。湿巾在使用时需要注意以下几个细节。

（1）餐前的湿巾只能用来擦手，不能用来擦嘴、擦脸、擦汗。

（2）湿巾使用完毕后应将其放置于盘中，不可扔在桌子上或者垃圾桶。

（3）在用餐结束时，有时会再次送上湿巾，这时的湿巾是用于餐后擦嘴使用，不可用其擦脸或者抹汗。

七、牙签的使用方法及禁忌

牙签主要用来剔牙，我们在使用牙签时需要注意以下几个细节。

（1）在使用牙签时尽量不要当众剔牙，如果非要剔牙要用手或者纸巾挡住口部。

（2）剔出来的东西不可再入口，更不能随手乱弹、乱吐。

（3）剔牙之后不要长时间叼着牙签。

在餐桌上，除了要懂得相应的次位礼仪，更应知晓餐具的使用规范及禁忌，这不仅可以体现出个人的修养，还可以帮助我们赢得他人的好感与尊重，有利于我们事业的发展。

第六节　西餐的席次安排

中西餐的席次安排有很大的区别。认识西餐的席次排列，能够使我们在宴席中既体现出个人良好的礼仪素养，更能够有效地促进我们在职场中顺利地与他人进行交往，尤其与国际友人交往时能够更加从容。

一、西餐常见桌型

中餐一般使用圆桌，当宾客较多时则使用多个圆桌。西餐与中餐不同的是无论参加宴会的人数是多少，都采用不分桌的方式落座，即西餐宴会中只有一张宴会桌。

因此，根据不同的人数需要，西餐宴会中通常使用一字形桌、T形桌、U形桌（图11-15）、M形桌（图11-16）。

◎图11-15

◎图11-16

二、西餐座次的排列方法

西餐座次的排列有约定俗成的规则，不论哪一种桌型的座次安排均以面对门的方向来确定。在确定好主位后，以主位为基准，右高左低、近高远低，并且远门为上。让我们共同来了解这些规则的主要内容。

1. 女士为尊

西餐位次排列强调"女士优先"的规则。比如，女士的座位席次要比男士的高，整个宴席都以女主人为第一主人。

2. 主宾为尊

用餐前，请男女主宾分别在男女主人的身边就座，突出主宾的地位，并方便主人能够更好地照顾主宾。

3. 以右为尊

西餐座次排列遵循"以右为尊"，这是西餐席次排列中一个重要的规则。在餐桌上，男女主人右手边的座位高于左手边的座位。所以，当我们就餐时，要将男女主宾分别安排在男女主人右手边的座位。

4. 以近为尊

西餐座次的安排，需要考虑距离主人的位置。距离主人座位近的位置，其受到尊重的程度要高于距离主人远的位置。

5. 交叉落座

在西餐座次的排列中，男士与女士是交叉落座的。所以说，与我们邻座的人一般是和自己性别相反的人。在西方人的认知中，这样的安排更能促进沟通与交流。

小晶今年23岁，她大学毕业刚步入职场。一个周末的午后，小晶跟随母亲前往一对夫妇家做客。这对夫妇的男主人是小晶母亲的生意伙伴，他的夫人是一位美国人。当天到访的也多是小晶不相识的长辈们，小晶希望自己尽可能表现得有礼有节。

晚餐时间到了，小晶略显拘谨，她想坐在母亲身旁。不想女主人早就把座位安排好了。八人的长桌，主人夫妇俩人分别落座在桌子的两端。女主人招呼着客人们入座，主客随之坐在了主人夫妻两人的身旁，最终，小晶和母亲面对面落座。

通过这次宴请，小晶感到，步入社会，是新的学习的开始。

6. 不同桌形的席次安排

在西餐宴会中，一字形桌、T形桌、U形桌、M形桌，不论是哪种席位安排，均根据前文中提到的女士为尊、主宾为尊、以右为尊、以近为尊、交叉落座的原则进行席次的安排，但桌形不同，座次的具体安排略有区别，具体内容如下。

（1）一字形桌。使用一字形长桌时，通常有两种席次的安排，一种是男女主人在长桌的中间面对面落座，来宾根据其身份，男女交叉

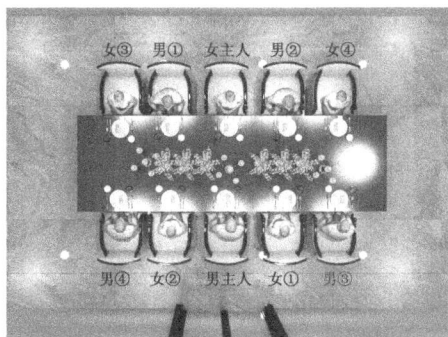

◎ 图11-17

落座即可（图11-17）；另一种排列方式是男女主人分别落座在长桌两端的位置（图11-18）。

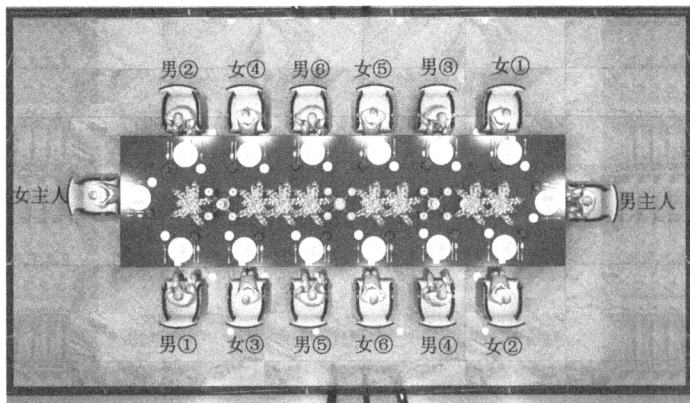

◎ 图11-18

（2）T形桌。如果就餐人数较多，当现场摆放的桌型呈T形时，席次的排列是：横排中央的位置是男女主人位，两边是男女主宾座位，其余依次排列，如图11-19所示。

◎ 图11-19

（3）U形桌。当就餐人数较多时，通常还会选择U形桌，此时的座次安排同样是男女主人位居横排中央的位置，身旁两边是男女主宾的座位，具体座次安排如图11-20所示。

◎ 图11-20

（4）M形桌。当就餐人数更多一些时，还会选择M形桌举行西餐宴请。此时的座次安排同样是男女主人位居横排中央的位置，两边由内而外分别是男女主宾及男女次宾的座位，竖排座位则根据中间高于两侧，右侧高于左侧依次排列，具体座次安排如图11-21所示。

◎ 图11-21

随着经济全球化的发展，职场交往也不仅局限于国内而是面向世界各国的友人。因此，掌握西餐礼仪、掌握西餐席次排列约定俗成的规则，是我们职场中的常备技能。当我们来到西餐厅，首先要坐对位置，才能使我们在宴会中更好地与合作伙伴进行沟通与合作。

第七节　西餐餐具的摆放

随着生活水平的提高，西餐厅成为人们商务洽谈的场所之一。在职场交往中的西餐就餐中，给人一个得体、规范的用餐形象，对我们的职场交往定会产生积极的影响，所以，我们需要了解并掌握西餐礼仪。

西餐有一个明显的特点，就是餐具多，有各种大小不同尺寸的餐盘、杯子、刀叉等。那么，怎样避免摆放餐具时的失礼呢？

其实，西餐餐具的摆放是有一定规则的，是按照一道道不同菜肴的上菜顺序精心排列的。

一、西餐的主要餐具

比较正式的西餐宴会，摆放的刀叉主要有：吃黄油使用的刀、吃肉使用的刀叉、吃鱼使用的刀叉、吃甜点使用的叉匙及吃沙拉使用的刀叉。它们的形状有所不同，摆放的位置也不同。我们需要清楚，要从外侧往内侧取用刀叉，并左手持叉，右手持刀。

在餐桌上，主餐盘会放在我们面前正中央的位置，然后左叉右刀，刀叉成对出现，只有汤匙会单独放置在右手边。

◎ 图11-22

西餐正式宴会餐具摆放方法如图 11-22、图 11-23 所示。

西餐厅常见的餐具摆放方法如图 11-24 所示。

◎ 图11-23

◎ 图11-24

二、餐具的正确摆放

1.刀叉的摆放

吃黄油使用的餐刀，会放在叉子的左侧或左上方的面包碟内。

吃肉和吃鱼使用的刀叉，会按餐叉在左、餐刀在右，分别纵向摆放在餐盘的两侧。桌上的刀叉最多放三副，当有三道以上菜肴时，刀叉会在菜看上桌前摆放。

吃甜点使用的叉匙一般横放在我们面前的主菜盘正前方。

2. 杯子的摆放

白葡萄酒杯、红葡萄酒杯和水杯，会由近至远摆放在我们的右前方，在餐刀的上方位置（图 11-25）。

在西餐的餐桌上，餐具有其固定的摆放位置。若不常吃西餐，可能对其摆放规则并不熟悉，或是因不清楚西餐餐具放置的位置，而拿错了邻座的餐具。因此，职场交往中，我们需要了解西餐餐具的摆放规则和餐具的具体用途，避免在职场用西餐时出现不必要的尴尬。

◎ 图11-25

第八节　刀叉的正确使用

使用刀叉时，我们只要记得从最外侧的那一副刀叉开始使用，每次吃完一道菜，服务员就会收走已用过的刀叉，用下道菜时，我们继续由外侧取用一副新的刀叉就不会出错了。

一、刀叉的使用方法

在进餐时，刀叉用来切取食物。正确的方法是右手持刀，左手持叉。还可根据不同的食物类型进行刀叉的选择。当食用肉类等比较坚硬的食物时，刀叉的持握方法如图 11-26 所示。

当食用较为柔软的食物时，刀叉的持握方法如图 11-27 所示。

当食用胡萝卜丁、青豆等小颗粒的食物时，刀叉的持握方法如图 11-28 所示。叉齿朝上，使刀和叉相互配合，将小颗粒食物聚集于叉子上，之后将食物送入口中。

◎ 刀叉的使用

◎ 图11-26

◎ 图11-27

◎ 图11-28

　　欧美人使用刀叉的方法略有不同。欧洲人用餐时，右手持刀，左手持叉，每次切下约一口大小的食物后，将叉齿朝下叉起食物送入口中。而美国人习惯在切割每一口食物后，将刀（刀刃向内）放在盘内上方，将左手的叉子换到右手（图 11-29），再以叉齿朝上，舀起食物送入口中。

◎ 图11-29

职场中，当我们与不同国家的客户进餐时，若想与对方取得良好的沟通效果，应该做到入乡随俗，与客户选择同样的方式使用刀叉。

二、刀叉的无声含义

在用西餐的过程中，如仍要继续食用此菜，只是暂做休息，或用餐完毕，刀叉的法式摆放如图 11-30（a）所示表示继续用餐，如图 11-30（b）所示表示用餐结束；英式刀叉的摆放如图 11-31（a）所示表示继续用餐，如图 11-31（b）所示表示用餐结束；美式摆放方式如图 11-32（a）所示表示继续用餐，如图 11-32（b）所示表示用餐结束。

（a）

（b）

◎ 图11-30

（a）

（b）

◎ 图11-31

（a）

（b）

◎ 图11-32

三、刀叉的使用细节

（1）切割食物时，需两肘自然下沉，避免因抬起双肘，既妨碍他人又不雅观。

（2）切割食物时，要将餐刀下压并用力，避免刀子与餐盘来回摩擦发出刺耳声。

（3）要使用叉子叉食食物，避免用刀子将食物送入口中。

（4）如叉子舀不起细小的食物，避免嘴巴直接接触餐盘，可用刀挡着，协助叉子舀起食物。

（5）与人沟通时，避免手持餐具比画，这样做既危险又失礼。

（6）不能端着盘子进食。

目前，西餐厅在摆放餐具时，多在右手边摆放一把刀、一只汤匙，左手边摆放大、小两把叉子。许多人习惯于在用餐过程中只使用同一套刀叉，每当餐厅服务人员来收用完的餐具时，人们会自动把刀叉留下来，便于在下一道菜时继续使用。需要注意的是，在正式餐厅用餐时，每道菜吃完后都需要把刀叉以 4 点和 10 点方向斜放，这是国际通行的无声语言，服务人员在看到刀叉这样摆放后，即便是菜没有吃完也能明白，可以把餐具收走了。

第九节　餐巾的正确使用

在西餐厅，我们总会看到餐盘上放着已折好的餐巾（图 11-33）。

那么，西餐中餐巾的作用是什么，又怎样使用呢？

餐巾可以帮助我们保持服饰的洁净，避免食物污染衣服，也可以起到遮掩的作用。当我们需要吐出细碎的小骨头等食物时，可用它遮掩口部，避免我们出现不雅的举动；还可用来擦拭嘴角的食物残留。最后，西餐的餐巾还可以传递用餐的节奏。

使用餐巾时，我们需要注意三个方面的内容。

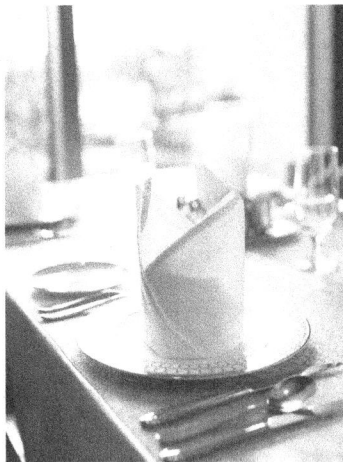

◎ 图11-33

一、用餐前

（1）使用餐巾传达用餐的开始。入座后，不能急于展开餐巾，应在点餐之后，第一道菜尚未上菜之前展开。通常商务宴请，会在致辞或干杯后再展开餐巾。

（2）餐巾通常放在中间的主餐盘中，或是餐盘的左侧。

（3）要动作柔和地打开餐巾，避免触碰其他餐具。

（4）根据餐巾的大小，对角（或中线）对折后，将开口朝外，铺在大腿上（图 11-34）。切勿将餐巾像婴童般系在胸前，或是压在餐盘下方，以避免失礼。

（a）　　　　　　　　　　　　　　　（b）

◎ 图11-34

二、用餐中

（1）使用餐巾保持用餐清洁。要用餐巾的内侧以轻按的方式擦拭嘴上的汤汁（图 11-35）。

（2）需要吐出细碎的食物残渣时，可用餐巾稍作遮掩。

（3）若餐巾不慎掉落在地上，可招手请服务生帮忙拾起，并更换一条。

（4）中途如需离席，应将餐巾叠好后放置椅子上（图 11-36）。搭放在椅背容易滑落，放在桌面会使服务生误以为用餐结束。

（5）切勿用餐巾擦拭餐具或擦汗。

◎ 图11-35　　　　　　　　　　　◎ 图11-36

三、用餐后

用餐结束时，将餐巾折叠好（有污渍的部分折入内侧），再放置于餐盘左侧（图11-37），然后起身离席。

◎ 图11-37

餐巾不能铺在桌上，更不能用于擦拭餐具，因为餐巾是为用餐者准备的。当我们拿取餐巾的时候，不要在餐盘内抖落，要比较轻巧地折叠后铺在腿上。正确地使用餐巾，会使我们在交往中显得儒雅、得体。

第十节　自助餐的礼仪

自助餐是目前国际上通行的一种非正式的西式宴会。自助餐不需要安排固定座次，就餐嘉宾可以自由交流。自助餐的菜品以冷食为主，参加自助餐宴会的宾客可以自行取用喜欢的菜肴与饮品，自助餐可以更好地满足大家的需要。

正因自助餐的这一特点，所以，在职场中常会选择自助餐的方式进行宴请。所以，我们需要了解并掌握自助餐就餐时的礼仪规范。

1. 取餐要排队

为了体现良好的个人修养，我们应自觉维护餐厅内的公共秩序，自觉排队。在取餐前，应该先观察大家的取菜方向。多数自助餐会沿着餐台的顺时针方向取菜。取菜时要讲究先来后到，避免插队，不要在遇到熟人的时候为对方占位置，招呼对方来自己这里插队，这样会影响排在后边的嘉宾取餐，延长他人的等待时间。

2. 取餐须有序

取菜的顺序是：前菜（冷、热开胃菜）（图 11-38、图 11-39）、汤（图 11-40）、色拉（图 11-41）、主菜（图 11-42）、点心（图 11-43）、甜品（图 11-44）、水果（图 11-45）和酒水（图 11-46）。

我们在取菜前，应先拿一个空盘，用来盛放自己所选的食物。当轮到自己取菜时，需使用公用的餐具（图 11-47）将食物放在自己的餐盘中，绝不可用自己的餐具直接取菜，更不能用手直接抓取食物。

◎ 图11-38

◎ 图11-39

◎ 图11-40

◎ 图11-41

◎ 图11-42

◎ 图11-43

◎ 图11-44

◎ 图11-45

◎ 图11-46

◎ 图11-47

3. 取餐勿贪心

取餐时，不要将过量食物挑选到自己的盘中，食物一旦放到自己的盘内，绝对不能再放回公共的器皿当中，避免不卫生。

取餐时，讲究"少量多次"。切勿一次性把食物堆满整个餐盘，或者同时使用两三个餐盘。应该少量取餐，品尝后，再次适量取餐，避免给他人造成贪心的印象。

4. 勿外带餐食

自助餐是指宾客可在餐厅内自行选取食物享用，这一规则需要大家自觉遵守，杜绝食物外带行为。即便是自己盘内吃不完的食物也不能够带走。

5. 用餐需回位

取餐后，避免站在餐台旁进食，更不能边走边吃，要回到自己的位置后再开始用餐。

6. 用餐促交流

与职场上的同事、商务伙伴等共进自助餐时，应与周围的人进行适当交流，不要自顾自地低头吃个不停。可主动向他人作自我介绍，结交新朋友，拓展自己的人际交往范围。

7. 用餐勿抽烟

不管用餐是在餐厅内还是在户外，都要杜绝在用餐时抽烟，边用餐边抽烟是非常没有礼貌的行为。

8. 餐后餐具归位

通常情况下，自助餐的服务人员相对较少，如果在现场看到主办方设置有"餐具回收处"，我们就需要主动将自己的餐具归还到指定区域后再离开。

自助餐的用餐形式比较轻松，不像参加正式的宴会那样必须准时开始和结束，而是在整个用餐的过程当中均可随到随吃。当自己已经吃好后，要向主人认真致谢道别再离场。

第十一节　饮酒的礼仪

酒礼是餐饮礼仪的重要组成部分。从喝酒与劝酒的言行中，可以看出一个人的品性。即便不喜欢喝酒的人，也需要了解饮酒的礼仪，避免在觥筹交错之间出现尴尬的局面。让我们从中餐和西餐这两个方面来分享饮酒的基本礼仪。

一、中餐饮酒礼仪

1. 斟酒之礼

在中餐宴会中，当宴请的主人为我们斟酒时，我们需要端起酒杯，起身表示谢意。当服务人员为我们斟酒时，可以通过口头感谢，或是点头致意的方式表达谢意，还可以选择"扣指礼"，即将自己的右手食指和中指，以指尖轻敲桌面的方式表示感谢。

当我们为他人斟酒时，请记住，白酒要斟满。斟酒顺序要从主宾开始以顺时针方向斟酒。切忌在斟酒时使酒瓶的瓶口触碰到对方的杯口，还应避免碰倒酒杯。

如自己不能饮酒，可以主动礼貌地向主人说明原因。在用餐中有的时候需要集体碰杯，那么出于礼貌可以让服务人员往自己的杯里斟上一点酒，集体碰杯后，只需示意性地助兴即可。

2. 敬酒之礼

初入职场的新手切记，宴请中，领导互相敬酒碰杯后，才依次轮到职务低的人敬酒。顺序一般是：主人敬主宾、主陪敬主宾、主宾回敬、陪同人员敬客人。

敬酒时，一般都会有祝酒词。当他人敬酒或是致辞时，所有在场宾客要暂停用餐，目光投向致辞者认真倾听，以表尊重。

宴会现场，若有人提议干杯时，提议者应起身站立，以右手端起酒杯，也可同时以左手托在杯底，面带微笑，目视其他人，完成祝福的话语。此时，即便自己滴酒不沾，也需"入乡随俗"，起身并端起酒杯，以视对提议者的尊敬。

为表达对对方的尊重，碰杯时，可将自己的酒杯略低于对方，若对方也同样放低酒杯的话，我们可用左手轻轻托起对方的酒杯，表示尊重。

饮酒后，不要立即落座，需目视敬酒者，点头示意后再落座。

二、西餐饮酒礼仪

1. 酒杯类型及持杯规范

西餐餐厅为了满足宾客的需求，会有各式各样的酒杯。同一款酒，在不同形状的酒杯中会给人不同的感受。

我们认识和选择酒杯应该注意它的形状、容量和材质。

（1）勃艮第杯和波尔多杯是盛放红葡萄酒的酒杯。大肚球型高脚的勃艮第杯（图11-48），适用于勃艮第产区所产的红葡萄酒。而杯身较长的郁金香型波尔多杯（图11-49），适用于波尔多、智利、澳大利亚产区生产的果香浓郁型红葡萄酒，杯壁越薄的水晶杯透光度越好，越有利于观赏。

◎ 图11-48

◎ 图11-49

（2）霞多丽杯适用于以霞多丽葡萄为主酿造出来的果香型白葡萄酒，敞口的设计能够更好地释放香气，所以也适用于比较浓郁的玫瑰红葡萄酒（图 11-50）。

（3）杯身细长的香槟杯能够让酒中的气泡有足够的释放空间，便于人们观赏杯中气泡升腾的过程。香槟杯的杯口较小，酒的香气不容易散发出去，所以适用于香槟等气泡葡萄酒（图11-51）。

◎ 图11-50

◎ 图11-51

　　高脚杯如葡萄酒杯、香槟杯、鸡尾酒杯等，持杯的方式都是用手握住杯柄或杯脚部分。如果用手握住杯身的话，手掌的温度会使常温酒和冰镇酒的温度升高，使酒的口感变差，改变其风味。通用杯可以用于盛白葡萄酒和红葡萄酒，是职场人士在聚餐等轻松场合的选择（图11-52）。

◎ 图11-52

　　红葡萄酒的持杯方法有两种（图11-53）。香槟杯的持杯方式如图11-54所示。矮脚的白兰地酒杯，可直接握住杯身，或将杯身捧在手上（图11-55）。白兰地适合加温饮用，所以手的温度使酒的温度升高，口感更加香醇。

（a）

（b）

◎ 图11-53

◎ 图11-54

◎ 图11-55

2.敬酒之礼

在正式的宴会中，主人应先向客人敬酒。敬酒时要起身站立，举杯完成祝酒词后，再饮酒、落座。被敬酒者应该手持酒杯喝一小口，但不要把杯中的酒一饮而尽，如自己不喝酒，可以用饮料或茶水代替。当主人敬酒完毕，被敬者可以欠身致谢。

当需要向距离较远的客人敬酒时，可拿起酒杯，面带微笑，注视对方，点头致意。

若要碰杯时，双方可略倾斜杯身，以杯肚轻轻碰撞即可。在碰杯之后，可视情况饮用杯中的酒。

饮酒须有节制，不要过量，更不要强劝他人饮酒。严禁强劝身体状况不佳的人和司机饮酒。

当有重要的嘉宾在场时，一般主人会在上甜品的时候，建议大家举杯向该嘉宾敬酒。

职场宴会中的饮酒，既能增添席间的热烈气氛，也可以酒来表达对宾客的欢迎或谢意，以促进交流，实现合作共赢。职场中，我们饮酒时要注意斟酒、敬酒与品酒不同环节的礼仪规范，可以大方、得体、从容地端起酒杯，与对方在和谐的交往氛围中增进友谊，达成合作。

第十二节　宴请的注意事项

宴请是职场交往活动中必不可少的重要活动之一，它可以促进交往双方感情的联络，更有助于职场信息的沟通与交流，以及业务的洽谈等等。

一、邀约之前

在宴请进行之前，需要确定邀约名单以及宴请形式。

请哪些人是宴请的根本，应当依宴请的目的而定。通常邀请的对象是与宴请目的相关的人员。但是，很多时候不能单纯邀请直接相关的"主角"，还要考虑需要邀请哪些作陪人员，这些都需要提前思考。通常情况下，宴请的陪同人员其身份不宜低于客人，要与客人的身份相当。

宴请他人就餐，关键的一点是要体现出邀约方的诚意。如果他人应邀而来，但感觉到我们是在敷衍，客人就会乘兴而来、败兴而归，自然就难以达到宴请的目的。

二、发出邀请

怎么做才能体现自己的诚意呢？应做到以下几点。

（1）宴请邀约应至少提前3天发出。宴请习俗中有这样一句俗语："三天为请，两天为叫，当天为提溜。"提前邀约才是有诚意的做法。对于工作繁忙的客户或交往对象，应该提前至少3～7天预约，让对方能够及早做好计划，以示对对方的尊重。

（2）邀约的方式要根据宴请对象来定。对于相对熟络、关系要好的同事，通一个电话、打个招呼都是可以的；但对于比较重要的客户，就需要采取较为正式的方式完成邀约，如发邀请函或请柬等。

（3）了解客人的喜好。餐饮的口味有很多，有以川菜、湘菜为主的麻辣系，有以清淡、滋补为主的粤菜系等等。有的客人喜欢吃海鲜，有的客人吃海鲜过敏；有的客人喜欢吃素，有的客人偏爱甜食。如果把对海鲜过敏的客人邀进了一家海鲜店，岂不是好心办坏事么？

三、邀约之后

1. 提前预订餐厅和包厢

在职场宴请时，一旦确定了宴请的"主角"后，需及时预定就餐的地点，避免出现人约到了，但没有心仪的地方就餐或是需要等位的尴尬。如果接待特别重要的贵宾，还需要提前踩点、预定特色菜肴。

2. 宴请者需提前抵达

发出邀约的宴请方，在宴请当天要提前抵达餐厅，了解餐厅内外的就餐环境以防止临时情况发生。如遇到道路拥堵，可以通知对方提前改道等。同时，提前抵达更是为了做好迎接客人的准备，体现对宾客的尊重。

在职场交往中，宴请的目的是多样的，可以是为了某一个人，也可以是为了某一件事。成功的职场宴请，自然少不了我们在邀约及就餐过程中，对宴请对象细致入微的照顾。让宴请对象感受到主人的诚意，心中留下好的印象，这样才能达到增进情感的目的。

第十三节　赴宴的注意事项

在赴宴时，我们需要注意哪些事项呢？

一、及时反馈

接到邀请后，我们应及时回复主人自己是否能够按时赴宴，并确认详细的时间和地点，提前了解宴请的目的，以及届时出席的宾客等情况，以便赴宴之前做好准备。

如因特殊情况，不能赴宴或者不能够按时赴宴，需及时与主人取得联系，说明原因并表达歉意，争取得到主人的谅解。

二、仪表整洁

赴宴时，穿着不宜过于随便。在出席比较正式的宴会前应特别注意修饰自己的形象，使其合乎宴会的礼仪要求。参加较为正式的晚宴，可穿礼服赴宴；赴宴地点在日料餐厅，需注意自己的袜子是否干净、有无破损、有无异味，避免进入包厢脱鞋时因袜子而产生尴尬等。

三、准时出席

赴宴时一定不要早到，也不宜迟到。作为商务人士应特别注意，应该准时抵达。

到得过早，主人可能还没有做好接待准备；不可迟到过长的时间，因为迟到太久会给主人带来不便，会使先到的其他宾客感觉不悦，也是对长辈、上级、客户的不尊重，从而给人留下不守时、无诚信的印象。

四、不带他人

在赴宴时，有些人会认为带上自己的孩子或朋友一同出席没有什么关系。殊不知，这样做会给主人带来诸多不便。所以，在赴宴时，应避免带着其他朋友或家人出席。

五、准备礼品

在参加宴会前，可适当准备一些礼品。礼品需要事先准备好，避免空手赴宴，显得毫无诚意。礼品的选择多以葡萄酒、鲜花、水果等为宜。

六、少带多余物品

赴宴时，尽量避免携带与宴会及主人不相关的物品，以避免主人误会所带物品是要赠送的礼品，继而造成尴尬。如果确实有物品携带，可以留在车内，或者到达宴会现场后，及时交给前台的工作人员代为保管。

七、举止得体

在抵达宴请地点后，要与主人热情握手、问候致意。要与其他宾客微笑并点头，表示友善。如提前到达，可先在休息室等候（图11-56、

图 11-57），随后在主人的引导下与其他宾客一起入席。若没有休息室，可直接进入宴会厅，但切勿提前到餐桌旁落座。

◎ 图11-56　　　　　　　　　　　　　　◎ 图11-57

八、按席入座

赴宴时，要遵照主人的安排就座，避免随意选座。当长辈、女士入座时，男士可主动协助将座椅向后撤，待他们即将坐下时，轻轻地将椅子向前挪动。待其坐稳后，回到自己的位置就座。入座时，通常我们会从椅子的左侧入座。

九、避免当众补妆

女士在用餐后需要补妆，此时应去卫生间进行补妆（图 11-58），不宜在座位上或者宴会厅内当众补妆。

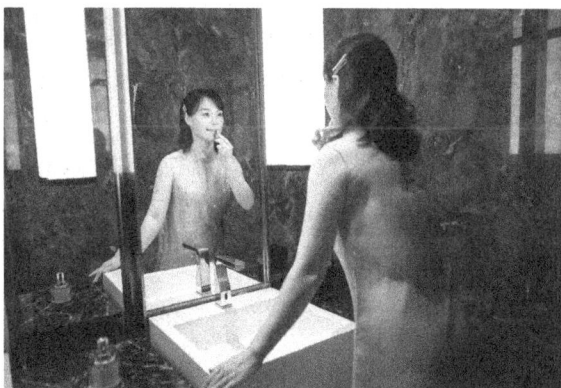

◎ 图11-58

赴宴时，需了解的细节有很多，我们应当用心观察、换位思考，在实践中不断提高自己的交际能力与自身的综合素养。赴宴的注意事项中，特别要牢记守时的原则，这是一个人最基本的道德修养，也是一次愉快宴会交往的开始。在赴宴时塑造谦恭与真诚的形象，让每一次赴宴都为我们的职场发展、事业成功助力。

第十四节　非正式宴会穿什么

得体的着装能够展现出一个人的礼貌、教养和品位，是宴会中尊重他人的体现。当我们收到赴宴的邀请时，邀请函中若明确注明了着装的要求，我们则需要按照要求进行穿着。若邀请函中没有注明赴宴着装的要求，而自己又拿捏不准着装规范的时候，可以致电邀请方礼貌地询问，之后按要求准备。

我们在参加非正式的宴会时，男士可以选择穿着深色的西装，需搭配领带。女士可以选择连衣裙或者礼服，我们还可以选择一些时尚感较强的服装。

一、女士着装规范

1.小礼服

小礼服是适合傍晚时分参加宴会时穿着的服装，它的裙长一般在膝盖上下。大多采用天然的真丝、绸缎等面料制成，颜色图案多以素色、暗纹、小型花纹为主（图11-59）。与豪华气派的晚礼服相比，小礼服更适合非正式宴会的场合与气氛。

我们常为小礼服搭配一些精致、小巧的首饰作为点缀，比如，珍珠和水晶材质的项链、耳钉或耳线式样的垂吊款耳环（图11-60），数量上不超过三个为准。因为小礼服比较优雅、含蓄，因此首饰的选择要与小礼服本身所呈现的风格气质相符。

2.连衣裙

非正式宴会中还可以选择一些纯色、面料有质感、带有印花、剪裁适宜的连衣裙，可以衬托出女士较好的曲线。可以佩戴项圈、耳环和手包。

尽管简约，却并不会给人以随意感。相反，可通过细腻之处表现出高质量的时尚气息。

◎ 图11-59

◎ 图11-60

二、男士着装规范

男士在参加非正式宴请时，可选择两件套或三件套的西服套装（可参考本书之前章节）。

非正式宴会的男士着装宜高雅、得体、大方。只有穿着合适、恰当的服装才能使我们在非正式宴会的交流中更加自信、愉悦。

第十五节　正式宴会穿什么

职场交往中，正式的宴会通常对着装都有明确的要求，在宴会中，穿对衣服不仅可以给人留下良好的印象，同时也体现了一个人的身份、地位、教养和品位，更是一种对他人的礼貌以及对宴会主人的尊重。

一、礼服的色彩选择

男士礼服的传统用色是黑色。女士礼服的颜色以浓郁、饱和度高、鲜艳为主。其中，比较特别的是黑色礼服，它可以将首饰衬托得格外亮眼。所以，黑色礼服也深受女士偏爱。

二、礼服的款式选择

正式宴会时，要根据场合的隆重程度来选择礼服的长度。裙子越长，显得越正式、隆重。所以，我们看到明星在走红毯时，通常都是身着盖过脚面的礼服，甚至是拖尾长礼服。

1. 西式礼服

（1）男士礼服款式。正式宴会中，男士礼服的款式可根据宴会的着装要求选择燕尾服、半正式晚礼服或黑色西服套装。国内的正式宴会，男士一般穿黑色西服套装即可。

（2）女士礼服款式。在正式宴会中，女士应着适当露肤且裙摆较长的晚礼服出席（图11-61）。当然，为了彰显个人的品位应选择适宜自己身份与年龄的款式。如准备体现端庄、典雅、大气的职业特性，则不宜选择露胸、露背、露大腿的礼服款式，可以选择露出脖子、锁骨、手腕、脚腕、手肘或小臂这些相对纤细部位的礼服款式。

◎ 图11-61

2. 中式礼服

正式宴会一般规格较高，穿着我们的民族服装赴宴也是很好的选择。男士可以选择中山装或者带有中山装元素、小立领款式的套装。女士则可以选择面料、图案相对隆重华丽的旗袍或含有中式元素的礼服（图 11-62）。

三、礼服的面料选择

女士礼服通常选择具有良好垂坠感和舒适感的真丝面料，质地柔软光滑，穿着凉爽舒适，是最贵重的礼服面料。

男士礼服通常选择 100% 纯羊毛或含毛量较高的混纺面料。

四、礼服的图案选择

正式宴会中，礼服的图案也是多种多样的。可以根据场合和自身风格的不同，

◎ 图11-62

搭配适宜的图案。可根据自己的喜好选择较为夸张的图案风格，也可选择无图案的典雅风格。

五、礼服配饰的选择

华丽的礼服需要首饰的点缀，由于礼服的露肤度较高，饰品的质感和别致的造型可以提升礼服的整体效果，正式宴会的晚礼服可搭配较醒目的饰品。

（1）晚礼服的配饰有披肩、手袋、手套等。其中，最常选择的配饰是首饰，可选择较为夸张、夺目的首饰款式。

（2）可选用漆皮、丝绒、金丝混纺材料，用镶嵌、刺绣等加工工艺相结合制作而成的手包（图 11-63）。华丽、精巧是晚礼服手包的共同特点。

男士可以选择口袋巾、领结、领针等饰物。

◎ 图11-63

古人言："人要衣装，佛要金装。"面对正式的宴会邀请时，我们要根据场合的着装规则以及自身的风格特点，选择适合场合、彰显风格的礼服。无论西式还是中式的礼服款式，都应注意要合身、舒适，便于我们在宴会中与他人自如交流。与此同时，穿着符合正式宴会要求的服装也是向邀请者表达尊重、表达重视的一种直接且重要的方式。

参考文献

[1] 吕艳芝.公务礼仪标准培训 [M].北京：中国纺织出版社，2012.

[2] 吕艳芝，徐克茹，冯楠.商务礼仪标准培训 [M].4 版.北京：中国纺织出版社，2019.

[3] 吕艳芝，冯楠.教师礼仪的 99 个细节 [M].2 版.上海：华东师范大学出版社，2017.

[4] 吕艳芝，林莉.中华礼仪 [M].北京：北京师范大学出版社，2019.

[5] 金正昆.商务礼仪教程 [M].北京：中国人民大学出版社，1999.

[6] 金正昆.职场礼仪教程 [M].北京：北京联合出版公司，2013.

[7] 林莹，毛永年.西餐礼仪 [M].北京：中央编译出版社，2006.

[8] 弗里德里克·冯·德尔·马维茨.职场礼仪·国际商务礼仪 [M].王玉燕，译.北京：电子工业出版社，2017.

[9] 玛丽·默里·博斯罗克.欧洲商务礼仪手册 [M].李东辉，译.北京：东方出版社，2009.